GRANDES BIOGRAFÍAS

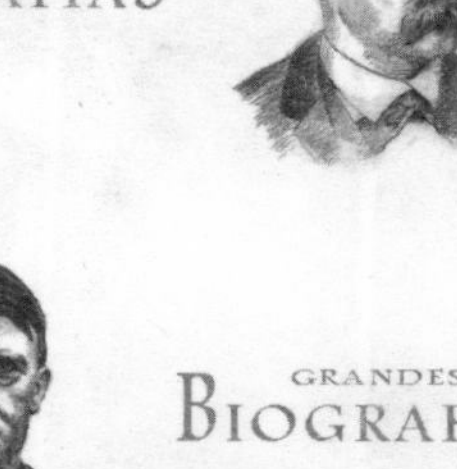

Che Guevara

CHE GUEVARA

Fernando Díaz Villanueva

Autor: Fernando Díaz Villanueva
Ilustración de cubierta: Ramón López
Director de colección: Felipe Sen
Dirección editorial: Raul Gómez
Edición y producción: José Mª Fernández

c/ M nº 9 Pol. Ind. Europolis
28230 Las Rozas (Madrid)
Telf.: (+34) 916 375 254
Fax: (+34) 916 361 256
e-mail: dastinexport@dastin.es
www.dastin.es

I.S.B.N.: 84-96249-66-2
Depósito legal: M-31.591-2004

Impreso en España - Printed in Spain

Dedicado a Luis Antonio, mi padre,
por enseñarme a desconfiar.

FERNANDO DÍAZ VILLANUEVA *(Madrid, 1973). Cursó estudios de Historia Moderna y Contemporánea en la Universidad Autónoma de Madrid. Es autor de sendas biografías de los Reyes Católicos y de numerosos artículos. Colabora habitualmente en la revista de pensamiento La Ilustración Liberal y en el diario en la red Libertad Digital. Actualmente es redactor de programas en una importante cadena de televisión española.*

AGRADECIMIENTOS

Escribir este libro ha sido una gran batalla personal, he tenido que superar muchos mitos y sumergirme en un personaje cuya verdad ha sido una y otra vez ignorada por la multitud de biógrafos que se han atrevido con él. Esta batalla seguramente nunca hubiera salido bien librada sin mis más fieles aliados.

Gracias, Juan Ernesto Pflüger, por darme la oportunidad de publicar esta biografía, y sobre todo por tu valentía, honestidad intelectual y el valor sincero que siempre has dado a una amistad que se extiende desde los tiempos en que éramos lo que seguimos siendo, simples estudiantes de Historia.

Me gustaría así mismo agradecer a José Ignacio del Castillo la lectura del manuscrito y las horas que ha dedicado con bíblica paciencia a instruirme sobre los más diversos temas. Mi deuda con su sabiduría crece cada día.

Este libro tampoco hubiese sido el mismo sin el aliento y el apoyo constante de Gorka Echevarría y Jesús Gómez, amigos antes que liberales, que me han regalado ideas y puntos de vista que bucean entre las líneas de la presente obra.

Por último, Katja, sin ti nada sería posible.

ÍNDICE

Prólogo 13

Capítulo I. FORJA DE UN REVOLUCIONARIO 17

Ancestros ilustres 17
Caraguatay 18
Los años de San Isidro 21
Adolescencia cordobesa 23
Juventud porteña 33
América en la mochila 39

Capítulo II. DE BUENOS AIRES A MÉXICO D.F. 47

Adiós a la Universidad 47
Destino Venezuela 53
Cambio de planes 55
La Guatemala de Arbenz 57
México, Fidel en el horizonte 72

Capítulo III. LA GUERRA DE CUBA 95

La odisea del Granma y la primera guerrilla 95
La Revolución en marcha 101
A un paso de la victoria 112
El héroe de Santa Clara 124

Capítulo IV. REVOLUCIÓN 133

Ajuste de cuentas 133
De viaje 144
El Banco Nacional de Cuba 151
Acercamiento a la URSS 161
Ministro de Industrias 172
El enemigo del norte 176
Industrializando la ruina 180
El mundo en vilo, la crisis de octubre ... 195
Tiempo de desengaño 205

Capítulo V. OCASO DEL HOMBRE, AMANECER DEL MITO 231

África en el objetivo 231
El Congo, la guerrilla del fin del mundo. 238
El año del olvido 248
De Bolivia a la eternidad 255

Cuadro Cronológico 281

Bibliografía resumida 187

PRÓLOGO

«En estos cuarenta años lo único que ha funcionado es la mentira... Todo el mundo miente, es un torneo de mentira.»

En estos términos hablaba Ciro Bustos, un compañero de la guerrilla del Che en Bolivia, a la televisión sueca hace pocos años. El pintor argentino, detenido por el ejército boliviano meses antes de la muerte de Ernesto Guevara, sabe mucho del poder que entraña el uso sistemático e intencionado de la mentira. Lo conoce en carne propia. Ha sido durante casi cuatro décadas el chivo expiatorio sobre el que se han cargado las culpas del trágico final del Guerrillero Heroico. Hoy Bustos es mayor y vive retirado en Suecia. Al chivo le queda poco tiempo de vida, pero la mentira permanece.

Cuando vine al mundo Ernesto Guevara llevaba seis años muerto y ya formaba parte de la iconografía universal. A lo largo de las últimas tres décadas su imagen no ha decaído. El muro de Berlín se vino abajo y entre sus cascotes brotaron naciones libres, la revolución cubana perdió todo ese romanticismo idiota que un día, injustamente, tuvo, nuevas generaciones de europeos y americanos han presenciado con sus propios ojos cómo la utopía socialista era un lobo con piel de cordero y con las fauces manchadas de sangre. Sin embargo, la que fue un día encarnación viva de todo ese mundo pretérito mantiene e incluso aumenta una proverbial e inexplicable lozanía.

Ernesto Guevara creía en aquel orden de cosas en el que para evitar que la gente se escapase de su paraíso había que levantar muros. Creía que sólo cambiando al hombre podía alcanzarse su delirio privado. Creía en suma que la coacción, la violencia y el odio eran el único medio factible para construir sobre las cenizas de la civilización el edén perdido. Y no lo digo yo, ni el abanico de críticos que tiene por todo el globo. Lo dicen sus textos, sus discursos, sus artículos y el modo en que vivió y murió. El mito del Che Guevara no debería sostenerse más. Mantenerlo vivo es perpetuar una mentira que poco o ningún bien hace a la causa de la libertad y a ese etéreo ideal del individuo soberano.

En Ernesto Guevara, que ha pasado a la historia como guerrillero, político revolucionario y médico, conviven tres naturalezas bien distintas. La primera, la que ocupó sus primeros años de vida adulta, podríamos denominarla como la de la bohemia. Sus años de farsante andariego no tuvieron nada de especial. Vagó por América en sendos viajes de descubrimiento de la nada que, más que aportarle un acervo de conocimientos, plagaron su cabeza de prejuicios. La segunda vendría a corresponderse con el periodo de la guerrilla en Sierra Maestra y los primeros años de revolución cubana. En ésta Ernesto Guevara se había transformado en un individuo ideologizado, intransigente y dado al uso y abuso de la fuerza. La última, la que le llevó al Congo y a la crepuscular guerrilla boliviana, es su fase terminal, la de fanático desorejado imbuido de un espíritu redentor para con una sola parte de la humanidad. En estas tres coordenadas, la de bohemio despreocupado, la de fanático incapaz de gobernar con tino y la de iluminado al servicio de un fantasma sangriento, se describe la vida de nuestro hombre.

Nunca fue buen estudiante. En las páginas que siguen al presente Prólogo dedicaré varias páginas a exponer cómo nunca llegó a obtener su presumido título de médico. La investigación no es mía y desde aquí agradezco a Enrique Ros, cubano libre, la labor que ha hecho a favor de la causa de la verdad. Tampoco se caracterizó por ser un guerrillero excepcional. Ni en la sierra donde, a excepción de la toma de Santa Clara, nunca pasó de liderar a una cuadrilla de harapientos revolucionarios, ni en sus intentonas frustradas en el Congo y en Bolivia se caracterizó por un genio militar extraordinario. Puso siempre en cierto valor suicida todo lo que le faltó de habilidad estratégica, que fue mucho. En el campo de la política, del gobierno revolucionario, fue un desastre sin contemplaciones. La economía cubana pagó durante muchos años sus excesos y hubo de ser el mismo Fidel Castro el que parase los pies a los desmanes que patrocinaba desde el Ministerio de Industrias. A su favor no es mucho lo que pueda decirse. Acaso que fue siempre honesto, y esto es indiscutible, incorruptible y las más de las veces franco en sus intenciones.

Mientras escribía el presente libro mucha gente me ha dicho con frecuencia que aceptaban que el Che Guevara hubiese sido un pésimo gobernante y un peor verdugo, pero que a fin de cuentas era alguien que había creído en sus ideales y había muerto por ellos. No me sirve. Grandes y detestables personajes del siglo pasado vivieron y actuaron del mismo modo. Adolf Hitler, vivió como pensaba y jamás ocultó sus repugnantes ideas sobre la raza aria y su supremacía sobre el resto de la especie humana. El *Führer* murió al pie de su cancillería, defendiendo con su cuerpo lo que él siempre había creído. Por fortuna, el que fuese el más abyecto conductor de la nación alemana no cuenta apenas con seguidores, y los que se muestran como tales no reciben sino el más que justificado desprecio por parte de cualquier ciudadano de bien. Aparte de Hitler, otros notables personajes de la pasada centuria dieron su vida por la causa en la que creían con todas sus fuerzas. Eso, por descontado, no ha sido nunca garantía de que esa causa mereciese la pena sino más bien, y con relativa frecuencia, garantía de lo contrario.

Jean François Revel insiste una y otra vez en recordarnos que la utopía es la otra cara del infierno. Si esto es así, y oportunidad de comprobarlo hemos tenido en el siglo que dejamos atrás, los personajes que han ayudado a perpetuarla no son más que los emisarios de la discordia sonriendo con un diente de oro. De todos ellos quizá sea el Che Guevara el que con más éxito haya logrado la labor de drenaje de las conciencias. Porque, ¿cómo es posible que un individuo cuya máxima vital era el odio al contrario y la guerra sin cuartel haya llegado a donde lo ha hecho?, ¿qué funciona mal en la mente de muchos seres humanos para que consideren como símbolo de la libertad a un guerrillero que instauró una feroz dictadura?, ¿hasta qué punto de desinformación hemos llegado para tener por justiciero a un personaje que vulneró primero y aniquiló después el imperio de la ley allá donde pudo hacerlo? Volviendo sobre Revel, él nos diría que es la ideología, esa máquina para escoger los hechos favorables a nuestras convicciones y rechazar los otros. Esa máquina perfectamente engrasada para emitir patentes de bondad y maldad, para dictar sentencias de absolución y culpabilidad. La ideología, la única, la que ha esclavizado a millones de seres humanos en los últimos ochenta años, es quizá la responsable de que un sujeto tan rematadamente criminal, tan palmariamente inepto y tan resueltamente fanático se haya aupado al olimpo de los dioses del siglo xx.

Sobre Ernesto Che Guevara se ha escrito mucho, demasiado diría yo, más de lo que el personaje en cuestión se merecía. Desde el punto de vista teórico la aportación del guerrillero es minúscula. No brilló en nada en particular. Fue de los que sabían de mucho pero no entendían de nada. Lo primero se lo debió a una encomiable pasión por la lectura, que mantuvo hasta el momento de su muerte. Lo segundo, al cerrojo que echó al entendimiento, adoptando como evangelio los burdos y simplones conceptos del marxismo. No hay más que tomarse el tiempo de leer cualquiera de sus discursos o artículos para percatarse de ello. A lo sumo, y siendo extremadamente generoso, al Che Guevara le correspondería un puesto de privilegio entre los que inauguraron la inane teoría del tercermundismo, la misma sobre la que se sustenta el actual movimiento antiglobalización. Nada más, aunque sus panegiristas, que son legión, quieran elevarle a un puesto que, simplemente, no le corresponde.

Lo inmortal hasta la fecha del revolucionario de la boina y la cara de mala uva no ha sido pues su aportación teórica, sino la semilla de acción violenta que dejó enterrada en la conciencia de América Latina. He aquí, y en ningún otro sitio más, donde Ernesto Guevara se significó. Escribió un librito, de título *La Guerra de Guerrillas*, que se ha convertido en uno de los textos políticos más difundidos de las últimas cuatro décadas. Partiendo de unos presupuestos erróneos y de la lección mal aprendida en Cuba, el comandante victorioso extrajo de su magín un catecismo simple pero efectivo. Atractivo, sugerente y magnético para una miríada de jóvenes que se han quedado en el camino. Podría alegarse que él no fue el responsable, que desconocía cuando se puso a escribir aquel panfleto que muchos iban a tomárselo al pie de la letra. Pero no, nos engañaríamos si tomamos esto último como argumento exculpatorio válido. Uno es esclavo de lo que dice y dueño de lo que calla. Ernesto Guevara de la Serna dijo mucho, demasiado, como para ser obviado por el inapelable tribunal de la historia. Por más máscaras que quieran poner a su ideario, por más camisetas serigrafiadas con su rostro que se vendan, Che Guevara fue quien fue y eso, mal que le pese a muchos, es y seguirá siendo así.

Capítulo Primero

FORJA DE UN REVOLUCIONARIO

«Para unos ojos verdes, cuya paradójica luz me anuncia el peligro de adormecerme en ellos.»

Ancestros ilustres

Parte del Palacio-Torre de los Guevara se conserva aún hoy en el término municipal de la población alavesa que ha dado nombre a la familia. Apenas una torre solitaria flanqueada por las ruinas de lo que un día fueron orgullosos muros de una privilegiada casa solariega en mitad de la llanada que enlaza los montes vascos y la meseta castellana. Algunos historiadores con mayor o menor fortuna ha tratado de llevar los orígenes de Ernesto Guevara hasta este remoto rincón de España. Un factor real de tiempos del emperador Carlos V emprendió a comienzos del siglo XVI el largo viaje que le llevaría desde su villa natal, en el profundo norte ibérico, hasta el nuevo mundo recién descubierto. Debió ser con casi toda seguridad el primer Guevara que abandonó la península con destino a las Indias y, por casualidades del destino, partió de Sanlúcar de Barrameda en la expedición de Pedro de Mendoza. Semanas después llegaron a Brasil, que fácil es imaginar que se encontraría en un estado aún salvaje, pues la colonia portuguesa posterior estaba aún lejos de consolidarse. A este Guevara, Carlos Guevara para más señas, lo mataron los indios guaicurús cuando volvía cargado de metales preciosos, en una traicionera emboscada, y de él nunca más se supo. Desconocemos si se limitaron a cortar su gaznate español para exponer los restos colgados de un árbol o lo echaron a la olla. Bella historia sin duda, pero muy pretenciosa como para que el futuro Che se la apropiase como vivida por un antepasado suyo. Algo así como si todos los mexicanos que se apellidan Cortés se creyesen herederos directos del gran extremeño, o los castellanos que llevamos Díaz por nombre de familia considerásemos que nuestro linaje se extiende impoluto desde tiempos del Cid Campeador.

Isidoro Calzada, en su singular hagiografía del Che, no sólo hace hincapié en esta inverosímil fábula a la que no falta ni un ingrediente fantasioso, sino que pretende enlazar en el tiempo y en el espacio a aquel valeroso factor de Carlos V con una presunta aristocracia ganadera de la que, según asevera vehemente, sí que provenía de manera directa Ernesto Guevara. No da nombres simplemente porque no existen, aun así se congratula de situar al simpar revolucionario como heredero de una casta ilustre, arraigada en lo más noble de la madre patria y de usos tradicionales, vinculados al viejo continente. Otra rama por la que podrían haber transitado los ancestros del Che, siguiendo el delirante guión de Calzada, es la de las armas. En noble lid, por supuesto, y del lado de las repúblicas. ¡Faltaría mas! Calzada no hace curiosamente mención a ningún salteador de caminos ni a ningún pirata de los que menudeaban por las costas americanas en tiempos pretéritos que llevase el nombre Guevara. Hasta ahí podíamos llegar. Un revolucionario a la carta se merece un árbol genealógico a la carta, aunque ésta sea, como ya veremos, en gran parte inventada.

Caraguatay

Lo que sí parece seguro y comprobado por las declaraciones directas de los contrayentes es que Ernesto Guevara Lynch se casó con Celia de la Serna en diciembre de 1927. Según parece, la familia de Celia no estaba muy ilusionada con el porvenir matrimonial de su hija. El novio, un apuesto galán de buenas y refinadas formas, no contaba con la suficiente solvencia que la familia de la Serna exigía al marido de su hija. Ernesto había mandado construir una casa en Caraguatay, en el norteño territorio de Misiones. Desconocemos qué llevó a Guevara Lynch a fijar su residencia y la de su familia en tan recóndito paraje. Algún especialista ha apuntado que el espíritu aventurero del padre, que heredó el hijo prácticamente intacto, fue espoleado por las previsibles y suculentas ganancias que una correcta explotación del mate podría reportar a sus exhaustas arcas familiares. Ernesto se encargó del diseño del hogar familiar. A la finca sólo se podía llegar en barca, pues estaba construida en la misma orilla del río Paraná. Vivo retrato del pionero éste de Caraguatay. Aislado del mundo, dedicado a la tierra y entregado en cuerpo y alma a prosperar desafiando los elementos y las calamidades de un entorno hostil. A pesar de que se repite con machacona insistencia que tanto la madre como el padre del Che eran terratenientes o al menos herederos de preclaras familias de la aristocracia rural, el hecho indiscutible es que Ernesto Guevara y Celia de la Serna se casaron en condiciones un tanto precarias. Hubieron de pedir prestada la casa para celebrar un banquete, pues carecían de los medios para costearse una sala de fiestas, y la novia se presentó en el altar embarazada de dos meses. Duro panorama para cualquier pareja de recién casados que no deja de tener su mérito.

Conforme se acercó el momento en que Celia debía dar a luz a su primer retoño, Ernesto comenzó a preocuparse por lo apartado del hogar que con tanto cariño y ambición había construido. El joven esposo, que había sido previsor, se llevó a Celia en una barca que había adquirido para transportar el mate río abajo. El Paraná fue y sigue siendo una formidable carretera acuática que vertebra el nordeste argentino. Desemboca en el mismo río de la Plata, pero antes se encarga de hacer parada en Santa Fe y Rosario, ciudades principales de la Argentina. Los Guevara siguieron ese camino como la Sagrada Familia recorriendo el Sinaí de camino a Egipto. Ernesto al timón de la frágil barcaza fluvial, mientras su esposa primeriza se debatía en la incertidumbre sin saber a ciencia cierta dónde iba a traer a su primer hijo al mundo. La idea era que la madre fuese convenientemente atendida en Buenos Aires, aunque tras una escala en Posadas, otra en Corrientes y la última en Santa Fe, Ernesto Guevara hijo se apresuró a nacer adelantando el parto. Era 14 de junio de 1928 y los padres se encontraban en Rosario. Hasta aquí el relato oficial de los primeros días de Ernesto Guevara. Algunos biógrafos se han reconciliado con la verdad. Pero la propia Celia de la Serna años después reconoció que falseó deliberadamente la fecha de nacimiento de su hijo. Ernesto Guevara nació realmente el 14 de mayo, un mes antes, y si fue inscrito en el registro ya entrado el mes de junio se debió a una simple y prosaica razón: que los padres no querían que los familiares se enterasen que la boda había sido un penalti como una catedral. Cosas de la época. Seguramente en España, en México o en cualquier otra nación hispana, dos apesadumbrados padres presionados por un entorno tradicional hubiesen obrado del mismo modo. Isidoro Calzada sigue manteniendo como fecha segura del alumbramiento el 14 de junio, algo puramente anecdótico si no fuese porque lo vincula en su carta astral a la de otro gran revolucionario de tiempos pasados, nada menos que el califa almohade Almansur, nacido según parece el 14 de junio de 1160. Los padres de Almansur quizá también se casaron de penalti en una jaima del Sahara argelino, dejando a la familia en Marrakech ajena a todo el cotarro. Lo desconocemos, tal vez Calzada lo pueda aclarar y aclararse él mismo mientras realiza la investigación.

Naciese el 14 de mayo o de junio carece de trascendencia a no ser que el lector sea un gran aficionado a la astrología. En tal caso puede consultar su carta astral y descubrir por sí mismo que en cualquiera de esos dos días nacieron multitud de niños en Rosario y en poco o en nada les influyó venir al mundo con los primeros días del invierno austral. Una vez Ernesto y Celia hubieron pasado el grato momento del nacimiento de su primer vástago, reclamaron a su lado a algunos familiares que se personaron en Rosario para asistir a la madre en el trance de estrenarse como tal. Dos meses después dejaron la ciudad ribereña para desplazarse a Buenos Aires. En Rosario, en aquellos dos primeros meses de vida del joven Guevara, apareció la enfermedad que le acompañaría toda su vida: el asma, o al menos la precursora del mismo, una inoportuna neumonía. En Buenos Aires el niño se repuso al cuidado de la familia y de especialistas de la capital, que consiguieron mantenerlo con vida. Los padres, aliviados después de tanto ajetreo, regresaron a su finca, la finca Santa Rita, conforme el invierno fue abandonando las latitudes australes. Pero la vida en el indómito norte era muy dura para los Guevara. Solos, con la única compañía de su pequeño hijo, que además padecía asma, y esperando aún que el mate cambiase su destino. A los pocos meses Ernesto debió hartarse de aquella situación. Hizo las maletas y con Celia y el joven Ernestito se trasladó a Buenos Aires, al selecto barrio de San Isidro, donde alquiló un chalé. Y no era para menos. Tanto Ernesto como Celia provenían de familias acomodadas, que no aristocráticas, y es del todo normal que quisiesen codearse con gente de su clase social. Los delirios de grandeza de los Guevara no se limitaban a sus presumidas raíces españolas de tiempos de los Habsburgo. El padre, Guevara Lynch, pretendía descender también de Hugo Lynch, caballero normando que había auxiliado a Guillermo I en la conquista de Inglaterra, allá por 1066. ¿Delirio? Posiblemente; sin embargo, Ernesto Guevara Lynch en su libro «Mi hijo el Che» lo lleva aún más lejos; dice textualmente acerca de sus orígenes: *«[...] la rama troncal española procedía del conde don Vela, que vivió bajo los reinados de Sancho y Ramiro III de León, y del linaje que empezó a apellidarse Guevara en el siglo XII con el cónde de Avala [...]»*. Y eso que sus ascendientes más directos eran simples ganaderos de la Pampa. No sabemos hasta dónde hubiera podido llegar Ernesto Guevara Lynch de haber nacido en la ciudad de Burgos o en un pueblecito escondido de la provincia de Guipúzcoa.

Los años de San Isidro

En Buenos Aires el inquieto Guevara Lynch tenía intereses en un astillero y ésa fue la razón que muchos aducen para justificar su traslado repentino a la capital. La familia, sin embargo, no dejaba de crecer. En apenas tres años aumentó en dos nuevos miembros: Celia, nacida en 1929, y Roberto, que vino al mundo en 1932. La vida de la joven familia debió ser relajada en aquellos años. Ernesto se hizo socio del Club Náutico de San Isidro y se compró un yate de recreo de dimensiones nada despreciables: doce metros de eslora. Celia combinó los partos con la vida social de la capital que, especialmente para ciertas familias, era en extremo agradable y despreocupada. Celia era una gran nadadora, buena conversadora y una mujer de su tiempo que incluso se atrevió a llevar el pelo cortado al estilo *garçon*, tan de moda en los libertinos años 20. No es difícil imaginar la acomodada vida de la burguesía bonaerense a principios de los años 30. Argentina era por entonces un país muy próspero, millones de emigrantes de toda Europa habían llegado hasta ella en busca de fortuna en las primeras décadas del siglo. La abundantísima mano de obra y una relativa estabilidad política, que el país no volvería a conocer, posibilitaron que la gran nación del cono sur se mantuviese al margen de la Primera Guerra Mundial y la crisis económica que azotó Europa en el periodo de entreguerras. Valga como muestra de aquel bienestar que uno de los mejores amigos de Ernesto Guevara Lynch en aquellos años fuese el famoso jugador de polo argentino Luis Duggan. Su socio en el astillero no le iba a la zaga, se trataba de Germán Frers, reputado campeón de regatas. El entorno social en el que el Che pasó sus primeros años de vida fue cualquier cosa menos obrero. Al menos en esto todos los biógrafos están de acuerdo.

Los Guevara cambiaron de casa, dejaron su chalé en San Isidro para mudarse a un apartamento en el barrio de Palermo, el barrio más exclusivo del Buenos Aires de la época. Todavía hoy este precioso rincón de la capital argentina conserva ese encanto burgués de primeros de siglo que le imprimieron sus habitantes de hace setenta u ochenta años. Entre estos habitantes se encontraba nuestro Che Guevara. Con tres años de edad y padeciendo una crisis asmática tras otra. Celia se sentía culpable. Como hemos visto, ya en Rosario al poco de su nacimiento el niño había contraído una bronconeumonía que casi se lo lleva por delante. En Buenos Aires la salud de joven Ernesto se complicó. Un resfriado le postró en la cama durante días, en los que muchos fueron los que pensaron que serían los últimos del primogénito de Guevara Lynch. Algunos investigadores han llegado hasta lo que quizá sea el origen de esta enfermedad que tanto marcaría la vida del Che. Celia había sido de niña también asmática y eso, según parece, crea una probabilidad muy alta de que el niño herede el mal. En el Che operó de este modo y quizá por esta razón su madre se consideraba algo responsable del padecer de su hijo.

El astillero de San Isidro sufrió un incendio y Ernesto se quedó sin nada. Vivía de alquiler y todo su patrimonio en bienes raíces se limitaba a una plantación ruinosa de mate en el territorio de Misiones. El astillero además no estaba asegurado, por lo que al drama de ver los barcos crepitando y consumiéndose bajo las llamas se sumó el de no poder recuperar ni un peso de lo invertido. La enfermedad de Ernestito no contribuía a la armonía familiar. El asma era ya crónica en 1932. Con cuatro años recién cumplidos, Ernesto y Celia tomaron la decisión de abandonar Buenos Aires. En la decisión tuvo que influir la tragedia del astillero y las crisis asmáticas del niño. Pero, ¿adónde ir? Buenos Aires no era un buen lugar para la salud del crío. Demasiado húmedo. Misiones lógicamente tampoco; en la finca Santa Rita se juntaba el hambre con las ganas de comer. Una humedad relativa altísima y muy poco aconsejable para un asmático, y el hecho de vivir lejos de la civilización con los perjuicios que de ello se derivan para un convaleciente de una enfermedad crónica.

Adolescencia cordobesa

Ernesto Guevara Lynch era hombre inestable, pero arrojado y de indudable iniciativa. Cambió el negocio de la náutica por el de la construcción de casas. En una nueva ciudad, lejos de Buenos Aires y de Misiones. Trasladó a toda la familia, que ya estaba formada por cinco miembros, hasta Alta Gracia, una pequeña localidad de veraneo a cuarenta kilómetros de Córdoba. En Alta Gracia aprendería el Che a hablar y cordobés sería su acento característico. En la tierras altas de la serranía cordobesa abriría por primera vez Ernesto Guevara sus ojos al mundo.

La vida de los Guevara no fue sin embargo un modelo de estabilidad en la villa cordobesa. Cambiaron de casa con relativa frecuencia. Nada más instalarse lo hicieron en un hotel, el Hotel Grutas, donde residieron casi medio año. Poco después alquilaron una casa que diese cabida a la familia, que continuaba en crecimiento; en Córdoba nació el último de sus hermanos, Juan Martín. Esta casa, Villa Chichita, les duró un año a los Guevara y la dejaron por otra más grande, Villa Nidia, donde residieron hasta 1937, en que se mudaron al chalé de Fuentes. Dos años más tarde alquilaron un nuevo chalé, el de Ripamonte, que alojó a la familia hasta que en 1940 volvieron a Villa Nidia. El chalé de Villa Nidia es el que se ha terminado por hacer famoso como residencia infantil del Che. En la actualidad hay instalado un museo dedicado a Ernesto Che Guevara. Tanto ajetreo debió influir en el carácter de los niños. Pero lo peor no fue el cambio continuo de residencia sino los hábitos que se respiraban en aquella casa. Pacho O'Donnell nos los resume del siguiente modo:

«*[...] En casa de los Guevara no había horarios fijos y cada uno comía cuando tenía hambre; nadie se extrañaba si, para ahorrarse el trayecto por el exterior, alguno de los niños cruzaba el salón de estar en bicicleta; para entrar no se tocaba el timbre, y podían verse juntos a miembros de la alta sociedad cordobesa alternando con caddies del campo de golf cercano, obreros, emigrados españoles; todos ellos exentos del cumplimiento de normas sociales [...]*»[1].

Sorprendente y sin duda un modelo de educación para cuatro niños en edad escolar. Lo mejor es que O'Donnell, lejos de censurar el desbarajuste y la falta de disciplina, lo toma como una de las grandezas que hicieron después a Ernestito el Che legendario que a tantos pone los ojos en órbita. Por otro lado, nada hace pensar que la cosa fuese muy diferente en el hogar de los Guevara. A fin de cuentas, la familia O'Donnell conoció a los Guevara en aquellos años y nadie mejor que don Pacho para opinar sobre el tema.

---

[1] Pacho O'Donnell: *Che, la vida por un mundo mejor;* Plaza y Janés, Barcelona, 2003, p. 24.

La vida en Alta Gracia, aparte de desorganizada y un punto caótica, era esencialmente tranquila, como puede presumirse de un pueblo de provincias. Los Guevara no se privaban, sin embargo y a pesar de sus altibajos económicos, de contar con servicio doméstico. Su cocinera, Rosario López, aún vive en la localidad y acepta dar entrevistas sobre la figura del Che en su infancia. En una concedida en octubre de 2002, la antigua cocinera afirma sin empacho que a los cuatro años Ernestito ya se leía el periódico. No vamos a poner en duda las evocaciones pasadas de esta buena señora, pero al caso viene recordar que en 1938, cuando el niño contaba con nueve años, presentó veintiún ausencias injustificadas en tan sólo dos meses. Quizá es que pasó todo este tiempo leyendo el diario y recortando las recetas de cocina para Rosario López. Quizá. Lo que parece que marcó estos primeros años cordobeses para el Che fue la persistente asma. Celia lo tomó como algo personal, no abandonaba al niño y se encargó de suplir sus faltas continuadas a la escuela erigiéndose ella como maestra. El padre andaba suficientemente ocupado en obtener contratas para la empresa que había montado junto a su hermano.

Los Guevara, que, no debemos olvidarlo, venían de la prodigiosa Buenos Aires, se aclimataron lo mejor que pudieron a la ociosa alta sociedad de Alta Gracia. Salían a menudo. Se dejaban ver con frecuencia por el hotel Las Sierras, donde apuraban más de una noche hasta bien entrada la madrugada. Los niños, como ha confirmado posteriormente algún miembro del servicio doméstico, cenaban solos. Y es de suponer que el joven Ernesto pasaría también a solas los ataques de asma. Mucho se ha escrito sobre la implicación de los padres en la educación y en la atención que prestaron a su hijo. Con los datos que poseemos, incluso con los extraídos de las más burdas hagiografías, podemos concluir que no fue destacable en ninguno de los dos campos y posiblemente menor que la que recibían niños de la misma clase social, pero con padres más comprometidos con la enseñanza integral de sus hijos. Por lo demás, nada invita a pensar que estos años primeros de escuela fuesen infelices o desdichados para Ernesto. Su padre era un hombre abierto, de ciertas inclinaciones bohemias y seguramente buen compañero de juegos de sus hijos. Pero nada más. A pesar de todo lo que Ernesto Guevara Lynch quiso hacer creer con el transcurrir de los años, su papel de padre podríamos considerarlo aprobado por los pelos. La madre, Celia, se involucró mucho más en la educación de Ernesto. Convivió más de cerca con la enfermedad y siguió de un modo más certero la evolución de su hijo en esos años cruciales para cualquier persona.

Una de las aficiones que le vino a Ernesto por vía paterna fue la del deporte. Los Guevara eran muy dados al ejercicio físico. La madre, como ya he apuntado más arriba, era una excelente nadadora, y el padre contaba entre sus amistades grandes deportistas y no perdía la ocasión de practicar ejercicio. La enfermedad del niño invitaba además a la práctica deportiva como terapia alternativa. La afición que más tarde el Che Guevara tendría por toda clase de deportes le viene de esta época cordobesa. Vivir en Alta Gracia además invitaba a ello. Un clima serrano saludable sin rigores climáticos excesivos y lejos de las estrecheces de la gran ciudad. En contacto con la naturaleza y donde cultivar la amistad con la chiquillería no debía ser demasiado complicado.

Ernestito estuvo matriculado en dos colegios en su primera etapa escolar en Alta Gracia. Los dos públicos. Primero la Escuela de San Martín, es de imaginarse que en honor al laureado general, y después la de Manuel Soares. Los padres del Che eran no sólo de convicciones laicas sino que también predicaban con el ejemplo. Por la escuela, como ya hemos visto, no se prodigó demasiado; sin embargo, según cuentan los que le conocieron entonces, el niño tenía una desmesurada afición por la lectura. Probablemente leyese, como todos los niños que en el mundo han sido, novelas de aventuras que en una época que no existía la televisión harían las veces de las actuales teleseries juveniles. Algunos biógrafos esta devoción la llevan más lejos, apuntando que el joven Che se atrevió en estos primeros años hasta con Sigmund Freud, padre del psicoanálisis, y que por aquella época apuraba sus últimos años de vida en la lejana Europa. No es por poner en duda las fuentes de los especialistas en *Guevarología*, pero cuesta vèr a un niño de apenas nueve años encerrado en su habitación con la «*Psicopatología de la vida cotidiana*» entre las manos, desentrañando los secretos de la revolución psicoanalítica. Más fácil de digerir es que a tan temprana edad devorase el cervantino *Don Quijote*, y no porque los dos gruesos volúmenes de los que consta la obra asusten al más avezado colegial, sino porque sabido es que al que empieza con *El Quijote* no le queda más remedio que terminarlo. Placentera servidumbre de toda buena obra maestra que se precie.

En 1936, cuando el Che contaba con ocho años y un mes, perdón, dos meses, dio comienzo la Guerra Civil española con el levantamiento del general Franco en el protectorado español en el norte de África. Las noticias de la guerra se extendieron como la pólvora (y nunca mejor traída la comparación) por todo el mundo. América no fue una excepción, más si cabe que el nuevo continente estaba plagado de familias de españoles que en las primeras décadas del siglo XX se habían lanzado con entusiasmo a hacer las Américas. La causa republicana despertaba la simpatía por doquier. La campaña orquestada desde Madrid por el gobierno del Frente Popular cosechó adhesiones inquebrantables en las otrora colonias de ultramar. La imagen de la pobre república de trabajadores víctima de las asechanzas del fascismo internacional era tan plástica que pocos pudieron sustraerse a su atractivo. Los miembros del gobierno frentepopulista lo sabían y cultivaron con esmero durante los tres años que duró la contienda fratricida esta imagen de desvalimiento. De nada sirvió que en los campos de España se batiesen los dos totalitarismos más repugnantes que ha parido la especie humana: el icono de la guerra de España era uno, el de los carteles publicitarios exhibidos en la Exposición de París, y ante él cayó rendida la flor y la nata de la intelectualidad internacional y casi toda la colonia española en América.

Hasta el refugio familiar de los Guevara en Alta Gracia llegaron los ecos del lejano conflicto español. Un tío suyo la presenció en persona como corresponsal de un periódico porteño, el diario *Crítica*. Este tío suyo, Cayetano Córdova, era miembro del Partido Comunista de Argentina, por lo que las crónicas que enviase desde los frentes españoles debían tener una independencia y criterio parecidos a los que remitiesen desde Burgos los corresponsales italianos o alemanes a sus diarios respectivos. Quizá la experiencia del tío en la Guerra de España marcase a Ernestito, que debió tomar el acontecimiento como Sebastián Haffner tomó la Primera Guerra Mundial desde su Berlín natal, es decir, de victoria en victoria hasta la derrota final. Cuentan que colgó de la pared de su alcoba un mapa de España desde donde seguía los avances del ejército republicano. Alternaba su visión estratégica con juegos inocentes con sus amiguitos, en los que unos hacían de republicanos y otros de nacionales. El goteo de exiliados españoles que fue cayendo por Argentina tras el fin de la guerra fue notable. Una parte terminó en Alta Gracia y allí, quizá tomándose un combinado en la terraza del hotel Las Sierras, les aguardaba Ernesto Guevara Lynch. En Alta Gracia se exilió junto a toda su familia Juan González Aguilar, médico que durante la guerra había sido asistente del presidente Negrín. González Aguilar era además gran melómano, por lo que se las ingenió para montar un pequeño cuarteto de laúdes. En las sobremesas de aquella somnolienta Alta Gracia de 1939 también se dejó caer Manuel de Falla. Como exiliado y como músico, ya que intimaba con González Aguilar. El genial gaditano moriría años más tarde en Argentina, convirtiéndose de este modo en el más célebre exiliado español en el cono sur. El desfile de republicanos expatriados era continuo y Ernestito y sus amigos recibían a cada recién llegado recitando de memoria la nómina completa de generales del ejército derrotado. Uno de los preferidos del Che era el general Líster. Cuando menos curioso que, contando la República con honorables oficiales de la talla de Miaja o Rojo, se fijase el pibito en el que quizá fuese uno de los más sanguinarios matarifes de la guerra de España. Como disculpa podría valer que es muy dudoso que las hazañas bélicas de Líster al servicio de Stalin llegasen hasta Argentina. Sin embargo, la devoción que sentía Ernesto por Líster se extendió en el tiempo y en el espacio. Muchos años después de extinguido el conflicto español, en 1961, el carnicero se dejó caer por la Cuba revolucionaria. A su encuentro se dirigió el ya comandante convertido en ministro de Industrias y le dirigió ditirambos como éstos:

> [...] .... *cuánto le debe el mundo al sacrificio de los españoles que lucharon, casi sin armas, contra la barbarie fascista.* [...] *Por eso nosotros podemos recibir a Líster como algo nuestro.* [...][2].

Obviamente Ernesto, que ya no era un niño cuando pronunció estas palabras, desconocía que, tras fracturarse España con motivo del alzamiento militar, la zona republicana era la más poblada, la más industrial y la que reunía todas las grandes ciudades, con Madrid, Barcelona, Valencia y Bilbao como muestra inequívoca de ello. Bajo el mando del gobierno del Frente Popular quedó la práctica totalidad de la siempre respetable Armada Española, la industria pesada del País Vasco y las reservas de oro del Banco de España que en 1936 constituían el cuarto depósito de oro del mundo[3]. Un total de 638 toneladas del precioso metal, que no tardarían en ser transportadas hasta la Unión Soviética para no regresar jamás.

Otra de las anécdotas de aquel Ernestito bullanguero de finales de los años 30 no es menos reveladora. Recogió a una perrita abandonada en la calle y tras darle vueltas al nombre bautizó al malhadado can como *Negrina*, en honor naturalmente de Juan Negrín, jefe de los últimos gobiernos republicanos. No, no podía haberse acordado de Azaña, de Besteiro o del mismo Durruti para dotar de nombre y seña a su perrita. Trajo a su mente el nombre de uno de los políticos más nefastos e inmorales que ha padecido España a lo largo de su dilatadísima historia.

A pesar de todos los pesares que la guerra había traído a los españoles, Europa estaba loca en aquellos años de ingrato recuerdo. En septiembre de 1939 los alemanes, crecidos ante la tolerancia sin límite de las democracias occidentales, invadieron Polonia. Stalin, mentor político de aquel Negrín padre putativo

---

[2] Discurso en el acto de homenaje al general Líster, 2 de junio de 1961.

[3] Producto de la neutralidad española durante la Primera Guerra Mundial y no del tesoro americano de tiempos de la colonia, como suele creer la gente.

de la perrita del Che, había llegado previamente a un acuerdo con Hitler para repartirse los despojos de la desdichada Polonia. La mitad para cada uno, como buenos compañeros totalitarios. El conflicto se hizo inevitable y en el curso de año y medio, lo que había comenzado como una guerra entre Alemania por un lado y Francia y el Reino Unido por otro, se extendió por todo el planeta. Sudamérica afortunadamente quedó al margen. A los Guevara además, que eran anglófilos declarados, les iba muy bien. En el verano austral de 1941, coincidiendo con los bombardeos de los nazis sobre Inglaterra, toda la familia se tomó unas largas vacaciones en la localidad de Mar del Plata. Allí el Che se encontró por vez primera frente al mar.

La mella de la guerra mundial sobre Ernestito no debió ser muy profunda, pero sí la impronta de la familia González Aguilar. Un año más tarde, en 1942, los hijos del médico español y el Che se matricularon juntos en el Liceo Deán Funes de Córdoba. Esto, unido a un nuevo equilibrio en la cuerda floja del malabarista Guevara Lynch, hizo que la familia en pleno se trasladase hasta Córdoba, la capital de la provincia. Ernesto Guevara de la Serna tenía catorce años y estaba hecho ya todo un buen mozo. Córdoba no era Buenos Aires, pero la bella ciudad del interior poseía indudables atractivos para un joven estudiante de secundaria que inauguraba su adolescencia. A principios de los años 40 Córdoba contaba con unos 300.000 habitantes, lejos de la siempre abultada cifra de la capital, pero población considerable para tratarse de una simple ciudad de provincias. La ciudad de Córdoba viene a ser la gran olvidada de las guías de turismo de la República Argentina. Cuenta con universidad desde 1613 y con obispado propio desde 1699. Gran parte de la rica historia de la Argentina colonial se condensa en sus calles. En el siglo XVIII fue incluso honrada con la capitalidad del virreinato por parte de la corona española, que entonces reposaba sobre las sienes del magnánimo Carlos III. Esta ciudad cargada de historia, iglesias barrocas, conventos y callejuelas enredadas en su casco viejo, es la que recibió al joven Che en su primer año de bachillerato.

La vida en el Liceo transcurrió plácidamente. Ernesto se aficionó aún más a los deportes, cuya oferta aumentaba en una capital como Córdoba. En torno al Lawn Tennis Club de Córdoba, Ernesto se inició en deportes como el rugby, el tenis o el golf. Reservados a las elites de la ciudad. En estos años conoció también a uno de los amigos que más marcarían su vida posterior, Alberto Granado. Es de suponer que la práctica intensiva de tanto deporte no se lleva bien con una dolencia respiratoria como el asma, y así debió ser. Pero como era de natural testarudo suplía con cabezonería lo que la naturaleza se había empeñado en negarle. El deporte, y más cuando es practicado en exceso, tampoco congenia bien con los estudios. Sus calificaciones escolares en el Liceo no pasaron de mediocres. Despuntó en las asignaturas de letras, especialmente en materias como literatura o historia, mientras que la física, el dibujo o la música las saldaba con aprobados justitos o suspensos sobrados. Caso aparte merece la nula aptitud que demostró para aprender inglés. El francés sin embargo le era más familiar y se le daba mejor. Quizá debido a las clases que ya le había impartido su madre en casa o quizá a la indisimulable semejanza que presentan el castellano y la lengua de Molière. Posiblemente se debió a una combinación de ambas. Los años de la guerra mundial los pasó de este modo, practicando deporte y estudiando lo justo para salir bien parado a fin de curso. A pesar de la temprana vocación política que algunos han querido ver en el Che adolescente, no hay nada que haga pensar que ésta apareciese en sus días de alumno en el Liceo. Todo lo más, cierta simpatía por el incipiente peronismo de honda preocupación social que a la larga dejó a la industria nacional en el esqueleto y a Argentina en el nirvana. La renuncia y detención de Juan Domingo Perón en octubre de 1945 ocasionó violentos disturbios por todo el país. Los estudiantes se amotinaron a lo largo de toda la geografía en contra de las medidas autoritarias inspiradas por Perón. Frente a ellas se organizaron milicias sindicales que planearon una marcha sobre Buenos Aires para exigir la liberación inmediata de Perón, recluido por el gobierno de Farell en la isla Martín García. El joven Guevara contaba entonces con diecisiete años. ¿Qué hizo? ¿Hojeó los periódicos con aristocrático desdén antes de iniciar un relajado partido de tenis junto a su amigo Alberto Granado? No, Ernesto se lanzó a la calle junto a uno de los grupos de choque pro peronistas. En Córdoba, donde la algarada fue de menor envergadura que en Buenos Aires, los improvisados milicianos peronistas asaltaron el principal diario de la provincia, *La Voz del Interior,* y reventaron sin contemplaciones las lunas de su entrada. Éste fue el primer episodio político de cierta relevancia en el que participó Ernesto Che Guevara. Acción, como a él le gustaría remarcar más adelante. Acción, aunque fuese junto a unos matones sindicales que todo lo que buscaban era amedrentar al gobierno. Este episodio hecho público por José Aguilar, con quien Guevara mantuvo cierta amistad en su época de estudiante, lo suelen pasar por alto casi todos los biógrafos del Che Guevara. Algunos, enajenados por un misticismo guevarista todavía pendiente de diagnóstico por los psicólogos, lo han querido ver no en Córdoba sino en Buenos Aires, manifestándose contra el gobierno de Farell. Me refiero al inefable Calzada que, fiándose de sus recuerdos, afirma haber compartido con él una asonada en la misma Plaza de San Martín. El fervor ideológico no es buen compañero de la verdad.

A los acontecimientos de la primavera sucedió un verano tranquilo, en que la familia regresó al Mar del Plata a pasar las vacaciones. El matrimonio entre Ernesto Guevara Lynch y Celia de la Serna hacía aguas por los cuatro costados. Cinco hijos y un trasiego continuo de Misiones a Buenos Aires, de Buenos Aires a Alta Gracia y allí a Córdoba habían astillado una relación que por temperamental tenía todas las de irse al traste. Y se fue. En 1947 se formalizó la separación. La familia se instaló en un pisito, departamento que dirían ellos, muy aparente de la calle Araoz. La casa pertenecía a la madre de Ernesto, a Ana Lynch. Pero era una simple comedia. El padre buscó un estudio céntrico para acomodar su despacho de arquitecto. Y lo hizo aunque con el detalle sin importancia de acomodarse él también. El estudio se encontraba en la calle Paraguay, 2034. No fue una separación rigurosa. Ernesto se pasaba de tanto en tanto por el domicilio conyugal, pero solía pernoctar en su refugio de la calle Paraguay. Ernestito o, mejor dicho, Ernesto hijo, que ya tenía diecinueve años, se quedó unos meses en Córdoba terminando el último curso de bachillerato. Durante aquel verano había obtenido un empleo en el departamento de carreteras de la provincia de Córdoba. Por su cabeza pasaba ir a la universidad local, la cordobesa, a cursar estudios de ingeniería, como su amigo Tomas Granado, el hermano de Alberto. Sin embargo, su abuela Ana se puso enferma, muy enferma. La relación entre Celia y Ernesto no pasaba, como ya hemos visto, por muy buenos momentos, por lo que quizá el padre envió recado a Córdoba para que Ernesto se presentase en la casa de la calle Araoz a atender a su abuela. El Che viajó desde Córdoba y estuvo junto a Ana Lynch sus últimas semanas de vida. Dicen que a raíz de esta experiencia se despertó en él la vocación por la medicina. Estaba a punto de empezar la universidad, de manera que aquella iluminación repentina le vino que ni pintado.

Juventud porteña

Buenos Aires en 1947 era una ciudad espléndida y burbujeante. Entre el centro y los suburbios periféricos la ciudad albergaba la impresionante población de cinco millones de habitantes. A sus muelles todavía llegaban los paquebotes cargados de gallegos y napolitanos que huían de la miseria y las privaciones de la posguerra europea. Por sus calles elegantes menudeaban artistas, intelectuales, jugadores de fútbol, burgueses adinerados.... El festival de colores del barrio de la Boca, el centenario Café Tortoni de cuyas paredes cuelgan obras de grandes pintores argentinos y extranjeros, el Teatro Colón, el mercadillo de San Telmo. Cualquiera que a los diecinueve años hubiese recalado en Buenos Aires lo normal es que se hubiera quedado.

En Argentina el curso universitario empieza en marzo, momento en que Guevara no tenía aún claro qué es lo que quería estudiar. Cuando se hubo decidido por la Medicina, asistió de oyente a la Facultad hasta el mes de noviembre de 1947, en que pudo finalmente formalizar la matrícula. De cualquier modo se había ocupado meses antes de matricularse en Ingeniería en Córdoba; como nuestro hombre no tenía el don de la ubicuidad, suponemos, con cierto criterio lógico, que a la primera de las carreras no debió acudir a una sola clase. Y así fue. Las razones que impulsaron a Ernesto Guevara a estudiar medicina son múltiples. Tuvo que ver el fallecimiento de su abuela, quizá también el hecho de que su madre había sido intervenida años antes de un cáncer de mama o, que es lo más probable, siendo como era un joven asmático, quisiese acercarse al mundo de la medicina para entender mejor su enfermedad y ganar en calidad de vida. Algunos han querido ver en ello una motivación política, un anticipo de su destino como revolucionario heroico. Ser médico para ayudar a los demás, para ponerse al servicio del pueblo; sin embargo, las intenciones del Che eran bien distintas en aquella época. Años más tarde, en 1960, en un discurso en el Ministerio de Salud Pública de La Habana, decía textualmente:

«[...] *cuando empecé a estudiar medicina, la mayoría de los conceptos que hoy tengo como revolucionarios estaban ausentes en el almacén de mis ideales. Quería triunfar, como quiere triunfar todo el mundo; soñaba con ser un investigador famoso* [...]»[4].

Más claro agua. Algunos deberían tomar nota. Pero añadiéndole lo siguiente. En una carta enviada en 1952 a su novia Chichina Ferreira le confesaba que no pretendía:

[...] *engayolarse (encerrarse) con la profesión médica* [...][5].

Curiosa manera de triunfar la que esperaba el joven Guevara. La carrera de medicina es complicada. La misma amplitud de la disciplina médica hace que los estudiantes que se atreven a enfrentarse con las difíciles asignaturas de esta carrera pasen verdaderos apuros. El sacrificio es imprescindible. Las asignaturas teóricas se combinan con las prácticas, de tal modo que exige casi dedicación exclusiva. Ernesto Guevara quizá lo sabía, aunque no se dejó caer mucho por clase. En las decenas de biografías que existen sobre el personaje no aparece el testimonio de un solo compañero suyo de clase en los últimos años en la Universidad.

---

[4] Ernesto Guevara de la Serna, discurso en la inauguración del curso de adoctrinamiento del Ministerio de Salud Pública; 19 de agosto de 1960.

[5] Pacho O'Donnell, *Che, la vida por un mundo mejor.*

Hemos visto que sobran los amiguitos de la infancia, los compañeros de secundaria y los vecinos. Hasta la cocinera que le preparó la comida durante unos años se ha convertido en una celebridad. Sin embargo, nadie ha encontrado un solo amigo, colega o compañero de aula que dé testimonio, bueno o malo, sobre esos años cruciales en la formación de cualquier persona. Curioso. Los biógrafos más habituados a desempeñar su profesión con un bote de crema en la mano pasan por alto este particular, haciendo referencia a su amistad con Tita Infante y a su pretendida toma de conciencia política en aquellos años. La relación que mantuvo con Tita Infante está tan manoseada que la atribulada compañera del Che se merece hasta su propia obra monográfica. Tita Infante era la secretaria de las Juventudes Comunistas de Buenos Aires. Algunos dicen que estaba enamorada de Ernesto, y no es de extrañar, pues era un joven muy atractivo a los veinte años. El hecho es que durante los años de universidad parece que la relación se mantuvo en una cierta cortesía. Más tarde, cuando ya el Che haya iniciado su andadura por América Latina, se tornará en una relación epistolar muy educada y correcta, hasta el punto que se trataron siempre de usted. Seguramente Tita Infante, como militante comunista, trató de influir políticamente sobre su compañero. A finales de los años 40 y principios de los 50 el comunismo estaba de moda y su extensión por todo el mundo se veía inevitable. Es normal que dos estudiantes veinteañeros de una facultad en Buenos Aires cambiasen impresiones sobre el tema, y más cuando uno de ellos pertenecía a una organización comunista. Hasta aquí llega toda su politización en estos años universitarios. Lo que al Che interesaba de verdad era el deporte, el rugby. En 1949 fichó por el San Isidro Club, que jugaba en la primera división. Su puesto era el de medio *scrum*. Su afición por este deporte británico llegó a tal extremo que un par de años más tarde fundó una modesta revista llamada *Tackle*, en la que se presentaban noticias y comentarios de actualidad del rugby en la ciudad de Buenos Aires. La iniciativa sólo aguantó once números, pero ahí queda como demostración viva de cuáles eran los auténticos intereses de Ernesto Guevara. Intereses por otro lado muy legítimos y de gran valor para los aficionados al rugby, pero lejos de las presuntas preocupaciones políticas que según muchos ya le quitaban el sueño.

De todos los que alguna vez se han interesado por Ernesto Che Guevara es sabido que rara vez ejerció su profesión. A pesar de esas ansias de grandeza que mostraría años más tarde hablando de su época preuniversitaria, lo que podemos estar seguros es que no pretendió llegar a la excelencia profesional a través del estudio. Sus años en la Facultad de Medicina se empeñan en demostrarlo. En un testimonio prestado a la biógrafa del Che Claudia Korol por Ricardo Campos, un amigo suyo de la época, decía respecto a la asistencia a clase: «[...] *no creo que haya cursado regularmente, más bien él hacía muchas materias libres* [...]», es decir, sin pisar el aula ni equivocándose y pasando el trago mediante una convocatoria extraordinaria. Y en parte es normal, a nuestro hombre todo le quitaba tiempo, como a casi cualquier universitario. El equipo de rugby, la lectura, las novias, especialmente Chichina Ferreira cuya relación veremos con más detalle, los viajes continuos a la Córdoba de su niñez, las partidas de ajedrez... Ante un panorama tan lleno de actividades extraescolares, lo suyo es que a Ernesto no le quedase ni un minuto para asistir a clase. El primer examen lo aprobó en abril de 1948, Anatomía Descriptiva; el último, en abril de 1953, Clínica Neurológica. Cinco años exactos trufados por mil experiencias, entre las cuales las más gratificantes fueron sin sombra de duda los viajes. Ernesto era un apasionado de los viajes, de perderse por el mundo y conocer otras gentes, paisajes y culturas.

Durante los años universitarios Ernesto viajó mucho, mucho más que los jóvenes de la época. No le importaba en absoluto apostarse en una carretera a la salida de Buenos Aires y hacer autostop hasta Córdoba. Téngase en cuenta que ambas ciudades están separadas por una nada despreciable distancia (como casi todas en Argentina) de 700 kilómetros. Horas invertía el joven estudiante en desplazarse de una ciudad a otra, de su querida Buenos Aires a su refugio de infancia. En uno de esos viajes que efectuaba habitualmente a la capital del interior con motivo de una boda, del casamiento de Carmen González Aguilar, hija de aquel médico español exiliado, Ernesto conoció a Chichina. Se llamaba

María del Carmen Ferreira y pertenecía a una ilustre familia cordobesa. La chica era guapa, refinada y culta. En las fotos de la época se ve una jovencita de bellos rasgos y cierta delicadeza en las formas que delatan su procedencia social. Ernesto se enamoró como un cadete, y ciertamente estaba en la edad de hacerlo, y ella también. Pero setecientos malditos kilómetros separaban a los tortolitos, por lo que iniciaron una fructífera relación epistolar transida de sentimiento y confesiones mutuas. Esa correspondencia se conserva hoy día y puede consultarse con detalle y delectación en casi todas las biografías que se han escrito sobre el Che. Se enamoraron en 1950 cuando Ernesto tenía veintidós años, por lo que no es de sorprender las cursilerías que los dos amantes se intercambiaban. Entre aquellas cartas se pueden rescatar algunas joyas poéticas que transcribo por si algún lector las considera útiles para dedicárselas en el momento oportuno a su amada en un arranque de galantería:

«[...] *Para unos ojos verdes cuya paradójica luz me anuncia el peligro de adormecerme en ellos* [...]»[6].

«[...] *Nuestra primera cópula sería una triunfal procesión en honor del vencedor, pero siempre estaría el fantasma de nuestra unión porque sí, porque era el más consecuente o era el raro* [...]»[7].

Sin embargo, y sin intención de rebajar la temperatura amorosa, nuestro Ernesto sabía bien dónde estaba y cuál era su destino: preocuparse de él mismo.

«[...] *Sé lo que te quiero y cuánto te quiero, pero no puedo sacrificar mi libertad interior por vos; es sacrificarme a mí, y yo soy lo más importante que hay en el mundo, ya te lo he dicho* [...][8].

Reveladora confesión del futuro revolucionario preocupado por los desheredados de la tierra. Ni un liberal objetivista de la escuela de Ayn Rand hubiese dejado más clara su postura.

---

[6] Ernesto Guevara de la Serna, carta a Chichina Ferreira, diciembre de 1951.
[7] Ernesto Guevara de la Serna, carta a Chichina Ferreira, diciembre de 1951.
[8] Ernesto Guevara de la Serna, carta a Chichina Ferreira, diciembre de 1951.

La relación con Chichina, que es el apodo cariñoso que Ernesto le puso, nunca tuvo futuro. La familia de ella no estaba muy conforme con la relación. Quizá consideraba que su hija se merecía un pretendiente mejor. El Che, por su parte, anteponía ese amor por la aventura y los viajes que tan mal congenian con los noviazgos. En marzo de 1952 en una nueva carta Ernesto se lo dejaba meridianamente claro a Chichina:

[...] *El presente que vivimos los dos: uno fluctuando entre una admiración superficial y lazos más profundos que lo ligan a otros mundos, otro entre un cariño que cree ser profundo y una sed de aventuras, de conocimientos nuevos que invalida ese amor* [...]»[9].

La distancia además no perdona. Setecientos kilómetros son muchos para atar una relación en serio y mucho más si hay dudas por las dos partes. Una lástima porque el amor que Ernesto Guevara sintió por Chichina Ferreira debió ser tan auténtico como juvenil.

La aventura no tardó en llegar. En 1949 había instalado un pequeño motor en una bicicleta y con ella se lanzó a conocer el norte del país. Estuvo en Tucumán, en Santiago del Estero y en Salta. En San Francisco de Chañar visitó un leprosario que, según él mismo relató, le causó una tremenda impresión. Valoró el trato personal con los leprosos como una de las vías para conseguir su curación. O al menos eso dicen sus hagiógrafos seguramente llevados por la pasión de ver a Jesucristo rodeado de leprosos en la Judea del siglo I. Para ese viaje no hacen falta tantas alforjas. Lo lógico es que un estudiante de medicina de veintiún años en pleno siglo XX hablase a favor del trato humano a los enfermos de lepra. Lo extraño hubiera sido lo contrario, es decir, que Ernesto Guevara una vez dentro del leprosario de San Francisco de Chañar hubiese reclamado a los responsables la segregación absoluta y el látigo con los enfermos. En este viaje en bicicleta, claro antecedente del cicloturismo de nuestros días que querrá ver alguno, el Che se interesó por conocer no sólo los

---

[9] Ernesto Guevara de la Serna, carta a Chichina Ferreira, marzo de 1952.

monumentos de cada una de las ciudades que pasaba sino también por intimar con las gentes en hospitales y asilos donde, en palabras del propio Che, se encontraba el alma de un pueblo. Biógrafos como Castañeda ven en ello una postura de mochilero. Y hasta podría ser, aunque estoy por ver todavía a algún mochilero alemán o británico de visita en Madrid acercarse al hospital de La Paz o al Doce de Octubre a palpar de cerca el alma del pueblo madrileño en la planta de traumatología.

En el verano de 1951, apurado por no tener un peso, se enroló, valiéndose de su condición de estudiante de medicina, en varios buques de la marina mercante argentina como enfermero. Formó parte de la tripulación de varios petroleros que cabotaban por las costas de Sudamérica, desde el Caribe hasta el litoral de la Patagonia. No quedó muy contento, pues su intención era la de conocer mundo y no la de pasarse el día rodeado de agua haciendo imaginaria. Pero así es la marina, por cada día en que se puede pisar tierra y visitar un puerto interesante hay semanas de tedio y rutina en alta mar. En estos meses de aburrimiento soberano a bordo de los pesadísimos petroleros de la mercante posiblemente pergeñó el que sería su primer gran viaje. Un recorrido por América, a solas o acompañado, que le hiciese sentir de cerca lo que andaba buscando.

América en la mochila

Nada más empezar 1952, coincidiendo de nuevo con las vacaciones estivales, dio comienzo a su gran viaje. Todo estaba preparado. La compañía la ponía su amigo Alberto Granado. El destino estaba aún por determinar y el medio de transporte sería una vieja motocicleta marca Norton de 1939. A la moto no le faltaba ni nombre; Alberto, su dueño, la había bautizado como *La Poderosa II.* Curiosa debía ser la estampa de dos hombretones subidos en la moto cargados de equipaje. Los primeros planes que habían trazado Alberto y Ernesto eran dirigirse a Norteamérica. Sí, a la mismísima boca del lobo. Que el futuro revolucionario, que el icono vivo del antiyanquismo más furibundo tuviese como primera idea viajar a los Estados Unidos en moto ya tiene su intríngulis, pero sigamos con su viaje. Dejaron Córdoba el 28 de diciembre de 1951. Ernesto estaba «[...] *harto de Facultad de Medicina, de hospitales y de exámenes* [...]», por lo que se dieron prisa en dar por inaugurada su aventura. La primera escala fue Buenos Aires, donde Ernesto visitó a sus padres y compró un perrito para regalárselo a Chichina con quien se encontraría unos días más tarde en Miramar. En esta colonia de vacaciones veraneaba la familia Ferreira. Allí se despidió de Chichina con intención de no regresar. Enigmática visita, porque por un lado era su novia y la debía al menos una explicación, pero por otro no queda muy claro con qué objeto la visitaba justo antes de partir. Quizá para presionarla a que la acompañase. En ese caso es muy dudoso que la Norton aguantase a tres pasajeros sobre su lomo. O quizá fue para asegurarse que ella seguía enamorada y que, si las cosas salían mal, siempre podía volver y reiniciar la relación como si nada hubiese pasado. Francamente, y conociendo la catadura moral del personaje, me inclino por la segunda. De hecho, en un principio pensaba pasar un par de días en Miramar, pero como Chichina no se avenía no tuvo más remedio que prolongar su estancia más de una semana. Y ni con ésas. Al final, y como prueba de su intención de viajar a los Estados Unidos, Chichina le dio quince dólares para que le comprara un bañador cuando cruzase el río Grande. Como nunca llegó tan lejos, al menos en este viaje, algunos biógrafos han apuntado que muchos años más tarde Celia de la Serna se lo llevaría personalmente de parte de su hijo. Una promesa que al menos sí cumplió.

Tras la corta estancia en Miramar, Granado y Guevara pusieron la rueda delantera de *La Poderosa* con rumbo al sur, hacia Bahía Blanca, ya en las puertas de la Patagonia. Desde allí tras una rápida puesta a punto de la motocicleta se dirigieron hacia la cordillera andina. Cruzaron el país de este a oeste en un viaje bastante accidentado, en el que hasta Ernesto tuvo que ser hospitalizado unos días debido a una crisis asmática. En febrero llegaron a San Carlos de Bariloche. Precioso lugar rodeado de montañas y volcanes nevados, algunos durante todo el año, y que se antoja como un auténtico paisaje de postal. Un pedazo de los Alpes austriacos incrustado en lo más profundo de América del Sur. De Bariloche a la divisoria de aguas que separa Argentina y Chile hay un paso, por lo que se apresuraron a cruzar al otro lado. En Chile se les acabaron las provisiones. A partir de ese momento empezaron a vivir del cuento o como «mangueros motorizados», en palabras del propio Guevara. La moto fallaba por todos los lados. Perdía aceite, no cogía velocidad, se atascaba en los puertos de montaña.... Un inconveniente más, pero de capital importancia, pues era su único medio de transporte. Las anécdotas del viaje se sucedieron en una letanía de eventos simpáticos que Ernesto se encargó de ir narrando pormenorizadamente por carta a sus familiares en Buenos Aires. Pero los momentos de relajo y diversión se compatibilizaron bien con episodios más serios. Por ejemplo, la presunta conferencia sobre leprología que, según Ernesto, dio a unos médicos que se encontró en Valparaíso. Causa estupor ver cómo un estudiante que no va a clase, que no tiene estima alguna por la Facultad y que en aquella época tenía aprobadas tan sólo dieciséis asignaturas de un total de treinta da charlas a médicos en ejercicio. Dejémoslo en simple fanfarronería juvenil. Ya en Chile, tradicional antagonista de Argentina, se dejaron ver por Osorno, Valdivia y Santiago, donde *La Poderosa* rindió su último servicio, agotada como estaba tras un viaje de varios miles de kilómetros. En la localidad de Valdivia incluso la prensa local se hizo eco de su presencia, haciendo notar la llegada de los dos viajeros argentinos. El diario *El Correo de Valdivia* incluso se atrevió a decir que:

«[...] *ambos viajeros piensan llegar a Caracas, capital de Venezuela, o hasta donde permitan los medios económicos a su disposición, porque ellos mismos se pagan la gira* [...]» [10].

Pobre redactor el de *El Correo de Valdivia*, obviamente desconocía que eran chilenos anónimos los que estaban financiando

[10] Citado por Pacho O'Donnell: *Che, la vida por un mundo mejor*, Plaza y Janés, Barcelona, 2003, p. 65.

la tournée de los jóvenes cordobeses. Siguiendo con la nota de prensa en el infortunado diario valdiviano, decía textualmente:

«[...] *se especializan en las causas y consecuencias de la lepra, la peste blanca que aflige a la humanidad* [...]»[11].

Buen partido le estaba sacando Guevara a su corta estancia en el leprosario de San Francisco de Chañar. Con sólo dieciséis materias aprobadas parecía como si fuese un auténtico doctor en leprología con varias décadas de experiencia en lazaretos de medio mundo a sus espaldas. La ignorancia definitivamente es muy osada.

En Santiago dejaron abandonada la motocicleta, pero en lugar de volver a Argentina aprovechando la deserción de su infatigable compañera y que se había terminado el verano, planearon un viaje en barco hasta el norte del país. Chile es un país geográficamente caprichoso. Muy estrecho, apenas unos centenares de kilómetros en su parte más ancha, pero larguísimo. De hecho es la única nación de la Tierra que ocupa latitudinalmente desde el trópico hasta el polo. El viaje desde Valparaíso hasta los desérticos confines del norte chileno es tradicional hacerlo en barco, casi como si se tratase de una isla. Los jóvenes aventureros buscaron en los muelles un empleo a bordo de un buque para costearse el traslado hasta el nuevo destino que habían elegido. Como no lo encontraron decidieron colarse de polizones en un barco carguero, el *San Antonio*. Pero nada de polizones románticos que aguantan en la sentina padeciendo mil y una privaciones durante todo el trayecto por largo que éste sea. Según abandonaron el puerto de Valparaíso y perdieron de vista la costa chilena, se presentaron al capitán, cuya cara podemos imaginárnosla. Haciendo gala de esa magnanimidad no exenta de cierta dureza de los capitanes de barco, asignó tareas a los dos polizones. Alberto a la cocina y Ernesto a las letrinas. Muy bajo habían caído los expertos en leprología, los animosos viajeros que recorrían América

---

[11] Citado por Pacho O'Donnell: *Che, la vida por un mundo mejor*, Plaza y Janés, Barcelona, 2003, p. 65.

con sus propios medios. A primeros de marzo llegaron a Antofagasta, puerto principal de las resecas tierras del Chile septentrional. La industria por excelencia de norte de Chile es la de la extracción de minerales; su subsuelo es muy rico, especialmente en cobre. Gran parte de los cables por los que circulan los datos y la electricidad en todo el mundo están elaborados con cobre chileno, y su exportación ha sido a lo largo del último siglo de cardinal importancia para la balanza de pagos de Chile. Llenos de curiosidad, Alberto y Ernesto se encaminaron hacia la mina de Chuquicamata, que era por entonces la mina a cielo abierto más grande del mundo. En el camino trabaron contacto con un par de militantes del Partido Comunista chileno y en este encuentro muchos han querido ver el inicio de las inquietudes sociales de Ernesto Guevara, la famosa «Toma de conciencia» que como veremos no se producirá hasta pasados unos cuantos años. En su diario Guevara iba anotando cuanto veía como un estudiante curioso. En la época no existían las videocámaras, ni los grabadores de voz en miniatura, por lo que llevar cuenta exacta de cuanto se veía o se oía era casi el único modo de inmortalizar los viajes, y más cuando éstos son a la aventura y a los veintitrés años. Le llamó poderosamente la atención las diferencias entre los trabajadores de la mina, mayoritariamente indígenas, y los encargados de la explotación, básicamente norteamericanos empleados de la Braden Copper Mining Company, empresa que regentaba la mina. En Chuquicamata, Guevara hace por vez primera referencia a los gringos como rematados imbéciles. Muy a pesar de ser los mismos administradores de la mina los que le franquearon a su amigo y a él el paso para que realizasen la visita. Por lo demás, aparte de algunos apuntes en su cuaderno que hubiese hecho cualquier estudiante occidental haciendo idéntico viaje, la experiencia de la mina no le dejó secuelas de gravedad. El viaje continuaba. Subidos en camiones que transportaban alfalfa y vigas por el desierto llegaron hasta Iquique, de aquí otra vez en camión se plantaron en la frontera entre Chile y Perú, la ciudad de Arica. Ya en Perú, se internaron en el Altiplano, donde viven los indios quechua. Su origen argentino y su apariencia europea les granjearon un trato especial por parte de camioneros y hasta jefes de policía.

Curiosamente en las mismas fechas en las que Ernesto vagaba por los aledaños del altiplano andino estalló una revuelta de campesinos indígenas en Bolivia. Y no una algarada rural cualquiera, el primer levantamiento indio en condiciones desde tiempos de Zapata. Al Che y a su amigo Alberto Granado, imbuidos como estaban de un amor sincero por la causa de los más pobres, la insurrección boliviana les dejó sencillamente fríos. Bastante tenían con ir trampeando en el día a día como para preocuparse de unos cholos infelices. Es de suponer que seguirían con la trola de que eran médicos para conseguir todo ese tipo de prebendas, pero ¿quién no lo hubiese aprovechado para viajar más cómodo? De camión en camión llegaron hasta Cuzco, en el mismo corazón de Perú. Estando en Cuzco, se hizo injustificable no visitar las ruinas de Machu Pichu y a ello se aplicaron los viajeros. Viviendo de prestado gracias a los buenos oficios de policías, médicos y algún contacto esporádico, consiguieron, gratis por supuesto, llegar hasta la antigua ciudad del Inca, el último reducto del antiguo imperio precolombino que permaneció en el más absoluto olvido hasta que una expedición norteamericana lo redescubrió a principios de siglo. Esta presencia norteamericana, según muchos, encendió a Guevara hasta el punto que criticó con fiereza a esos turistas que llegaban en avión desde Nueva York para visitar las ruinas: «[...] *La mayoría de norteamericanos vuelan directamente de Lima a Cuzco, visitan las ruinas y vuelven, sin darle importancia a nada más.* [...]». Quizá fuese porque esos norteamericanos tan malos y tan incultos trabajaban duro y apenas contaban con una semana de vacaciones que, por cierto, dedicaban a visitar las ruinas de una civilización como la Inca. Consideraciones como ésta no pasaban, evidentemente, por la cabecita de un joven ocioso como el Guevara que visitó Cuzco en abril de 1953. Sin embargo, y coincidiendo con esa aguda observación sobre los turistas yanquis, apuntaba: «[...] *Aceptémoslo, pero ¿dónde se pueden admirar o estudiar los tesoros de la ciudad indígena? La respuesta es obvia: en los museos norteamericanos* [...]»[12]. Le faltó añadir que gracias a los mismos la civilización de Machu Pichu había traspasado los confines de los Andes y era universalmente conocida.

---

[12] Ernesto Guevara de la Serna a Celia de la Serna, septiembre de 1955.

La estancia en Perú, a pesar de los turistas gringos y de la novia que Guevara se echó en Lima, no se extendió demasiado. En Lima conocieron a un médico especializado en leprosos de filiación comunista, el doctor Pesce. Según O'Donnell, este hombre entregado por entero a sus enfermos y a la difusión del evangelio condensado en *El Capital* causó una «sorprendente influencia en la vida de Ernesto» y que la vida de Pesce es la que siempre quiso llevar Ernesto. El hecho es que recalaron en el leprosario del doctor Pesce después de vivir durante días como mendigos por medio Perú. Es normal que prestasen oídos al que cortésmente les alojaba en su hospital. Años más tarde, ya ejerciendo de revolucionario teórico, reconocería su deuda con el médico peruano, que tan buen trato les dispensó en Lima. El doctor tenía además de su leprosario en la capital uno en las puertas del Amazonas, el lazareto de San Pablo. Les facilitó pasajes y subieron hasta Iquitos, donde, en una barca fluvial, se dejaron caer por un Amazonas recién nacido hasta la ciudad colombiana de Leticia, enclave fronterizo donde confluyen Brasil, Perú y Colombia. Continuaron por este último país hasta Bogotá, capital de Colombia, y lo hicieron en hidroavión, como dos señoritos. En el Amazonas colombiano se estrenaron como entrenadores de fútbol. Esta agradable experiencia les facilitó el pasaje aéreo hasta la capital. Bogotá no fue tan gentil con los visitantes como lo había sido Lima. Ernesto tuvo un pequeño encontronazo con la policía a causa de un machete que solía llevar consigo. Al final todo se resolvió y dejaron el país con un amargo sabor de boca. Padecía Colombia por aquellos años la dictadura de Laureano Gómez, de tendencia autoritaria. El país, de hecho, se preparaba para un golpe militar, el que poco después daría Gustavo Rojas. Al joven Guevara sin embargo eso no le quitó el sueño. A pesar de la profunda influencia que había tenido sobre su conciencia el doctor Pesce, confiesa a su madre: «[...] *si los colombianos quieren aguantarlo, allá ellos, nosotros nos rajamos (vamos) cuanto antes* [...]» [13]. Gracias a Dios que

---

[13] Citado en Jorge G. Castañeda: *La vida en rojo, una biografía del Che;* Alfaguara, Madrid. 1998. p. 77.

Pesce le había inculcado una honda sensibilidad social, si no nuestro hombre ingresa voluntario en la policía colombiana para repartir palos a diestro y siniestro.

Mediado el verano, en pleno mes de julio, llegaron a Caracas que, valga recordarlo, era uno de los lugares predilectos de ambos. Y no porque les preocupase lo más mínimo el gobierno del general Marcos Pérez, sino porque Venezuela era junto con Colombia [...] *los dos países ideales para hacer plata* [...]. Así de prosaico. Así de simple. A estos dos buscavidas argentinos de veintipocos años lo que más les preocupaba era hacer dinero. Y si además era fácil, pues mejor que mejor.

Venezuela marcó el final del viaje. Alberto Granado decidió quedarse. Había encontrado un empleo en un instituto de la capital y no tenía intención alguna de volver a Córdoba. Venezuela era en aquellos años un país cargado de futuro. Grandes oportunidades se presentaban para jóvenes emigrantes al calor de la industria petrolera y de la creciente demanda interna. Ernesto sin embargo tenía que terminar la carrera. Había dejado su hogar en diciembre del año anterior. Después de ocho meses de viaje y varios miles de kilómetros se encontraba en la encrucijada de volver para acabar sus estudios o quedarse definitivamente en Caracas donde, si tenía suerte y le ponía empeño, podía llegar a ganar dinero. Con buen criterio eligió lo primero. El problema era regresar. No podía ni de lejos costearse un billete desde Venezuela a Buenos Aires y la posibilidad de colarse de nuevo como polizón en un barco no era demasiado seductora. Tenía fresca la experiencia del carguero que le había llevado desde Valparaíso a Antofagasta y la perspectiva de limpiar letrinas no le parecía muy halagüeña. Consiguió a través de un tío un billete en un avión de carga que transportaba caballos desde Buenos Aires a Miami. El aeroplano hacía escala de ida en Caracas. Viajó hasta Miami donde pasó unos días mientras hacían unas reparaciones en el aparato. De allí a Buenos Aires, adonde llegó el 31 de agosto de 1952.

Capítulo II

DE BUENOS AIRES A MÉXICO D.F.

«Con un poco de vergüenza te comunico que me divertí como un mono durante estos días.»

Adiós a la Universidad

Hacía todavía un frío húmedo e invernal en Buenos Aires cuando Ernesto volvió de su largo periplo por América Latina. Viniendo como venía de la ecuatorial y cálida Venezuela, el regreso debió ser para él aún más traumático si cabe. Muchas vivencias compartidas con su amigo Alberto. Muchas noches durmiendo al raso bajo una cúpula de estrellas en mitad de ningún sitio. Mucha gente nueva, muchas caras y culturas diferente en apenas nueve meses. A cualquier estudiante de veinticuatro años una singladura como la que efectuó Ernesto Guevara le hubiese dejado turulato y con la onda cambiada. Pero en Buenos Aires no sólo le esperaba su familia. Sus padres, que para variar estaban de nuevo reñidos, sus hermanos pequeños y algunas de las amistades que había hecho en la capital eran secundarios. El objetivo de su vuelta tan precipitada a Argentina era terminar la carrera. Graduarse como médico para estar de regreso en Venezuela lo antes posible, donde le esperaba Alberto y un empleo en el mismo instituto sanitario donde éste trabajaba. «[...] *Volvé a Buenos Aires, te ponés a estudiar a todo trapo y cuando te gradúes volvés, y mientras tanto yo te consigo un buen lugar para que trabajes* [...]», le había dicho su buen amigo antes de despedirse de él en Caracas.

El problema era que a Ernesto no le gustaba estudiar. Apenas había asistido a clase en los últimos cuatro años y no era muy amigo de encerrarse en casa o en la biblioteca de la Facultad a pasar las horas muertas entre tomos y tomos de materias tales como Microbiología o Clínica Otorrinolaringológica. A cambio, durante su viaje había dado muestras sobradas de tener una facilidad pasmosa para el teatro; es decir, para la mentira y la componenda. Había recorrido cinco países de Latinoamérica con el cuento de que era un experto en leprología y, curiosamente, se lo había tragado casi todo el mundo. Probablemente, la primera lección que sacó de esa experiencia vivida en primera persona es que lo importante a fin de cuentas no es la esencia de las cosas sino la apariencia. Qué más daba si eran o no médicos especializados en leprosos, con fingir un poco y marcar cierta pose adusta bastaba para dar el pego y ganarse un mejor trato.

En agosto de 1952 tenía Ernesto pendiente una parte considerable de la carrera y muy pocos meses para, conforme a su plan, terminarla. En su contra jugaba el hecho de haber pasado fuera de Argentina casi nueve meses, en los que no consta que llevase un solo libro de texto ni que se detuviese en alguna universidad chilena o peruana a dedicar algo de tiempo al estudio. Pero el tiempo se le echaba encima, por lo que se puso a estudiar, como le había dicho Granado, a todo trapo. En dos meses ya había superado cuatro asignaturas, pero eso sólo fue el principio. En diciembre, en apenas veintidós días lectivos, el futuro guerrillero se ventiló once materias. Inició el año 1953 con un auténtico récord, pero aún le quedaba una asignatura, Clínica Neurológica, por aprobar. Cosa que hizo en abril de ese año. El 12 de junio la Universidad de Buenos Aires emitió el diploma de licenciatura para Ernesto Guevara de la Serna. Sorprendente. En nueve meses se había llevado por delante una porción importante de la carrera. Casi la mitad de unos estudios que precisaban cinco años lectivos para completarse. Además, y por si esto fuera poco, encontró hasta el tiempo, según su biógrafo Horacio Daniel Rodríguez, de realizar unos estudios de especialización en alergia.

Prodigioso el joven rosarino. Ni un niño superdotado de esos que acceden a Oxford con doce años lo hubiese hecho tan rápido. Prodigioso sería si no quedasen en estos últimos meses de 1952 y primeros de 1953 tantos cabos sueltos.

El historiador Enrique Ros realizó hace unos años una detallada investigación sobre el cuestionable título universitario del Che. Sus conclusiones, hasta ahora no rebatidas seriamente por nadie, fueron reveladoras. Ros se puso en contacto con la Universidad de Buenos Aires para solicitar a su rectorado los requisitos para graduarse en Medicina exigidos por aquella institución en los años 1952 y 1953. Hemos visto con anterioridad que Ernesto Guevara obtuvo el diploma de licenciatura el 12 de junio de 1953, es decir, menos de tres meses después de librar su último examen. Pues bien, esto es simplemente imposible porque, conforme a las normas de la Universidad de Buenos Aires de entonces, para conseguir la preciada titulación era necesario lo siguiente:

«Artículo 13.—Después de haber aprobado el examen de Clínica Médica, los alumnos completarán sus conocimientos prácticos durante un año, para lo cual concurrirán, obligatoriamente, durante tres meses a un servicio de Clínica Médica, tres meses a Clínica Quirúrgica, tres meses a Cirugía de Urgencia y Traumatología y tres meses a Clínica Obstétrica, con un mínimo de veinticuatro horas semanales.»
Resolución del Consejo Directivo de la Facultad de Medicina-Expediente U-5.113/50.

Guevara aprobó Clínica Médica en diciembre de 1952 en el maratón de once asignaturas que libró en aquellos veintidós días de furia examinadora. Conforme al reglamento de la propia universidad, Guevara debiera haber cursado un servicio de tres meses en cada una de las materias arriba reseñadas. Y no lo hizo, simplemente porque a esas alturas ya se encontraba fuera del país.

Pero la cosa no se queda aquí. Hay más anomalías desveladas por Enrique Ros.

«Artículo 8.—Para rendir examen de Clínica Quirúrgica es necesario tener aprobadas todas la materias [...] excepto Clínica Médica.»
Resolución del Consejo Directivo de la Facultad de Medicina-Expediente U-5.113/50.

Ernesto aprobó Clínica Quirúrgica en diciembre de 1952, pero le faltaba aún por rendir examen de Clínica Neurológica, algo que no haría hasta cuatro meses después. Por tanto, es difícil que con la Resolución de la Facultad en la mano Guevara pudiese presentarse a ese examen de Clínica Quirúrgica en diciembre de 1952.

Por si al lector le queda alguna duda, he aquí otra de las irregularidades de su expediente:

«Artículo 9.—Para rendir examen de Clínica Médica es necesario tener aprobadas todas las materias del presente Plan de Estudios.»

Resolución del Consejo Directivo de la Facultad de Medicina-Expediente U-5.113/50.

¿Cómo es posible que Ernesto Guevara de la Serna se presentase a Clínica Médica en diciembre de 1952 si aún le quedaban algunas asignaturas por aprobar? Misterio, quizá es que nunca lo hizo.

Pero el artículo definitivo que invalida, al menos sobre el papel, la obtención del título en junio de 1953 es el número quince.

«Artículo 15.—Terminado este periodo (de un año concurriendo obligatoriamente a clases prácticas) documentado con los certificados pertinentes, la Facultad le otorgará el título de Médico.»

Resolución del Consejo Directivo de la Facultad de Medicina-Expediente U-5.113/50.

¿Acudió Guevara los doce meses preceptivos a clases prácticas para conseguir el título? Parece que no, pues en julio de 1953 abandonó el país para iniciar su segundo y definitivo viaje por América Latina.

Ante tales evidencias Enrique Ros se dirigió de nuevo a la Universidad de Buenos Aires, a la secretaria de Asuntos Académicos exactamente. Desde allí le informaron que a Ernesto Guevara de la Serna no le afectaba el Plan de Estudios de 1950, cuyo articulado es el que había seguido Enrique Ros. Ernesto se había matriculado en 1948, en el mes de noviembre, por lo que a él le afectaba el Plan de Estudios de la Escuela de Medicina aprobado en

1937. Enrique Ros no se dio por vencido en su búsqueda de la verdad sobre este misterioso asunto y solicitó a la Dirección General de Planes de Estudios de la Universidad de Buenos Aires una copia del citado Plan del 37. Para sorpresa del investigador, los criterios de este plan eran muy parecidos a los del aprobado en 1950. Pero además, rebuscando en el articulado del mismo, Ros descubrió que el artículo 17 del Plan de Estudios de 1950 dejaba bien claro que cualquier plan anterior quedaba sin efecto y se adaptaba a este último.

Para evitar más elucubraciones, Enrique Ros optó por la vía más directa, solicitando formalmente una copia del expediente académico de Ernesto Guevara de la Serna. La Facultad de Medicina se excusó diciendo que el expediente no existía. Lo habían robado. Partiendo del hecho de que el Che es un mito en prácticamente todo el mundo, esta eventualidad es perfectamente factible. Dudo mucho que los archiveros de la Facultad de Medicina guarden los expedientes de hace cincuenta años bajo siete llaves, por lo que es sensato pensar que algún admirador enajenado del Guerrillero Heroico lo haya sustraído en algún momento de las últimas cinco décadas. Pero si lo ha hecho, ¿con qué objeto? ¿Con el de esconderlo para que nadie lo vea? Si es así, lo más elemental es pensar que algún pecado traería ese expediente para ponerlo a buen recaudo.

Concluyendo: lo más probable es que Ernesto Guevara nunca terminase la carrera. Seguramente se presentó a algún examen tras su regreso en agosto de 1952. Es posible hasta que aprobase alguno de ellos. Pero, utilizando la lógica como guía, nada invita a pensar que terminase graduándose, tal como le había recomendado encarecidamente su amigo y compañero de fatigas Alberto Granado. Esto nos lleva irremediablemente al argumento de partida. Más vale la apariencia que la esencia. ¿Para qué aprobar? ¿Para qué esforzarse si lo importante era que los demás lo creyesen? Que Guevara fuese o no médico titulado en nada cambia el curso de su historia personal, pues sólo ocasionalmente ejerció como tal. De todos es conocida la anécdota de cuando se encontró, recién desembarcado en Cuba, entre una caja de medicinas y un fusil: eligió sin dudarlo este último. Por añadidura, el mundo está lleno de profesionales de todas las ramas del saber que nunca terminaron sus estudios universitarios, y no por ello han dejado de brillar en una u otra disciplina, con frecuencia mucho más que los titulados en la misma. Los títulos universitarios no garantizan la sabiduría, ni la profesionalidad, ni mucho menos son marchamo de éxito personal alguno. Entonces, ¿por qué mentir durante quince años sobre un título de médico cuya obtención presenta tantas sombras a la luz de la más simple de las investigaciones? O, reformulando la pregunta, ¿por qué la mayoría de biógrafos del Che perpetúan este estúpido mito? ¿Acaso pecan ellos de la obsesión por los títulos y las licencias, tan propia de la burguesía que detestan? Repasemos parte de la literatura biográfica sobre el Che en este particular. Especialistas más o menos serios, como, por ejemplo, Jorge G. Castañeda, apenas dedica un par de párrafos a los meses en los que «terminó» la carrera, y por supuesto da por hecho que en este tiempo se dedicó a trabajar como alergólogo en el laboratorio del doctor Pisani. Eso sí, sólo unas líneas antes Castañeda remarca que durante esta época Ernesto entregaba al estudio unas catorce horas diarias para acometer tantos exámenes en tan poco tiempo. Ante semejante disparate sólo cabe preguntar: ¿Cuándo dormía? Pacho O'Donnell le dedica algo más de espacio, pero no resuelve gran cosa. Afirma que Ernesto aprobó las asignaturas «*mezclando estudio intenso con audacia y simpático desparpajo en las mesas examinadoras*». Tal vez el bullanguero Ernestito contaba chistes a los profesores para dar el cambiazo. Bromas aparte, lo extraordinario del asunto es que el mismo O'Donnell estudió Medicina en la misma época, por lo que en buen lugar deja a la Universidad de Buenos Aires y a su propia formación académica. Isidoro Calzada en su monumental *Che Guevara* despacha el tema en, exactamente, cuatro líneas, dando por hecho que recibió el título el día 1 de junio y no el 12 como años más tarde aseguraría su padre Guevara Lynch. Calzada, siempre único, remata la faena con la mención a una presunta tesis de licenciatura sobre alergología. Nos gustaría saber dónde está esa tesis y qué tema específico trata, porque la alergología es muy amplia. Si alguien la encuentra, que lo haga público, porque con toda certeza hacen un hueco a la tesis en el Museo Che Guevara de Santa Clara, en Cuba.

Destino Venezuela

Recién comenzado el invierno austral de 1953 y con la carrera terminada o, más probablemente, dejada por imposible, Ernesto se fijó una nueva meta: volver a Caracas a reunirse con su amigo Alberto. Es cierto que no llevaba la graduación bajo el brazo, pero daba igual, lo importante es que le creyesen. De lo demás se encargaría Alberto Granado y sus buenos oficios. Para esta nueva aventura escogió a un nuevo amigo, Carlos Ferrer, apodado cariñosamente Calica. Como ya no tenía motocicleta y el billete de avión era demasiado caro, escogió el tren. Comunicó su decisión a sus padres y a sus hermanos. De Chichina nada de nada, se habían visto por última vez a comienzos de año poco más que como viejos amigos que suspiraban el uno por el otro pensando en lo que pudo ser y no fue. El 7 de julio de 1953 abordó el tren en la estación de Retiro. Su padre años después evocaría este momento de una manera bien romántica. Según Guevara Lynch, cuando el tren ya había comenzado su marcha Ernesto sacó la cabeza por la ventana del convoy y gritó: «*¡Se va un soldado de América!*» Como es de suponer, la anécdota no pasa de pura leyenda, pero no deja de tener su plástica y ese toque algo soviético con Lenin entrando en la estación de Finlandia.

No es difícil ponerse en el lugar de este joven e ilusionado Ernesto Guevara, junto a un buen amigo, subido en un tren y dispuesto a cruzar un continente entero sin más preocupaciones que mirar por la ventanilla e ir tomando nota. Todos los que hemos tenido veinticinco años y hemos viajado a esa edad podemos dar testimonio y meternos en la piel del Che, al menos en aquellos momentos. Días después de la salida de Buenos Aires el tren llegó a La Paz, capital de Bolivia y ciudad desconocida para Ernesto. El día 24 de julio envió una carta a su madre desde La Paz algo mustio, pues no le habían dado el trabajo que había solicitado en una mina de estaño. Él no lo sabía, pero a miles de kilómetros de allí, dos días después de escribir a casa, un grupo de revoltosos cubanos liderados por un joven abogado de nombre Fidel asaltaron el cuartel de Moncada. Probablemente el asalto a aquel lejano cuartel de Santiago de Cuba llegase con mucho retraso a los somnolientos rotativos bolivianos, pero Guevara, sin saberlo aún, sería con el correr de muy poco tiempo parte inexcusable del movimiento nacido en esa fecha. Bolivia se encontraba en aquel año en plena transformación política. El gobierno de Paz Estensoro había dado inicio a una prometedora reforma agraria para equilibrar el más que discutible régimen de tenencia de la tierra que, desde tiempos de la colonia, imperaba en el Altiplano. A Ernesto y a Calica debió aquel proceso resbalarles en toda su amplitud. Se alojaron primero en un hotel y luego en casa de unos exiliados argentinos, y durante unas semanas frecuentaron la compañía de otros compatriotas que se encontraban en Bolivia. Entre ellos Isaías Nougués, terrateniente de un soberbia plantación de azúcar. En casa de este último conocieron a Ricardo Rojo, joven abogado de ideología socialdemócrata, al que su oposición al régimen peronista le había costado la cárcel.

La vida de los viajeros no podía ser más relajada. Sin trabajo, sin demasiada intención por conseguirlo y con el día resuelto de casa en casa, de visita en visita. Siempre entre argentinos, naturalmente. La etapa boliviana del viaje no tendría la mayor trascendencia si no fuese porque muchos han querido ver en ella el nacimiento político del guerrillero en ciernes. Una vez más. Ciertamente que poco hay de ello. Ernesto trató de encontrar empleo como médico en Bolivia, seguramente atraído por los salarios que se pagaban a los profesionales cualificados extranjeros. Algunas minas estaban gestionadas por compañías norteamericanas, por lo que su solvencia económica estaba fuera de toda duda. Como no lo consiguió, abandonó el país, pero manteniendo la idea de llegar a Venezuela a hacer plata y ganarse la vida, que es lo que, lógicamente, interesaba a cualquier joven de esa y de cualquier época. En septiembre dejaron Bolivia, pero por no disponer aún de visado de entrada en Venezuela no se dirigieron directamente a Caracas sino a Perú. De nuevo a bordo de un camión llegaron a Cuzco. Segunda visita que rendía Ernesto a la antigua capital de los incas. Y de Cuzco a Lima, pasando nuevamente por Machu Pichu. En Lima, Guevara tenía un contacto, el doctor Pesce. En Perú intentó de nuevo encontrar un empleo, pero de nuevo en vano. Al parecer en la mina donde el joven preguntó sólo le hacían el contrato por tres meses y a Guevara le interesaba un mes. Total, no era necesario recargar las baterías financieras, tanto su amigo Calica como él habían aprendido a vivir sin trabajar. En Lima, por ejemplo, Ernesto enamoró a una enfermera que les facilitó alojamiento durante más de una semana. Es reseñable el éxito que Guevara siempre cosechó entre las féminas, especialmente las de nacionalidad peruana. En su primera visita al Perú ya tuvo un escarceo con una meretriz en el Amazonas, en el segundo sedujo a la enfermera Zoraida Boluarte, y poco después en Guatemala conocería a la que sería su primera esposa, Hilda Gadea. En Lima, además de echarse un ligue, los dos viajeros se encontraron con un hermano de un antiguo amigo, Cobo Nougués, amable personaje de la noche limeña que los llevó por el Country Club y algún que otro hotel de lujo. Pero Guevara no olvidaba su destino, que seguía siendo Venezuela. La vida muelle de la capital peruana terminó por aburrirles. Coincidieron de nuevo con Ricardo Rojo, que esta vez venía acompañado de otros tres estudiantes argentinos: Andrés Herrero, Oscar Valdovinos y Eduardo García. Los cinco formaron cuadrilla para salir del país, cruzaron la frontera con Ecuador y se dirigieron juntitos al puerto de Guayaquil. Desde allí sólo les quedó esperar para poder tomar un barco, mercante por supuesto, que los sacase de aquella calima insufrible de los puertos ecuatoriales, especialmente para los habitantes de las latitudes medias.

Cambio de planes

Desde Bolivia venía persiguiendo Ernesto un visado para entrar en Venezuela. Por fin en Guayaquil se lo concedieron. Ya nada se imponía entré él y su amigo Granado, al que hacía que no veía más de un año. Pero cambió de opinión. Los estudiantes que acompañaban a Ricardo Rojo tenían planes bien distintos. No querían saber nada de Venezuela. Su destino era Guatemala, adonde, en palabras de Eduardo García, *«[...] van a la aventura en cuestión monetaria [...]»* o, por expresarlo en un castellano menos rebuscado, van a ganar dinero a Guatemala. Sin más. Eso a Ernesto debió tintinearle en los oídos como monedas de un cuarto de dólar que caen sobre una mesa. Guevara en una carta a su madre fechada el 21 de octubre no se avergüenza de ello. Le hace la confesión y remata: «[...] *estaba en una especial disposición psíquica a aceptarla* [...]». La aventura monetaria se entiende. Hasta aquí nada malo. Un joven argentino de veinticinco años que se busca la vida en Ecuador y, como no termina de encontrar lo que busca, decide emprender camino a Guatemala. ¿Por qué tantos biógrafos se empeñan en buscarle los cien pies al gato pretendiendo en Ernesto Guevara actitudes que simplemente no tenía? Finalmente, abandonaron Guayaquil; eso sí, dejando sin pagar la pensión donde habían residido. Su amigo Calica Ferrer, que había emprendido en julio el viaje junto a él en la bonaerense estación de Retiro, se decidió a cumplir su promesa de llegar hasta Venezuela y se separó del grupo en Quito. Para salir de Ecuador contactaron con un barco de la United Fruit Company, de la famosa Flota Blanca, que accedió a transportar al grupo hasta Panamá. Tras una breve estancia en la ciudad de Panamá, abordaron otro buque que los llevó hasta San José de Costa Rica. En el verde país de los Ticos la estancia fue más prolongada y empezó a tomar algún que otro tinte político. Se ve que de tanto ocio las conversaciones vacuas estaban empezando a sorberle definitivamente el seso. Su paso por Costa Rica nos deja alguna perla que empieza a justificar el apodo de Che, que más tarde le haría mundialmente famoso. En una carta a su tía Beatriz Guevara Lynch afirma:

> [...] *Tuve la oportunidad de pasar por los dominios de la United Fruit, convenciéndome una vez más de lo terribles que son estos pulpos capitalistas. He jurado ante una estampa del viejo y llorado camarada Stalin no descansar hasta ver aniquilados estos pulpos capitalistas* [...].

Pulpos capitalistas que, por otro lado, le habían posibilitado llegar hasta Costa Rica en uno de sus barcos. No sé qué pensaría este aún joven Guevara al ver los extensos campos de frutales que explotaba la multinacional norteamericana. Lo que queda claro es que lo primero que le vino a la cabeza fue el padrecito Stalin. Cariñosamente tratado como camarada y presumiendo que alguien lloró por él. Y no le faltaba razón, muchos lo hicieron por alegría y otros por rabia. Los primeros ante su catafalco moscovita, los segundos desde todas y cada una de las islas que formaban el interminable archipiélago de gulags con el que Stalin llenó Siberia. Puestos a elegir entre un inofensivo limonero costarricense, cuyos frutos estaban destinados al consumo de los norteamericanos, y el sinsentido totalitario de Stalin, nuestro héroe se quedó con el segundo. Mala señal en alguien que pronto, muy pronto, se vería llamado a una importante misión para con la humanidad.

En Costa Rica, aparte de acordarse para bien del mayor asesino que en mala hora ha conocido el género humano, Guevara trabó por primera vez contacto con cubanos exiliados. Se trataba de Severino Rosell y Calixto García, asaltante del cuartel de Bayamo y futuro integrante de la expedición del Granma. Posiblemente recibiese de ellos la primera noticia sobre la insurrección del 26 de julio en Cuba.

La experiencia tica no pudo ser más satisfactoria, pero no era el final de su viaje. Se dirigieron hacia el norte por tierra y, tras atravesar Nicaragua con una breve parada en su capital, hicieron su entrada en Guatemala unos días antes de Navidad, el 20 de diciembre de 1953.

La Guatemala de Arbenz

En 1950, casi al mismo tiempo en que Ernesto hacía sus primeras confesiones amorosas en sentidas cartas a su novia Chichina Ferreira, se celebraron elecciones en Guatemala. Eran los segundos comicios en libertad tras la dictadura del general Jorge Ubico. La convocatoria electoral de noviembre 1950 vino a ser la confirmación de la línea marcada por el sucesor de Ubico, Juan

José Arévalo. El país centroamericano estaba galvanizado por ideas reformistas y recién salidas del horno. En los seis años de gobierno de Arévalo habían dado comienzo reformas de envergadura que perseguían aminorar la influencia de los Estados Unidos en la política y la economía guatemalteca. Pero esos primeros años de la «guerra fría» no fueron muy propicios para los experimentos políticos. O se estaba con la línea definida desde Washington D.C. o se caía irremisiblemente en las redes de los soviéticos, que manejaban a su antojo los partidos comunistas de todo el mundo. La política que los sucesivos gabinetes que pasaron por la Casa Blanca ensayaron en la región no siempre fue la más sabia, ni la más respetuosa en algunos casos con la idea de democracia liberal que pregonaban los líderes norteamericanos. Sin embargo, y trayendo un refrán muy usado en España, durante aquellos años algunos países latinoamericanos de la época salieron de Guatemala para meterse en Guatepeor. Casos como el de Guatemala en 1950, el de Nicaragua en 1979 o el de Cuba desde hace cincuenta años, demuestran con crudeza que no siempre la vía jacobina de las reformas ejecutadas a sangre y fuego consiguen los fines que se perseguían.

Las elecciones de 1950 en Guatemala dieron comienzo a la llamada Revolución de Arbenz, que duró tres años y que terminó, como no podía ser de otra manera en aquel mundo de bloques antagónicos, en un baño de sangre innecesario. Jacobo Arbenz era un coronel del ejército guatemalteco apuesto y de cuidada imagen. Había participado en 1944 en el golpe de estado que un grupo de oficiales de tendencia liberal había dado contra el corrupto y decadente gobierno de Jorge Ubico. Algunas de las reformas llevadas a cabo por el nuevo directorio presidido por Arévalo iban por el buen camino. Ampliaron el censo electoral, concediendo el voto a las mujeres; legalizaron los partidos políticos y fomentaron la libertad de prensa. El proceso sin embargo se radicalizó. Con la victoria de Arbenz en 1950 se articuló la Reforma Agraria en torno a postulados del Partido Comunista. Entre los intelectuales progresistas de media América se hizo famoso el caso de Guatemala como la alternativa posible a la omnipresencia de los Estados Unidos en el Nuevo Continente.

En aquella Guatemala revuelta aterrizó el Che a finales de 1953. En este punto de su vida muchos de sus biógrafos se refocilan como gato panza arriba presumiendo en Guevara una actitud política consciente al entrar en Guatemala. Olvidan, claro está, las palabras de su compañero de viaje, Eduardo García, que se dirigía a Guatemala en aventura monetaria. Lo primero que hicieron los recién llegados fue hacerse con un contacto que les facilitó una pensión en el centro de la ciudad de Guatemala. Ese contacto, obtenido a través de Ricardo Rojo, no era otro que Hilda Gadea, una joven peruana de ideas izquierdistas. Hilda se quedó prendada de la arrebatadora apostura del argentino nada más verlo. No consta que Guevara sucumbiese del mismo modo, pero sí es cierto que se sintió atraído por la peruana. Y no era para menos. Gadea era una bella mujer de casi treinta años de rasgos indígenas. Además estaba muy bien relacionada en aquella Guatemala revolucionaria del coronel Arbenz. Trabajaba para el Instituto de Fomento de la Producción y poseía una agenda de contactos nada despreciable para un buscavidas que acababa de llegar al país con objeto, básicamente, de ganarse la vida. Lo primero que Ernesto barajó fue la posibilidad de encontrar un empleo como médico. Sí, ese mismo empleo que le había sido negado en Bolivia y Perú. En su diario personal da fe de los denodados esfuerzos encaminados a hacerse con un trabajo con el que poder pagar la pensión y vivir honradamente. Estos esfuerzos consistieron esencialmente en unos trámites ante el Ministerio de Salud Pública, que no fructificaron, y poco más. Más tarde Hilda Gadea se inventaría que realmente Ernesto sí que lo intentó pero, al no disponer del carné de Partido Guatemalteco del Trabajo, no logró que le diesen ese trabajo tan anhelado por él. En su diario, donde, insisto, anotaba comentarios hasta los días en que no hacía nada, no aparece ni una sola mención al incidente con el médico que le solicitó la filiación al PGT como condición indispensable para formar parte de la plantilla. No pongo en duda que situaciones como ésa se diesen en Guatemala en 1954. De todos es sabido la devoción que sienten los partidos de izquierda por incorporar al partido a todo el país cuando tienen la ocasión de gobernar, pero si eso le hubiese pasado a Ernesto

Guevara no me cabe duda que hubiese corrido en el acto a afiliarse a la sede del PGT más cercana. Y seguidamente lo habría consignado en su diario. Un tipo que era capaz de escurrirse de polizón en un barco para viajar de una ciudad a otra aun a riesgo de ser arrojado al mar por un capitán sin escrúpulos, no puedo creerme que dijese que no a un empleo seguro por un quítame allá un carné. Es tan improbable que la trola sólo se mantiene por la machacona publicidad que en su día le dio Hilda Gadea y que hoy perpetúan sus biógrafos más exquisitos.

El hecho innegable es que a Ernesto en Guatemala le sobraba tiempo. Perdía mucho sin hacer nada en la pensión, pero aun con ésas seguía teniendo tiempo como para inspirarse en otras menudencias. Hilda Gadea estaba muy preocupada por él. Ya habían formalizado su relación y podía considerarse que eran novios. Ella trabajaba y estaba ideologizada, él ninguna de las dos cosas. Sus cuitas iban más por lo económico. Para pagar la pensión en más de una ocasión se vio en la necesidad de pedir dinero prestado a Hilda que, como es de suponer, lo hizo sin presentar objeción alguna. En los larguísimos días de asueto y vagancia en la habitación de la pensión empezó a interesarse por algunas obras políticas, especialmente Marx y Lenin, que solícita le prestaba su amante. Pero ni con eso terminó de calmar el aburrimiento. Los problemas económicos, para agravar más la situación, le sobrepasaban. En una carta en abril de 1954 cuando llevaba cuatro larguísimos meses en Guatemala confesaba a su madre:

«[...] *Hablar de planes en mi situación es contarles un sueño hilvanado; de todas maneras si —condición expresa— consigo el puesto en la frutera, pienso dedicarme a levantar las deudas que tengo aquí, las que dejé allí, comprarme la máquina fotográfica, visitar el Petén y tomármelas olímpicamente para el norte, es decir México*. [...]

Porque uno de sus planes de empleo que barajó por entonces era trabajar en una compañía frutera. Los arreglos en la ciudad de Guatemala no le habían salido como él pensaba. Un mes después, en mayo, vuelve de nuevo, pluma en ristre, a dirigirse a su madre; eso sí, tranquilizándola con la idea de que si quisiese bien podría hacerse millonario.

[...] *En Guatemala podría hacerme muy rico, pero con el rastrero procedimiento de revalidar el título, poner una clínica y dedicarme a la alergia (aquí está lleno de colegas del fuelle). Hacer eso sería la más horrible traición a los dos yos que se pelean dentro, el socialudo y el viajero.* [...].

¿Rastrero revalidar el título? ¿Acaso no había solicitado empleo de médico en tres países distintos? ¿O es que sólo era rastrero revalidar el manido título para poner una clínica? Lo de nuestro hombre en su correspondencia es a veces tan enigmático y contradictorio que cuesta hasta comprenderlo.

La vida en Guatemala, al menos hasta el inicio de la escaramuza militar que le costó el gobierno a Arbenz, fue como estamos viendo de lo más tranquila. Ernesto tuvo hasta tiempo de viajar. Para renovar la visa que le permitiese seguir con esa vida de ocio y despreocupación salió de Guatemala para visitar El Salvador. Su gusto por las culturas y civilizaciones precolombinas queda en este aspecto fuera de toda duda. Allá donde fue en América se preocupó de visitar personalmente ruinas y yacimientos arqueológicos. De hecho, en su fugaz paso por Panamá publicó en una revista de aquel país un artículo largo sobre las ruinas de Machu Pichu que años antes tanto le habían fascinado. En El Salvador visitó las ruinas de Tazumal. Sus excursiones turísticas desde Guatemala fueron numerosas. Aficionado como era a la escalada, se atrevió con algunos volcanes de la región aunque, utilizando sus palabras, [...] *ni muy elevados ni muy activos* [...]. Los viajes por los países de la zona los hacía, como era su costumbre desde los ya lejanos tiempos de la Universidad, a dedo. A finales de abril escribía a su hogar en Argentina, contando su última aventura:

[...] *En los días de silencio mi vida se desarrolló así: fui con una mochila y un portafolio, medio a pata, medio a dedo, me-*

dio pagando amparado por los diez dólares que el propio gobierno me había dado [...]. Después me fui a pasar unos días de playa mientras esperaba la resolución sobre mi visa que había pedido para ir a visitar unas ruinas hondureñas, que sí son espléndidas. Dormí en la bolsa que tengo, a orillas del mar [...].

Aunque de justicia es reconocer que una de sus salidas, en la que hizo a Honduras, no le quedó más remedio que doblar el espinazo y trabajar para costearse el billete de ferrocarril de vuelta a la ciudad de Guatemala. Aunque, como apunta John Lee Anderson, éste fue el único trabajo físico que nuestro personaje realizó en toda su vida. Por trabajo se entiende algo remunerado y en ello no entra esa suerte de esclavitud que se sacó de la manga en Cuba bajo el aséptico nombre de Trabajo Voluntario.

[...] *Quedé sin plata para llegar por ferrocarril a Guatemala, de modo que me tiré al Puerto Barrios y allí laburé (trabajé) en la descarga de toneles de alquitrán, ganando 2,63 por doce horas de laburo (trabajo) pesado como la gran siete, en un lugar donde hay mosquitos en picada en cantidades fabulosas* [...].

Mientras Ernesto se debatía entre el ocio en Guatemala, junto a su inseparable Hilda, y los viajes por Honduras o El Salvador, Guatemala se encontraba en un momento crucial de su historia reciente. Jacobo Arbenz había dado una vuelta de tuerca más a su premeditada política de acercamiento a la Unión Soviética. Desde el Pentágono veían con relativa preocupación la deriva que estaba tomando la situación en Guatemala. El presidente Dwight D. Eisenhower fue advertido por John Foster Dulles del riesgo que corría el resto del istmo centroamericano de contagiarse del ejemplo guatemalteco. El peligro comunista era tema principal de conversación en aquellos años entre los norteamericanos. En abril de 1951 el matrimonio Rosemberg había sido condenado a muerte en Nueva York por servir a una extensa trama de espionaje que los soviéticos tenían organizada en el mismo ejército de los Estados Unidos. Los recelos por la siguiente maniobra del enemigo eran continuos y Dulles creyó ver en la evolución del régimen de Arbenz una artimaña del Kremlin para poner una pica en el mismo corazón de América. Y parte de razón no le faltaba. El PGT poseía una influencia tan inexplicable como poderosa dentro del gabinete del presidente Arbenz. Además los movimientos que había hecho el gobierno de Guatemala hacia el bloque del Este eran cuando menos sospechosos. Especialistas de la Historia del Mundo Actual han repetido una y otra vez que un paranoico Dulles decidió de manera unilateral que Guatemala se había vuelto roja y que había que intervenir a toda costa. Esto, simplemente, no es cierto. Está documentado que Jacobo Arbenz compró armas a los rusos en 1953. Y no lo había hecho pública y abiertamente sino a través de una negociación secreta. La CIA detectó en Puerto Barrios un buque polaco, el *Arfhem*, cargado de material bélico cuyo destino último eran las Fuerzas Armadas de Guatemala. Washington convocó una conferencia de urgencia de la Organización de Estados Americanos (OEA) para definir una posición común frente a los manejos de Arbenz. La tesis de los norteamericanos era perfectamente creíble. Los soviéticos habían encontrado una vía idónea para infiltrarse en el continente americano. Contando con una base segura como Guatemala, podrían financiarse revoluciones en los países vecinos donde terminaría por imponerse una dictadura al modelo soviético. Por si algún lector frunce el ceño, valga recordar que este tipo de dictaduras inspiradas por Moscú han sido las más liberticidas y tiránicas de cuantas ha conocido nuestra especie en toda la Historia. Si no lo creen así, pueden contrastarlo con cualquier cubano o norcoreano exiliado porque, por desgracia, esa modalidad de dictadura revolucionaria todavía existe hoy en día.

Guevara estaba al tanto de todo el gatuperio que se traía el gobierno Arbenz con los jerarcas soviéticos y así lo consigna en su diario:

> [...] *La frutera está que brama y, por supuesto, Dulles y Cía. Quieren intervenir en Guatemala por el terrible delito de comprar armas donde se las vendieran, ya que Estados Unidos no vende ni un cartucho desde hace mucho tiempo* [...].

¡Caramba!, como para facilitar armas al enemigo. Menuda ironía esa de echar la culpa a los norteamericanos por no querer pagarse su propia bala.

El compromiso político del Che no pasaba de ahí. Era, a lo sumo, un joven emigrante argentino, algo holgazán, todo sea dicho, de ideas izquierdistas producto de la desinformación y de la poca selección a la hora de elegir lecturas. Porque, ¿qué hubiera pasado si el joven Guevara en lugar de leer a Marx y Lenin hubiese optado por empezar con John Locke y su «*Ensayo sobre el Gobierno Civil*»? ¿Qué hubiese pasado si en lugar de haraganear por media América hubiese montado una pequeña empresa en Argentina? Seguramente no habría tragado las andanadas ideológicas que le lanzó su novia peruana. Pero no fue así. De cualquier manera los desvelos existenciales de Ernesto Guevara no pasaban ni mucho menos, en mayo de 1954, por la comprometida situación política de su país de acogida. Cierto que junto a Hilda conoció a algunos moncadistas cubanos, cierto que no ocultaba su simpatía por la Unión Soviética, pero eso no indica que estuviese aún tan radicalizado y concienciado como esgrimen la práctica totalidad de sus biógrafos. Y esto tiene su demostración más palpable en los acontecimientos que precedieron a la caída de Arbenz.

Desde el mes de mayo de 1954 los teletipos de las principales agencias de noticias de todo el mundo empezaron a escupir rumores sobre la más que posible intervención de los Estados Unidos en Guatemala. Tal intervención, en sentido estricto, nunca se produjo ni corrió nunca el riesgo de producirse. De haberse dado el caso, el representante de la URSS en las Naciones Unidas hubiera echado espuma por la boca acusando a los yanquis de imperialistas. Lo que sí que hizo Eisenhower fue proporcionar apoyo a un oficial guatemalteco, el coronel Carlos Castillo Armas, que había reunido una pequeña tropa en Honduras con objeto de invadir la República de Guatemala y deponer a Arbenz de la presidencia. Hay una bibliografía extensísima sobre este tema. En casi todos los idiomas puede consultarse hasta el más mínimo detalle de la crisis guatemalteca de 1954. A pesar de todo, la cosa fue mucho más sencilla. El día 17 de junio el ejército irregular a cargo de Castillo Armas cruzó la frontera. Los funcionarios del gobierno guatemalteco cursaron una solicitud urgente a las Naciones Unidas para que se discutiese en este organismo la agresión que estaba sufriendo Guatemala. Sólo la Unión Soviética hizo caso al SOS del diplomático guatemalteco. Eisenhower prefirió remitir el problema a la instancia que consideró adecuada para tal eventualidad, la Organización de Estados Americanos. Al no tratarse de una agresión de un país contra otro, la ONU poco tenía que decir en el asunto. Por mucho que disguste a los amigos de la conspiración el asunto de Guatemala era algo de orden interno, es decir, que un coronel levantisco se disponía a dar un golpe de estado contra otro coronel al que el primero consideraba traidor a la patria. Una historia tan antigua como la de las repúblicas nacidas al calor de la independencia de España en el siglo XIX. Arbenz había llegado al poder por la vía de las urnas, cierto; pero no fue así con su padrino y mentor Juan José Arévalo, que en 1944 se había levantado contra el general Ubico. Los modos en que la mayor parte de países hispanoamericanos han cambiado de gobierno a lo largo de las dos últimas centurias van más por el camino del cuartelazo que por el del turno pacífico y democrático. Es triste pero así ha sido hasta hace bien pocos años en casi todo el continente americano hispanohablante y, por supuesto, en la madre nutricia del invento, que no es otra que España.

Los soldados de Castillo Armas no encontraron gran resistencia en su avance por el trecho que va de la frontera hondureña a la capital del país. Tras varios días de escaramuzas entre los leales a Arbenz y los hombres de Castillo Armas éstos últimos arribaron a la misma entrada de la ciudad de Guatemala. La capital se rindió casi sin derramamiento de sangre. Arbenz, del que el propio Ernesto había dicho: [...] *es un tipo de agallas, sin lugar a dudas, y está dispuesto a morir en su puesto, si es necesario* [...], salió corriendo a la embajada de México para refugiarse y salvar el pellejo. Todavía faltaban veinte años para que Salvador Allende se inmolase en el Palacio de la Moneda, pero eso el Che ya no pudo verlo. Con Arbenz apartado de la circulación el poder pasó al coronel Carlos Enrique

Díaz, que negoció lo mejor que pudo con el militar vencedor. Castillo Armas se convirtió de este modo en el nuevo presidente de la República.

¿Qué hizo Ernesto Guevara durante estos días de fuego? ¿Correspondió nuestro hombre a la gentileza que la Guatemala de Arbenz había tenido con él acogiéndolo en su seno? La idea generalizada es que en aquellos días de junio de 1954 de asedio a la capital nació el Che Guevara que conocemos hoy día. Es cierto que fue en Guatemala donde le pusieron el sobrenombre Che, que le llevaría al estrellato mediático del que hoy disfruta. Pero poco más. El origen de ese mito persistente que pinta a Ernesto Guevara parapetado en las trincheras de la ciudad de Guatemala instruyendo grupos armados de obreros y agricultores, proviene de la fecunda imaginación de su entonces novia Hilda Gadea. La peruana, años más tarde, y ya residiendo en la Cuba de Castro, dio lo mejor de sí escribiendo un librito titulado «*Che Guevara, años decisivos*», en el que narra con todo lujo de detalles la experiencia revolucionaria del Che en la Guatemala de los últimos días de Arbenz. Según la gaznápira peruana, Ernesto se alistó voluntario a los comandos de defensa antiaérea que proliferaron por la ciudad durante los escasos y poco efectivos bombardeos de los barrios céntricos por parte de los sublevados. Quizá viendo que del aire no venía el peligro, se lanzó al adoquinado de las calles a defender las conquistas sociales del gobierno. Tampoco. No empuñó siquiera un arma. Nada de nada, ni un mal grito reclamando el concurso de los transeúntes para que se precipitasen a la defensa de la ciudad. Según Hilda Gadea, todos los intentos de Ernesto por luchar contra la invasión fueron inútiles; efectivamente, tan inútiles como inexistentes. Algo después a Tita Infante, su antigua compañera comunista de Universidad, le haría la siguiente revelación:

> [...] *Igual que la República Española, traicionados por dentro y por fuera, no caímos con la misma nobleza* [...].

Igualito. A diferencia que a la República Española le habían traicionado hasta sus fundadores. Pero el desconocimiento de la historia española del Che Guevara era oceánico, muy a pesar de su infancia cordobesa rodeado de exiliados españoles. O precisamente por eso. Quién sabe. Respecto a otra de las causas por las que fracasó la resistencia frente a Castillo Armas, Hilda Gadea rescata un recuerdo que, según ella, tuvo en su momento forma de artículo firmado por Ernesto Guevara. Artículo que, huelga decirlo, se ha perdido.

> [...] *Él estaba seguro que si se le decía la verdad al pueblo, y se le daba las armas, podía salvarse de la revolución. Aún más, aunque cayese la capital, podía continuarse luchando en el interior: en Guatemala hay zonas montañosas apropiadas* [...].

Decir la verdad al pueblo. Francamente hubiera sido muy oportuno, pero para aventar a Arbenz del poder en las primeras elecciones. Una Guatemala comunista tutelada por el PGT y apadrinada por la Unión Soviética no hubiese sido muy diferente a la Cuba de las últimas cinco décadas. Un régimen monolítico de partido único, de ausencia total de libertades individuales, de imposición absoluta del Estado sobre el individuo, de garantías procesales inexistentes, de fusilamientos bajo la singular acusación de estar «Contra el Pueblo»... Un paraíso totalitario en toda regla. Los infelices guatemaltecos deberían haber sido informados de los planes que Hilda Gadea y los capitostes del PGT tenían para ellos. Respecto a esa idea de dar las armas al pueblo nos lleva directos al drama de la República Española. En aquella ocasión, en aquel funesto día de julio de 1936 en que el gobierno dio las armas al pueblo, dio comienzo la mayor tragedia colectiva que han sufrido los españoles en toda su historia. Por lo demás, los recuerdos de Gadea patinan en el tiempo. Habla de unas «*zonas montañosas apropiadas*», pero ¿cuáles eran esas zonas? ¿El Che las conocía? Esta tontería huele más bien a chamusquina y a pólvora mojada tras un aguacero en Sierra Maestra. Los focos guerrilleros desde la sierra se dieron por vez primera en Cuba a finales de la década y su ejemplo se ha extendido por toda América Latina, pero en 1954 era pura fantasía.

¿Qué hizo el ciudadano argentino Ernesto Guevara de la Serna en aquellos días? Pues sencillo, lo que hubiese hecho cualquier otro súbdito de esta república en similar circunstancia: refugiarse en la embajada. Durante los días previos a la toma de la ciudad por parte de Castillo Armas, Ernesto se lo pasó bomba experimentando una [...] *sensación mágica de invulnerabilidad que me hacía relamer de gusto cuando veía a la gente correr como loca apenas venían los aviones o, en la noche, cuando en los apagones se llenaba la ciudad de balazos* [...]. Muy revelador. En la misma carta dirigida a su madre un día después de la entrada triunfal del coronel vencedor en la ciudad de Guatemala Ernesto confiesa sin rubor:

[...] *Con un poco de vergüenza te comunico que me divertí como un mono durante estos días.* [...].

Se divirtió como un mono. Cierto es que no profesaba simpatía alguna por los recién llegados, a los que considera en su incultura proverbial un remedo de empresarios fruteros mezclados con el cuerpo de marines de los Estados Unidos. Lo que a él le preocupaba es que con el cambio de gobierno se había quedado sin posibilidad de encontrar trabajo, y más teniendo en cuenta las amistades que había cultivado en los meses previos a la sublevación. Este extremo queda reflejado a la perfección en esta carta:

[...] *Yo ya tenía mi puestito, pero lo perdí inmediatamente, de modo que estoy como al principio, pero sin deudas, porque decidí cancelarlas por razones de fuerza mayor.* [...].

Pasó todo el mes de julio en la embajada. El tiempo adecuado para evitar las represalias que estaba el nuevo gobierno haciendo entre los que habían apoyado abiertamente al ejecutivo anterior. Él no lo había hecho, pero mejor prevenirse por si acaso alguien le identificaba como simpatizante del arbencismo, y tal eventualidad le costaba un incómodo e innecesario disgusto. Y eso que la estancia en la legación diplomática de Argentina no era completamente de su agrado:

[...] *El asilo no puede calificarse de aburrido, pero sí de estéril, ya que no se puede dedicar uno a lo que de verdad quiere debido a la cantidad de gente que hay...* [...].

Hilda Gadea entre tanto había sido detenida por fuerzas gubernamentales, pero la peruana tenía poco que ofrecer en los interrogatorios, por lo que a los pocos días la soltaron. No consta que Ernesto se preocupase por su novia durante ese tiempo. Hilda sí que tenía mucho que temer. Había trabajado para el gobierno de Arbenz, tenía contactos y amigos entre lo más granado de su Administración y, además, su militancia izquierdista no era un secreto para nadie. Al Che sin embargo lo que le quitaba el tiempo en su reclusión en la embajada era organizar torneos de ajedrez, escribir cartas o criticar a sus compañeros de encierro. También se interesaba por ver cuándo podría salir de la cancillería para hacer alguna excursión y respirar aire puro. La comida, la cama y la protección consular está visto que no eran suficientes acicates como para considerarse afortunado. Entre los dardos envenenados que dedicaba casi cada día a los que convivían con él en la embajada hay uno que brilla con luz propia y que traza su vivo retrato en aquel entonces. Escribiendo acerca de Raúl Salazar en su cuaderno de notas, afirma:

[...] *Raúl Salazar: tipógrafo de unos treinta años, mentalidad simple, quizá inferior a la normal, que se dedica a su trabajo y nada más* [...].

Harto preocupante para el Che es eso de dedicarse nada más al trabajo, y algo propio de gente como el desdichado Salazar, de mentalidad simple y casi seguramente inferior a la normal. Y es que la vida de Guevara, si no era un continuo viaje y cambio de colchón, devenía sin remedio en un aburrimiento y un hastío insuperables. El señorito remilgado, de rebuscados ancestros españoles, no se sentía a gusto con un pobre asilado cuyo único delito era «*trabajar y nada más*». Así las cosas, con semejante panorama en la embajada y las calles de Guatemala tranquilas, a finales de agosto dejó su plácido refugio por su propio pie y sin que ni la policía ni el ejército le presentasen problema alguno a la salida.

Éste y no otro es el breve relato de la participación del Che en la caída de Jacobo Arbenz. Tenía en 1954 veintiséis años, un discutible título de médico y muchos kilómetros en el cuerpo. Tal era el pobre bagaje que Ernesto había acumulado cuando decidió abandonar Guatemala. La aventura en cuestión monetaria no había salido como él pensaba, pero a cambio se lo había pasado como un mono. Valga lo uno por lo otro. Respecto a su compromiso político en aquel septiembre de 1954 era aún nulo y no hay biógrafo que consiga demostrarlo por más que lo intente. Otra cosa bien distinta es la ideología que, como ya he apuntado con anterioridad, era más bien de izquierdas. Una visión del mundo plagada de lugares comunes, de buenas intenciones y de muchas horas de cháchara inútil tomando mate con los compañeros de turno. Durante los meses de estancia en Guatemala escribió muchas cartas, algunas de las cuales las he glosado más arriba; en una de ellas, dirigida a su madre, le informaba de los derroteros por los que discurría su formación intelectual. Éstos consistían básicamente en tomar mate cuando conseguía yerba y discutir mucho sobre una constelación de escritores e intelectuales como Marx, Engels, Lenin, Kropotkin, Mao Tse-tung o Sartre. Un chico de su tiempo en definitiva pero con una pequeña salvedad: los chicos de su tiempo que como él eran inclinados a la lectura política procuraron ganarse el pan trabajando para al menos costearse el vicio. Las ideas políticas que poblaban la cabeza de Ernesto Guevara al salir de Guatemala se limitaban a los cuatro consabidos tópicos de cualquier izquierdista bienpensante de la época. A saber: odio a los Estados Unidos sin siquiera conocerlos ni acercarse a su historia; afinidad con los partidos comunistas y por ende con la Unión Soviética; convicción absoluta de que los problemas de Latinoamérica radicaban en el norte del continente, y, por último, una mistificada idea de la violencia, de la fuerza bruta para resolver los problemas políticos de un país. Esto último se lo dejó bien claro a su antigua compañera Tita Infante en una carta en la que sin ruborizarse afirmaba:

[...] *Durante el gobierno de Arbenz no hubo asesinatos ni nada que se le parezca. Debería haber habido unos cuantos fusilamientos al comienzo, pero eso es otra cosa; si se hubieran producido esos fusilamientos el gobierno hubiera conservado la posibilidad de devolver los golpes.* [...].

Recién conquistado el poder en Cuba, el Che pondría en práctica esa intuición juvenil en la fortaleza de La Cabaña, donde fusiló sin pestañear a miles de cubanos en juicios sumarísimos.

Como vemos, su equipaje de ideas era restringido pero suficiente para lo que le iba a tocar vivir en México. Unos días después de abandonar la legación diplomática argentina comenzó a planificar su nuevo salto que, como no podía ser de otra manera, era a México, la mayor nación de habla española del planeta. Pero tenía novia, una novia de la que no se había preocupado demasiado en los días de la crisis guatemalteca, pero novia al fin y al cabo. Para prepararlo sin reparar en detalles se tomó unos días previos en el bello lago Atitlán, hermoso paraje guatemalteco destino habitual de turistas y veraneantes. Antes de partir hacia Atitlán dejó hechos los deberes en la ciudad de Guatemala, se acercó a la embajada mexicana para solicitar el visado y, una vez hecho el trámite, como buen ciudadano respetuoso con la legalidad y sin intención de meterse en problemas, se retiró a descansar y hacer turismo al lago guatemalteco. Hilda hizo lo propio, pero por desgracia la visa le fue denegada. A diferencia de Guevara, Hilda sí que se había significado durante el gobierno de Arbenz; además la infortunada amante del Che no era argentina sino peruana, y de inocultable ascendencia indígena, lo que ya de entrada suponía un inconveniente. Ernesto prefirió ir solo hasta México y así lo comunicó a sus allegados aprovechando «[...] *... el hecho de que ella no puede salir todavía para largarme definitivamente.* [...]. Un hombre práctico por encima de todo. ¿Para qué ir cargando con la indiecita una vez que ya de poco le iba a servir? La aventura pesaba sobre cualquier otra consideración.

México, Fidel en el horizonte

Abandonó Guatemala a mediados de septiembre de 1954. Casi ocho meses había pasado el aventurero argentino en el país que había sido un día solar de la civilización maya. Ciertamente el paso por Guatemala había obrado en él formidables cambios, pero a peor. Estaba más resabiado y había comenzado el proceso sin retorno de su fanatización política que en México daría su vuelta de tuerca definitiva. En el tren de camino a México D.F. hizo buenas migas con un compañero de compartimiento, Julio Roberto Cáceres, conocido como El Patojo. Puede al lector peninsular parecer sorprendente el hecho de hacer amistades en un tren y más en los tiempos que corren, pero las distancias en América son, para un español de la Península, difíciles de aprehender, y para uno de las islas Baleares o Canarias, simplemente imposibles de imaginar. Sus planes en el corto plazo no eran muy esperanzadores. Los mexicanos le caían mal y no albergaba grandes esperanzas de que el país azteca le deparase esa oportunidad que tanto tiempo llevaba esperando. Al poco de llegar escribió a su padre, confesándole:

[...] *Después de un tiempo trataré de que me den una visa para Estados Unidos y me tiraré a lo que salga para allá.* [...]

¡Ay! Los Estados Unidos. Ya antes de su primer gran viaje por América, el que había hecho en motocicleta junto a Alberto Granado, había mostrado intención de llevar *La Poderosa* hasta los confines del tío Sam. Ernesto tenía una tía viviendo allí y no eran (ni son) pocos los argentinos que siguen probando suerte al norte del río Grande. Imaginemos por un momento que Guevara hubiera pasado sin pena ni gloria por México y hubiese dado el salto definitivo a los Estados Unidos. ¿Habría profundizado en el marxismo ultramontano una vez allí o, por el contrario, sería hoy un tranquilo jubilado californiano aficionado a la apicultura? Nunca lo sabremos, pero estos caprichos que tiene la Historia dan que pensar sobre el poder que tiene un solo ser humano para cambiar el curso de miles de vidas ajenas.

Nada más llegar a México se alojó en un apartamento con El Patojo. Las primeras semanas fueron realmente angustiosas. Sin trabajo y sin más dinero que el que amorosamente sus padres le habían enviado desde Buenos Aires, en México D.F. no había tenido la suerte de encontrarse una segunda Hilda que corriese con el alquiler, ni con un batallón de conocidos como el que frecuentó en sus días de Guatemala. Seguramente, acuciado por la necesidad más imperiosa, comenzó a trabajar. Increíble pero cierto. El mismo que había cruzado América desde la Argentina hasta México sin trabajar más que una sola noche en Puerto Barrios se planteó montar un pequeño negocio y trabajar. Desde luego Ernesto Guevara si merece algún reconocimiento es por pasar tantos meses en tantos países diferentes comiendo a diario sin necesidad de encontrar un empleo. Sus exegetas, que son multitud, deberían proponerlo como récord *Guinness* de la cara dura. Junto a El Patojo se dedicó a hacer fotos de los turistas en los parques del Distrito Federal. Esto les dio para ir tirando, pero no era vida. La vida de fotógrafo es muy dura. Todo el día pateando las avenidas y los parques en busca de una víctima propicia para disparar una instantánea que por lo demás corre el riesgo de no gustar al retratado. Además, como todo empleo por cuenta propia, la saña de la competencia se manifiesta en toda su crudeza. Basta con que el fotógrafo competidor que se ha apostado dos fuentes más allá cobre un peso menos para que la clientela se pase en bandada. En el mes de abril viajó hasta Guanajuato para asistir a un congreso sobre alergias, donde presentó un trabajo propio. Allí, entre alergólogos de todo el país, consiguió un empleo. En el campo de la medicina, tal como él había venido buscando desde la corta estancia en Bolivia. Desde luego en casos como éste no hay más que quitarse el sombrero ante el sabio refranero castellano, porque el que la sigue la consigue. A pesar de todo, el empleo que aceptó estaba muy mal remunerado. Se desarrollaría en un laboratorio regentado por el doctor Mario Salazar Mallén y consistía en investigar sobre alergias, algo que él conocía en carne propia desde su más tierna infancia, encarnado en la maldición del asma.

Hilda entre tanto había conseguido finalmente y con serias dificultades entrar en México. A Ernesto esto no le afectó seriamente. La peruana se apresuró a llegar al Distrito Federal lo antes posible al encuentro de su apuesto galán argentino. Y así lo hizo en noviembre de 1954. Sin embargo, Ernesto no se avino todavía a componendas con su compañera del año anterior. Continuó viviendo con su amigo y socio El Patojo durante unos meses y apenas vio a Hilda para ir a cenar o al cine. Es de imaginar en un joven fogoso como Guevara que aprovecharía esas citas para otros menesteres más privados aunque él mismo, en su habitual franqueza, define aquella relación como: [...] *Quedaremos como amantitos hasta que yo me largue a la mierda, que no sé cuando será.* [...]. En aquellos momentos no necesitaba a Hilda. Tenía dos trabajos, uno formal y el otro informal; un amiguete que se las hacía pasar muy bien, y hasta un conocido de su padre que lo apoyaba. Este conocido de Guevara Lynch era el reputado guionista de cine argentino Ulises Petit D'Murat. Le prestó algo de ayuda y le presentó a su hija que, según dicen, era muy guapa. A Ernesto la niña de Petit D'Murat le agradó, aunque le pareció muy aburguesada y algo ñoña. En esto, claro está, sólo disponemos de la información que ha dejado Guevara a la historia. Interesante sería conocer la opinión que de Ernesto Guevara tenía la hija De Petit D'Murat. A lo peor, hasta algunos se llevaban una sorpresa.

La primavera del 55 vino a cambiar el panorama. Muy lejos de allí, en Cuba, el gobierno de Fulgencio Batista decretaba la liberación de los últimos presos que quedaban por el asalto al cuartel de Moncada. Intento de golpe de estado con el que parte de la oposición democrática a la dictadura cubana había pretendido devolver a los isleños las libertades arrebatas por el general Batista. Páginas atrás vimos cómo, en el momento en que los audaces cubanos se lanzaron sobre los cuarteles de Moncada y Bayamo, Ernesto se encontraba en pleno idilio con la alta sociedad boliviana, ajeno completamente al drama que afligía a estos hijos de Cuba. En Centroamérica ya había entrado en contacto con algunos de los moncadistas, como Rosell o Calixto García, pero fue en Guatemala donde conoció a fondo el reciente acontecer de la mayor isla del Caribe. Tanto en sus indolentes días en la ciudad de Guatemala como en su no menos aburrido mes en la embajada de Argentina, Ernesto había tenido un fructífero trato con algunos de los protagonistas de aquel evento histórico en las cercanías de Santiago de Cuba. Alguno de ellos llegó incluso a ser amigo suyo, como el caso de Ñico López o Mario Dalmau.

Las reuniones en casa de Hilda, que se había alojado en un apartamento junto a una amiga, y en los cafés de México D.F. habían fortalecido el vínculo de Ernesto con los exiliados cubanos. La epopeya del cuartel de Moncada debía sabérsela ya Guevara de memoria de tanto traerla y llevarla junto a Ñico López y los demás exiliados que se daban cita en las tertulias políticas. En honor a la verdad, lo del cuartel de Moncada no fue para tanto. Ahora, tras cuarenta y cinco años de tiranía, ha adquirido su verdadero significado como momento fundador del castrismo. Sin embargo, el asalto propiamente dicho no pasó de una ensalada de tiros en la que murieron varias decenas de asaltantes y diez civiles. Ni los cimientos de la dictadura de Batista temblaron ni Fidel fue el héroe romántico que se pretendió construir después. La idea de Fidel fue asaltar este importante destacamento para desde él ocupar la ciudad de Santiago de Cuba, la segunda del país, y poner al gobierno en jaque. Lo hizo en julio coincidiendo con las fiestas que se celebraban en honor al apóstol compostelano. Con un grupo de unos 130 hombres, en el que iban dos mujeres, se acercó hasta la puerta del cuartel con un convoy de coches. Iban todos rigurosamente uniformados con el característico uniforme amarillo de la Guardia Rural cubana. Fidel, y cuidado que tiene la Historia antojos afortunados, iba de sargento, el mismo rango militar con el que Fulgencio Batista se había alzado a las esferas de la alta política. Una vez en la entrada, trataron de engañar a los centinelas advirtiendo que venía el general. Los soldados de guardia franquearon el paso, pero los rebeldes se emplearon tanto con ellos que uno pudo dar la alarma y se armó un zafarrancho en todo el regimiento que acabó con la intentona. Antes de que la cosa fuese a peor, Fidel gritó retirada y se replegó junto a algunos de sus hombres hacia Siboney. Allí se mantuvo escondido durante unos días hasta que, gracias a los oficios de un clérigo, monseñor Pérez Serantes, Fidel se entregó. Valga remarcar que si no llega a ser por la mediación del religioso la asonada bien podría haberle costado a Fidel Castro la vida, pues muchos de los que se levantaron entonces fueron ejecutados. Irónico, Fidel se encargaría unos años después de devolver el favor a la Iglesia católica del modo que todos conocemos: proscribiéndola. En el juicio que se celebró contra él y otros insurrectos pronunció Castro un largo discurso, preludio de otros no tan emblemáticos pero sí más pesados, que tituló con pomposidad «*La Historia me absolverá*». Desconocía evidentemente que al otro lado del Atlántico, en la siempre cercana España, el general Franco solía decir desafiante que sólo respondería de sus actos ante Dios y ante la Historia. Curioso paralelismo que no deja de tener su intríngulis. Su abogado defensor durante el juicio, Aramis Taboada, hizo una ardorosa defensa de su cliente y consiguió una pena bastante leve para el líder del levantamiento. En correspondida gratitud Fidel al llegar al gobierno encerró a Taboada y posteriormente le hizo ejecutar. ¡Caray! ¡Como para fiarse del comandante en jefe! Castro purgó su pena en una prisión de la isla de Pinos, no muy lejos de Nueva Gerona, y desde allí, una vez hubo recuperado la libertad, dio el salto definitivo a México. Había estado veintidós meses entre rejas. Todavía pueden consultarse las fotos en la prensa de la época: Fidel Castro saliendo de la cárcel convenientemente trajeado y rodeado de periodistas y fotógrafos. Igualito que los actuales presos políticos que salen harapientos y famélicos de las prisiones del paraíso castrista.

En junio la vida sentimental de Ernesto se había serenado de nuevo. Las perspectivas de poder vivir sin pagar alquiler le impulsaron a dejar el apartamento que compartía con El Patojo y mudarse a vivir con Hilda. Quizá no anduviese muy enamorado de ella pero a nadie le amarga un dulce. Hilda tenía trabajo, en una filial de la Organización Mundial de la Salud. Además adoraba a Ernesto. Estaba enamorada de él con auténtica pasión y no veía manera de atraparlo. Las amistades de Hilda eran así mismo un poderoso acicate para que Ernesto estuviese a su lado.

La peruana no era muy agraciada físicamente pero a cambio poseía una cultura notable. Con ella Ernesto, y con cualquier interlocutor que se pusiese enfrente, podía cambiar impresiones sobre temas tales como historia, filosofía o literatura. Y eso se agradece. El reencuentro con Ñico López había también posibilitado que Ernesto se reintegrase a la vida intelectualoide de izquierdas que había frecuentado en Guatemala. Podemos imaginárnoslo: jóvenes latinoamericanos de los años 50, todos marxistas o en vías de serlo y, para rematar, bastante aventureros. Las veladas debían ser cualquier cosa menos aburridas. En resumen, la improductividad personificada mezclada con la mentira política y los ardores de la juventud. En una de estas noches de tequila y debate profundo Ñico presentó a Ernesto a un cubano de nombre Raúl Castro que había participado, para variar, en los acontecimientos del 26 de julio de 1953. Raúl no era el primer moncadista que conocía, y tampoco sería el último. Entre el argentino vagabundo y el cubano exiliado prendió una amistosa chispa que les llevó a verse más veces con objeto supongo de perder el tiempo con las cosas de la política. Eran jóvenes, emigrantes y estaban ociosos, una pena que no les diese por el fútbol.

Como una cosa lleva a la otra Fidel, el hermano de Raúl, viajó desde Cuba hasta México para establecerse allí y buscar el modo de propinar el golpe definitivo a la dictadura de Batista. Llegó en julio y al poco Raúl se lo presentó a su ya amigo Ernesto. Se conocieron en la casa de María Antonia González, una cubana casada con un luchador mexicano que vivía en un pequeño apartamento del D.F. La casa de María Antonia era una especie de centro de reuniones informal para la comunidad exiliada cubana. La impresión que Ernesto se llevó de Fidel fue magnífica. Según comentó más tarde el propio Che:

> [...] ... *nuestra primera discusión versó sobre política internacional* [...].

Habría que haberlos visto discutir sobre política internacional. Conociendo lo que el futuro depararía a ambos hubiera sido como asistir a una charla informal entre Adolf Hitler y Rudolf Hess cuando se encontraban en la cárcel tras el golpe de la cerveza en Munich. Lástima que en estas grandes ocasiones en las que los amos del totalitarismo se reúnen antes de perpetrarlo no lleven nunca una cámara o un grabador.

Entre los Castro y Guevara nació una gran amistad, especialmente entre Ernesto y Raúl. Con Fidel era distinto, pues no sólo era algo mayor que él (dos insignificantes años) sino que también solía tener preocupaciones más elevadas. Era el jefe y además ejercía de tal. Con Raúl en cambio la relación era más relajada, más que dos camaradas de partido y de causa se convirtieron en un buen par de compañeros de veintitantos años. Cuenta Pacho O'Donnell que Raúl solía acompañar a Ernesto por las noches a cazar gatos por las callejuelas de Ciudad de México. Guevara quería los gatos, según O'Donnell, para realizar experimentos médicos. Desconozco la reacción que habrá producido esta revelación entre los eco-comunistas actuales que tienen colgado en la buhardilla un póster del guerrillero argentino. ¿Lo habrán quitado?

Las cosas en México pintaban mejor de lo que Ernesto había pensado nada más entrar en el país. Tenía nuevos amigos, había encontrado un par de empleos y hasta su novia peruana había ido en su búsqueda. Para remate de bendiciones una agencia de noticias argentina requirió sus servicios en la capital azteca: la agencia Prensa Latina. Lo contrataron para cubrir los Juegos Panamericanos de 1955. Después se quedó como [...] *... redactor en la Agencia Latina, donde gano 700 pesos mexicanos, es decir un equivalente a 700 de allí (de Argentina), lo que me da base económica para subsistir, teniendo, además, la ventaja de que sólo me ocupa tres horas tres veces por semana.* [...]. El sueño de cualquiera. Un trabajito atractivo, bien pagado, y que apenas quita tres ratos de nada durante toda la semana. Pero no era suficiente para Ernesto. Su sed de aventura y conocimiento le acuciaba. Quería a toda costa visitar los Estados Unidos y Europa. Del gran país del norte le interesaba Nueva York, ciudad que quería conocer a fondo. De Europa deseaba viajar a España, la madre patria, y Francia. De hecho en alguna carta a su madre se despidió con un elocuente «*Vieja, hasta París*». Los planes de Ernesto eran en definitiva prometedores. Su yo trotamundos tenía todavía fuerza para imponerse a veces sobre su creciente yo activista. Por desgracia terminaría por prevalecer el último.

La sorpresa llegó cuando menos se la esperaba. En pleno verano, poco después de conocer a los hermanos Castro, Hilda le anunció que estaba embarazada. Esto, en principio, no hubiera tenido que ser inconveniente alguno para un aventurero. Pero el Che se lo tomó en serio. Quizá pesó la educación burguesa que había recibido en sus primeros años en las escuelas públicas de Alta Gracia. El hecho es que Guevara, a regañadientes, todo sea dicho, aceptó casarse. Y si no, veámoslo en sus propias palabras:

> [...] *Voy a tener un hijo y me casaré con Hilda en estos días. La cosa tuvo momentos dramáticos para ella y pesados para mí, al final se sale con la suya: según yo por poco tiempo, según ella para toda la vida.* [...]

Menudo contratiempo. Pero, si no estaba enamorado de esta mujer, ¿por qué se casó? Podría haber continuado con su relación de hecho y haber cuidado de su hijo como un buen padre. Ni entonces ni ahora se ve obligación moral de querer a la madre obligatoriamente. Si Ernesto hubiese pertenecido a una familia tradicional y católica la decisión hubiera estado clara y habría sido de una coherencia monumental, pero no era el caso. El Che de 1955 no era ni religioso ni tradicional. Es más, se empeñaba día a día en demostrar lo contrario. Pero lo más enigmático es que aceptaba casarse pero por poco tiempo. Lo lógico en un hombre que ha cometido un error dejando embarazada a una mujer que no ama y se decanta por casarse con ella es que al menos lo haga por el bien del niño y eso es, como poco, casi toda una vida. ¿A quién pretendía engañar? ¿O es que simplemente aceptó el trato a cambio de no buscarse problemas con la madre?

El matrimonio se celebró el 18 de agosto en Tepotzotlán. Ella, como Celia de la Serna veintiocho años antes, estaba embarazada. Fidel, que había días antes asegurado que asistiría a la boda, no lo hizo alegando motivos de seguridad. A la ceremonia, civil por supuesto, le siguió una parrillada argentina que Ernesto cocinó personalmente. Como nota curiosa de este enlace mexicano del Che Guevara, en febrero de 1999 el diario bonaerense *Clarín* informó a sus lectores de que el acta del matrimonio había sido sustraída del registro civil de Tepotzotlán. Quizá reaparezca en un futuro en la casa museo que regenta Aleida March de Guevara, su segunda esposa, en La Habana. O quizá no vuelva a saberse más de él, pues las relaciones de Hilda y Aleida en los años que las tocó convivir al sol de la revolución no fueron muy afortunadas.

Como el casado casa quiere los Guevara-Gadea se mudaron a un nuevo piso en la Colonia Juárez. Ernesto Guevara acababa de constituir su primera familia, el primer hogar familiar con esposa, hijo en camino y un mismo techo para guarecerlos a los tres. Un día después de su boda, el 19 de septiembre, el gobierno de Perón cayó. El derrocamiento del líder justicialista causó honda preocupación en Ernesto que, como es de figurar, siguió todos los acontecimientos pegado al receptor de radio y leyendo las portadas de los periódicos. En 1955 la figura de Juan Domingo Perón era ya famosísima en todo el mundo. Su forma de hacer política basada en la demagogia, el nacionalismo bananero y el gasto público descontrolado había vuelto locos a muchos argentinos. Para colmo de males su esposa, la idolatrada Evita, había fallecido años antes de un inesperado cáncer en plena juventud. Los sindicatos apoyaban ferozmente al antiguo militar devenido presidente de la república. Por el contrario, tanto la derecha conservadora tradicional como los partidos de izquierda aborrecían la forma y el fondo del peronismo. La clase alta argentina no se sentía identificada con aquel advenedizo, y los sectores izquierdistas veían en él un poderoso arma de la oligarquía. Ciertamente que entre unos y otros, entre peronistas, izquierdistas, militares golpistas y sindicalistas descamisados, dejaron a Argentina en la miseria. Pero eso es otro cantar. Después de tantas décadas de bienestar el pueblo argentino todavía no había sentido en 1955 los devastadores efectos de la deriva colectivista que había tomado el país. Ernesto, que siempre tuvo una cierta fascinación por Perón a pesar de que en su casa paterna no era un personaje grato, recibió con tristeza el fin de aquel hombre que había marcado a fuego a su país natal. En una carta a su familia a finales de septiembre confesaba su aflicción:

> [...] *Te confieso con toda sinceridad que la caída de Perón me amargó profundamente, no por él, por lo que significa para toda América, pues mal que te pese y a pesar de la claudicación forzosa de los últimos tiempos, Argentina era el paladín de todos los que pensamos que el enemigo está en el norte.* [...].

Los violentos sucesos de septiembre de 1955 en Buenos Aires hicieron que Ernesto devolviese fugazmente la mirada a su Argentina natal. Pero él pertenecía al mundo. No había descubierto todavía el sentido final de su vida; es más, el inoportuno embarazo de Hilda hasta le había obligado a aplazar algunos planes que guardaba en su chistera de viajero errante para mejor ocasión. Mientras tanto, y antes de que la gravidez de su esposa la impidiese moverse con soltura, emprendieron un viaje al sur del país. Su objeto era conocer de cerca las ruinas de Chichén Itzá y Uxmal. No era éste el primer viaje arqueológico que realizaba el Che en su andariega vida, pero no dejó en él una huella excesivamente profunda. Ya en sus tiempos de Guatemala había hecho intención de visitar estas ciudades antiguas, por lo que podía dejar cumplido un anhelo antiguo. En noviembre de 1955 Ernesto era ya otra persona. Los contactos continuos con la pequeña comunidad cubana habían ejercido sobre él un poderoso influjo. Además las lecturas de Marx, Engels y otros autores en cuyo nombre se ha esclavizado a media humanidad cada vez consumían más tiempo. Estaba, como diría un cursi latinoamericano, *concientizándose* de la problemática continental. El aspecto íntimo tampoco es desdeñable. Casado y con un hijo de camino no era el escenario en el que se veía. No iba con él la imagen de un padre de familia trabajador y responsable dispuesto a mil sacrificios por sacar adelante la prole.

A pesar de que no tenía, como ya hemos visto, intención alguna de estar mucho tiempo casado con Hilda, nada hace pensar que dentro de su interior se sostuviese una lucha interna sobre sus nuevos deberes adquiridos.

El viaje de Ernesto a las ruinas mayas en una improvisada luna de miel coincidió en el tiempo con la tournée que dio Castro por los Estados Unidos en busca de fondos para su recién nacido Movimiento 26 de julio. La idea de Castro se condensaba en lo siguiente: necesitaba formar un buen comando de guerrilleros en México para, una vez debidamente preparado, llegar a Cuba navegando y tomar el poder al asalto. Planteado así parece de locos, pero es que no se puede plantear de otra manera porque era así. Para ese comando libertador precisaba de componentes cuyo compromiso con la revolución estuviese más que contrastado. Para eso nada mejor que los moncadistas que ya se la habían jugado una vez, y como a muchos les salió prácticamente gratis no tendrían inconveniente en jugársela de nuevo. Pero también necesitaba dinero, mucho dinero para poder entrenar a la milicia revolucionaria en México y para hacerse con una embarcación que la transportase hasta las costas de Cuba. El viaje de Fidel por el Gran Satán norteamericano se inscribió dentro de lo segundo, porque sin dólares no hay revolución. Tal es la servidumbre de los liberadores de la humanidad.

Ernesto dudaba al principio. Es natural pensar que no terminase de tragarse los planes de Fidel. A decir verdad no se los tomaba en serio ni el propio Fulgencio Batista que, durante bastante tiempo, dejó que operase libre en tierras mexicanas. En los primeros meses de 1956 Guevara todavía ladraba alguna baladronada a su madre o a Tita Infante con sus fantasiosos planes de visitar Europa o solicitar una beca en la Sorbona parisiense. Poco a poco fue integrándose en el minúsculo grupo de cubanos rebeldes. Los entrenamientos empezaron en plan aficionado. Más debían parecer un grupo de boy scouts entrados en años que unos aguerridos guerrilleros dispuestos a conquistar la utopía. Daban larguísimas caminatas por las calles de Ciudad de México, alquilaban botes en el lago de Chaputepelc para remar y echar músculos de esta manera, hasta se atrevieron con alguno de los volcanes próximos a la capital, como el Popocatepetl. A Guevara esto le vino de perlas, porque desde la infancia más temprana había demostrado una inusitada afición al deporte y al ejercicio físico. Y la escalada, por si fuera poco, se encontraba entre sus disciplinas deportivas predilectas.

Pero algo no funcionaba. ¿Pensaban acaso cuatro jovenzuelos barbilampiños derrocar a una dictadura haciendo gimnasia y remando en un lago? Si querían llegar a algo en Cuba tenían por fuerza que entrenarse en el uso de las armas, de la defensa personal, de la supervivencia en entornos hostiles; en definitiva, tenían que aprender a hacer la guerra. Y ninguno (o casi) de ellos la había hecho en su vida. Fidel era abogado, muy charlatán y persuasivo pero poca idea tenía de estrategia, aprovisionamientos, tácticas de combate y todas las disciplinas que hacen de lo bélico todo un mundo del saber sólo accesible a especialistas. En ese momento apareció un español, Alberto Bayo. Bayo era un general de aviación que había servido en el difunto ejército republicano. Tras la derrota se exilió como tantos y tantos españoles en México. El general Bayo conocía la guerra como si la hubiese inventado él mismo. Era hijo y nieto de militares, pero de militares de verdad, de los de la época de las colonias. Él mismo había nacido en Cuba cuando ésta aún era parte de España, y sentía la milicia por los cuatro costados. En la guerra de España había prestado servicio en el ejército del aire y se enorgullecía de su participación en la defensa de Madrid que durante casi tres años resistió, con más pena que gloria, las asechanzas de las tropas franquistas.

Fidel se congratuló de haber encontrado al hombre que necesitaba. Pero al militar español no se le podía poner a hacer alpinismo en el Popocatepetl o a bogar en una barquichuela de lago para ejercitar los bíceps. Bayo entrenaba soldados no excursionistas ni marinos vascos aficionados a las traineras. Se hizo pues necesario encontrar un lugar adecuado para proceder con seriedad a los entrenamientos. Alberto Bayo encontró un rancho no muy lejos de la capital, idóneo para los futuros guerrilleros: el rancho de Santa Rosa. El alquiler del mismo costó 300.000 pesos de la época. El grupo se trasladó de inmediato a la nueva propiedad para dar comienzo a las que se preveían durísimas pruebas para poner sus cuerpos y sus mentes a punto. Y la verdad es que urgía. A la vuelta de Estados Unidos Fidel había proclamado que en 1956 serían libres o mártires, y apenas tenían doce meses para que la profecía de su carismático líder se hiciese o no realidad.

Fidel nombró a Bayo responsable de instrucción militar de la recién inaugurada colonia de revolucionarios. Ernesto se incorporó entusiasta como jefe de personal. El general español, digno heredero de una casta militar de honorables raíces, dividió la educación de sus pupilos en dos ramas: por un lado la teórica en la que les ilustró con los grandes guerrilleros que la hispanidad había dado al mundo. Desde El Empecinado, que a principios del siglo XIX luchó en las serranías españolas contra el invasor francés hasta el levantisco Sandino que había revolucionado Nicaragua unas décadas antes. Desconocemos si en la nómina de guerrilleros ilustres incluyó Bayo la aportación del lusitano Viriato, que en el siglo II antes de Cristo guerreó valientemente contra las legiones romanas que habían llegado desde Italia a civilizar a los celtas e íberos que poblaban la Península Ibérica. Si fue así, a los futuros tripulantes del *Granma* no les faltaba nada para sentirse parte viva de la Historia Iberoamericana. De rigor es reconocer que el vocablo «guerrilla» es una de las grandes aportaciones del castellano al mundo. Muchas lenguas la han adoptado, entre ellas el inglés, aunque pronunciado de tal manera que hace casi irreconocible su origen. El otro gran regalo que el español ha hecho a las lenguas del mundo es la palabra «liberal», y de ella deberíamos estar orgullosos todos los que tenemos el español como lengua madre y la causa de la libertad por bandera. Por desgracia, ni Fidel Castro ni Ernesto Guevara la tuvieron. Y varias generaciones de latinoamericanos han pagado con la vida su aversión al liberalismo. Las enseñanzas de Alberto Bayo también tuvieron su vertiente práctica, complemento indispensable de cualquier soldado con la cabeza bien amueblada. En la finca Santa Rosa se ejercitaron con bombas de mano, granadas, lucha cuerpo a cuerpo, tiro con carabina, etc. Para Ernesto aquello era un mundo nuevo. En su vida se había visto con un arma en la mano. Conocía los palos de golf, los cabos de las velas de los yates que fabricaba su padre en San Isidro, los balones de rugby, el puño acelerador de una motocicleta, pero nunca había sentido la caricia de las cachas de un revólver en la palma de su mano. Ernesto, que de natural era hombre de acción, se maravilló ante semejantes prodigios. Un golpe de gatillo y todo se había acabado en un instante. Lanzar una bomba, agacharse y contemplar el destrozo. Simplemente formidable. Ya en Guatemala se había dejado los ojos en las noches en que la aviación rebelde bombardeaba la ciudad. Confesó incluso en una carta lo espectacular y sobrecogedor de un caza bombardero cayendo en picado, y el magnetismo que producía el resplandor de la deflagración al llegar al suelo.

Los duros entrenamientos en Santa Rosa se vieron interrumpidos por el alumbramiento de su primer hijo. Se trataba de una niña. Había sacado gran parte de los rasgos quechuas de su madre, por lo que a Guevara no se le ocurrió otra cosa que decir a su esposa que había parido a Mao Tse-tung. No podía haber dicho que su hija se parecía a la emperatriz del Japón o a una bailarina balinesa. Si era de rasgos achinados tenía que parecerse a Mao Tse-tung, que ya por entonces era un carcamal que se acostaba con jovencitas. Delicado desde luego no fue. Es de esperar que Hilda le correspondiese con una sonrisa complaciente y algo resignada. Más si cabe que según visitó a su parturienta esposa en el hospital regresó de inmediato a su entrenamiento guerrillero. Un alto destino le llamaba aunque fuera a costa de abandonar a su mujer e hija para refugiarse junto a unos exiliados de un isla lejana que no conocía, en un rancho de un país extranjero, a pegar tiros. Ni el peor villano motero de la *road movie* más canalla se hubiese comportado de manera más irresponsable.

Había por entonces abandonado todos los empleos que durante 1955 consiguió en la capital federal. El laboratorio de alergias era demasiado aburrido y no le retribuían lo suficiente. La fotografía era una esclavitud imperdonable para un guerrillero cuyo único motivo era la revolución, y el cómodo trabajito en la agencia Prensa Latina se había esfumado con la caída de Juan Domingo Perón. A fin de cuentas, esta agencia era una filial de la agencia oficial del régimen. Dicen que durante una temporada estuvo vendiendo libros, aunque no debió dejar excesiva huella en él, porque casi ni aparece citada esta ocupación en sus biografías. El entrenamiento en Santa Rosa quitaba todo su tiempo. A Hilda Beatriz, que es como llamó a la niña, bien podía cuidarla su madre, que para algo la había parido.

Su admiración por Fidel crecía a cada día que pasaba. En Santa Rosa, preso de un éxtasis revolucionario, le dio por componer un poemilla a su jefe; lo tituló *Canto a Fidel* y he aquí lo más granado del mismo:

«Vámonos,
ardiente profeta de la aurora,
por recónditos senderos inalámbricos
a liberar el verde caimán que tanto amas.»

[...]

«Cuando tu voz derrame hacia los cuatro vientos
reforma agraria, justicia, pan, libertad,
allí, a tu lado, con idénticos acentos,
nos tendrás.»

[...]

«El día que la fiera se lama el flanco herido
donde el dardo nacionalizador le dé,
allí, a tu lado, con el corazón altivo,
nos tendrás.»

Un ataque de risa le daría a cualquier persona en sus cabales si no fuese porque está dedicado al mayor asesino que ha conocido Cuba en su historia. El único profeta de la aurora que han visto de cerca las decenas de miles de fusilados por el régimen castrista ha sido un certero balazo. Muchos deberían tomar nota de dos cosas: de lo malo que es el poema y del indeseable a quien va dedicado.

Pero todo paraíso tiene su manzana, y la de la finca de Santa Rosa fue que de tanta granada y de tanto ejercicio de tiro estaban haciendo demasiado ruido. Los agentes de Batista empezaron a tomar en serio el arrojo suicida de los hombres de Castro. Los servicios de inteligencia de La Habana localizaron a Fidel Castro y a través de la Dirección Federal de Seguridad lo detuvieron el 20 de junio de 1956 en una calle de México D.F. Castro fue llevado a dependencias policiales, donde Fernando Gutiérrez Barrios le interrogó por el paradero del resto de sus hombres. No fue torturado, ni sometido a una larga y exhaustiva sesión de preguntas con una lámpara sobre la cara al estilo de la Stasi alemana. Tampoco hizo falta. Fidel, sopesando con celeridad las posibilidades de éxito, cantó de plano y acompañó a sus captores hasta el rancho Santa Rosa, donde se desarticuló todo el comando. El Che, que además era jefe sanitario del mismo, fue detenido también. En resumen fue Fidel, el profeta de la aurora, el que sin pestañear entregó a los hombres que él mismo estaba entrenando para liberar a Cuba. Algunos biógrafos han querido ver en la detención de los revolucionarios de Santa Rosa la larga mano de la CIA o del FBI. Ciertamente que suena muy bien. Imaginarse a una suerte de James Bond trabajando en México siguiendo los pasos de un misterioso revolucionario cubano. Pero no hubo nada de ello. Las relaciones que tenía Fidel en Estados Unidos eran buenas. El antiguo presidente cubano Prío Socarrás vivía en Miami y apoyaba tácitamente los movimientos, como el patrocinado por Castro. La Casa Blanca sabía a la perfección que el régimen de Batista se descomponía y sólo aguardaba a ver quién le daba el golpe de mano decisivo.

La policía mexicana detuvo a todo el personal de Santa Rosa menos a Raúl Castro, que se las ingenió para escaparse. No olvidemos que el rancho era de unas dimensiones considerables, dieciséis kilómetros de largo por nueve de ancho, por lo que alguno que fuese más avisado se tenía que salvar. Una vez en la comisaría se procedió a los interrogatorios. Los cubanos se retrajeron más a la hora de hablar; el Che sin embargo, con una valentía rayana en la inconsciencia, dijo a los agentes todo lo que le preguntaron. Y eso que su situación andaba lejos de ser la óptima, pero como hasta la fecha se había salvado de todas en las que se había metido quizá pensó que en México iba a funcionar del mismo modo. Por un lado era un emigrante argentino ilegal. Por otro era de ideología marxista-leninista, y por último sobre él recaía la sospecha de ser agente de Moscú. Lo primero era obvio. Su visado había vencido. La pena máxima que podía caerle por aquello era la deportación a la Argentina. En cuanto a lo de la ideología presumió delante de los policías de su fe marxista, y en esto hay que reconocer que fue el único de todo el grupo que lo hizo. Respecto a su condición de espía soviético la sospecha venía porque los investigadores le habían encontrado en la cartera la tarjeta de un diplomático ruso, Nikolai Leonov. Las relaciones de Ernesto con el representante de la URSS se habían limitado a un par de citas y en una de ellas Leonov le dio una tarjeta de visita para que, si lo creía necesario, se pusiese en contacto con él. El Che se encontraba a la sazón en pleno proceso de ideologización y su admiración por la Unión Soviética crecía por momentos. En una entrevista de Jorge Castañeda con Nikolai Leonov este último le dijo:

> [...] *(El Che) sabía cómo era la Unión Soviética, cómo era la formación de la sociedad aquí, cómo funcionaba la economía, es decir, tenía fundamentos básicos de lo que era la Unión Soviética. En aquel entonces todos tenían la misma visión, de admiración. Él era admirador de eso.* [...] [14].

Ser espía ruso en el México de los años 50 no era ninguna bagatela. La polarización del mundo era tal que ciertas capitales estaban muy vigiladas por agentes de los dos lados del telón de acero. México D.F. era una de ellas. Seguramente a Ernesto no le hubiese importado ser espía ruso y trabajar para la revolución de octubre, pero lo cierto es que no lo era. Y no lo era porque carecía de las aptitudes para semejante trabajo. Menudo espía hubiese sido. A la primera detención habría empezado a largar antes siquiera de

---

[14] Entrevista concedida a Jorge G. Castañeda en 1995. En Jorge G. Castañeda, *La vida en rojo, una biografía del Che*, Alfaguara, Madrid, 1998, p. 123.

que le mirasen a los ojos, del mismo modo que había hecho en la comisaría mexicana tras su detención. En contraste con él, Alberto Bayo, el militar español exiliado, no abrió la boca. Ante los policías mexicanos se mantuvo en un silencio sepulcral. Algo digno de un militar que confía en la bondad de su causa y en el bien de sus compañeros de armas.

La estancia en la cárcel fue más breve que lo que los integrantes del comando se imaginaban. De hecho el propio Che Guevara en su obra «*Pasajes de la Guerra Revolucionaria*» apenas le dedica un parrafito insignificante. Si le hubiesen torturado, vejado o dejado de alimentar probablemente ese párrafo se hubiera convertido en capítulo, acaso en libro. Conociendo al personaje nada hace dudarlo. Los policías mexicanos además no tenían razones para castigar con especial saña al argentino, pues colaboró todo lo que hizo falta. De Fidel tampoco tenían los funcionarios mexicanos queja alguna. Muy al contrario de lo presumible en un guerrillero, había delatado el lugar de entrenamiento y entregado sin rubor a todo su grupo. El joven oficial del Departamento de Seguridad Gutiérrez Barrios, cuyo primer interrogatorio ya lo vimos, hasta hizo buenas migas con Castro. Tan buenas que en aquella cárcel mexicana se inició una amistad que dura hasta nuestros días. Sí, Fernando Gutiérrez Barrios, el carcelero mexicano al servicio presuntamente de la CIA, de Batista y de todos los hombres malos del mundo, se hizo amigo de Fidel en aquellos días y, lo peor, continúa siéndolo. ¿Por qué los biógrafos del Che y de Fidel Castro ocultan este dato? Para Ernesto sin embargo lo lógico es que Gutiérrez Barrios o la policía mexicana hubiesen matado a Fidel. De este modo lo expresa:

> [...] *Sin embargo, en esos días dos cuerpos policíacos mexicanos, ambos pagados por Batista, estaban a la caza de Fidel Castro, y uno de ellos tuvo la buenaventura económica de detenerle, cometiendo el absurdo error —también económico— de no matarlo, después de hacerlo prisionero* [...][15].

---

[15] Ernesto Guevara de la Serna: *Pasajes de la Guerra Revolucionaria;* Editorial Txalaparta, Tafalla, 2001, p. 11.

Queda claro que la solución que siempre tuvo Ernesto Guevara para solucionar los problemas de diferencias políticas pasaban por el paredón. La desgracia es que no mucho más tarde tendría la oportunidad de poner en práctica su peculiar medicina para el rival político. Porque eso de hacer prisioneros lo dejaba para blandengues como la policía mexicana.

Pasó Ernesto junto a Fidel, Bayo y los otros unos días entre rejas. Recibían visitas de familiares, charlaban y es de suponer que planeaban juntos cómo salir de allí de la forma más airosa posible. La verdad es que fueron tan pocos que no les dio tiempo a mucho. No sabemos a quién se le ocurrió, pero como medio para ablandar a las autoridades mexicanas se plantearon hacer una huelga de hambre. Huelga que, por supuesto, no hicieron. No fue necesario. Los mexicanos empezaron a soltar gradualmente a los presos cubanos. Hay una foto que ha dado la vuelta al mundo de aquella brevísima estadía en prisión. Se ve a Fidel muy bien vestido, abotonándose la chaqueta y luciendo un bigotito muy a la moda en aquellos años. Junto a él Ernesto, lampiño, sin siquiera pelo en el pecho y con el cinturón desabrochado. ¿Quién iba a decir entonces que estos dos iban a convertirse en los mayores carniceros de la historia de Cuba? Francamente, nadie. Y por eso los soltaron. Fidel salió antes y dejó a Ernesto y a Calixto García en la celda mientras hacía gestiones para liberarlos. El Che, en un arranque de solidaridad muy oportuno en un marxista confeso, le dijo a Fidel que prescindiese de él, que no se preocupase por su destino. Fidel, que no andaba para prescindir de nadie, le replicó el ya famoso: «*Yo no te abandono*». Y no era cosa de abandonar a un fanático convencido, a un leninista con el seso completamente sorbido. Ernesto era necesario como lo eran, valga recordarlo, todos y cada uno de los cubanos atrapados por la policía en el rancho Santa Rosa.

A principios de julio (fueron detenidos a finales de junio) estaban todos en la calle. Fidel se afanó en buscar un nuevo emplazamiento para seguir con los entrenamientos. No tardó en encontrarlo. Se trataba de una nueva finca rústica en Abasolo, en el estado de Tamaulipas, donde días antes ya habían estado Fidel y Faustino Pérez buscando. A los fidelistas no sólo les faltaba un lugar donde terminar de entrenarse para su asalto a la gloria. Estaban muy necesitados de fondos. Todo lo que había sacado Castro en la tournée americana de 1955 se había esfumado, por lo que era de vida o muerte encontrar un nuevo padrino dispuesto a financiar la aventura. Pero los grupos que estaban contra la dictadura de Batista eran muchos y no había ni espacio ni dinero para todos. En 1955 en las reuniones que había montado en Miami y Nueva York, en esta última en el Palm Garden Hall, no había hecho ni una mención lejana a su marxismo ni al plan de expropiaciones forzosas (eufemísticamente conocido como Reforma Agraria) que llevaba bajo el brazo. La estratagema de «*seguidor de nuestro apóstol Martí*» había funcionado, por lo que nada impedía utilizarla de nuevo. En Miami residía el ex presidente cubano Carlos Prío Socarrás. A pesar de que Fidel le había atacado con vesania y no simpatizaba en absoluto ni con su figura ni con su persona, se vio obligado a recurrir a él. Consiguió en octubre reunirse con él en Texas, en la población de McAllen. Prío regaló a Castro 50.000 dólares de la época para que llevase a cabo su plan. Algunos autores como Volker Skierka hablan de 100.000 dólares. Con el dinerito fresco Fidel cruzó de nuevo el río Grande y se dirigió al sur de México a encontrarse con los suyos. A la finca de Abasolo, el rancho María de los Ángeles, iban llegando más y más partidarios del plan de Castro. A los moncadistas que habían estado presos se les sumó toda una pléyade de revolucionarios en ciernes, entre los que destacaba Efigenio Ameijeiras o Camilo Cienfuegos, que llegaría a ser fiel lugarteniente y uno de los mejores amigos de Ernesto.

A la salida de la cárcel Guevara no tuvo que enfrentarse con complicaciones de dinero como su conmilitón Fidel, sino con problemas familiares. Su matrimonio se rompía por momentos haciendo bueno el refrán aquel que dice: «Lo que mal empieza mal acaba». Y es que al atribulado Ernesto se le juntaba todo en aquellos días. Estaba preparándose para la revolución, había conocido la cárcel, se había enamorado de su jefe, del ardiente profeta de la aurora, y para colmo tenía que atender a una mujer que no le gustaba y a una hija que se parecía a Mao

Tse-tung. Hilda debió verlo claro, porque en octubre cogió sus bártulos y su niñita y se largó para Perú. Ernesto lo veía de este modo:

> [...] *Mi vida matrimonial está totalmente rota y se rompe definitivamente el mes que viene, pues mi mujer se va a Perú... Hay cierto dejo amarguito en la ruptura, pues fue una leal compañera y su conducta revolucionaria fue irreprochable... pero nuestra discordia espiritual era muy grande.* [...][16].

¿Conducta revolucionaria? ¿Discordia espiritual? Desconocemos aún la revolución a la que se refería el Che. Lo de la discordia espiritual bien podría resumirse en un sencillo: «Mira, no me gusta». Llama la atención el artificio que el guerrillero heroico le imprime a un asunto tan cotidiano como la diferencia de pareceres.

Los preparativos para liberar a Cuba se aceleraban. El inconveniente principal era que Cuba era y sigue siendo una isla. Desde las costas de Florida hay apenas noventa millas, pero Fidel y su improvisada tropa de revolucionarios se encontraban en México, a una distancia considerable de la mayor isla del Caribe. La juventud sin embargo pone alas y da esperanzas a los que parece que lo tienen todo perdido, por lo que el plan de Castro se mantuvo. La idea era, con el dinero obtenido en Estados Unidos, comprar un barco y realizar la travesía navegando desde México.

Antes de que se pusieran las cosas más feas en México Fidel debía apresurarse, además estaban en octubre, y él mismo ya se había encargado personalmente de prometer, un año antes ante su público congregado en el Palm Garden Hall de Nueva York, que en 1956 serían libres o mártires. Encargó a Rafael del Pino que fuese a los Estados Unidos a comprar un barco que había visto en un catálogo. Costaba 20.000 dólares y se trataba de una lancha torpedera bautizada como *PT.* Del Pino obedeció a su jefe y se desplazó hasta los Estados Unidos para pro-

---

[16] Ernesto Guevara de la Serna: carta a Tita Infante, octubre de 1956.

ceder a la compra de la embarcación. Negoció con los dueños y, tras haber abonado una entrada de 10.000 dólares, se apercibió el afligido emisario de Castro que para sacar el barco de las aguas territoriales norteamericanas necesitaban previamente satisfacer las exigencias de un permiso concedido por la Secretaría de Defensa. La operación se frustró y los 20.000 dólares también. Del Pino volvió a México con la cara que había llegado y con las manos vacías. Ante tales riesgos Fidel prefirió buscar el barco cerca de donde se encontraba. En Tuxpan encontró un yate que le pareció adecuado por precio y capacidad para realizar con garantías la expedición. Su propietario era un ciudadano estadounidense afincado en México D.F., de nombre Robert B. Erickson. Con el yate tuvieron así mismo que comprar un chalé que pertenecía a Erickson y que a Fidel le pareció muy apropiado para utilizarlo como almacén de armas. Al yate lo habían bautizado con el afectado nombre de *Granma,* que viene a ser un diminutivo del inglés *Grand Mother* y a significar algo así como abuelita. Se trataba de una embarcación algo añeja, botada en 1939, y con evidentes limitaciones para el fin con el que Castro la había comprado. No era una lancha rápida, ni un veterano barco de pesca; el *Granma* había servido durante sus diecisiete años de vida como yate de recreo y no disponía ni de la estabilidad, ni del alcance suficiente como para culminar con garantías la expedición planeada por los aguerridos guerrilleros del Movimiento 26 de julio.

Entre tanto la actividad en el rancho María de los Ángeles se iba haciendo febril. Los revolucionarios veían cercana la partida hacía su querida isla y, lo mejor de todo, Fidel estaba pleno de optimismo por la marcha de los acontecimientos. Pero cuando todo iba de maravilla Fidel se enamoró de una muchacha de dieciocho años que vivía en casa de su amiga Teté Casuso. Frecuentó la casa durante algunos días intentando en vano enrolar en el *Granma* a Isabel Custodio, que es como se llamaba la adolescente, hasta que se dio por vencido. Cuando los guerrilleros se encontraban ya en Cuba Isabel se casó con un hombre de negocios mexicano y Fidel, tras enterarse de ello por Teté Casuso, respondió arrogante que la revolución era una novia maravillosamente bella. Y maravillosamente sangrienta le faltó añadir. Para colmo de males, las autoridades mexicanas les seguían de nuevo la pista a los revoltosos cubanos. La policía confiscó las armas que habían dejado en casa de Teté Casuso y dio un ultimátum a Castro para abandonar el país. Poco después, en la madrugada del 25 de noviembre el *Granma* dejó el puerto de Pozo Rico, cerca de Tuxpan, con destino a Cuba. Iban a bordo ochenta y dos futuros héroes de la Revolución.

Capítulo III

LA GUERRA DE CUBA

«La situación era inconfortable para todos y para Eutimio, así que yo terminé el problema disparándole un tiro, con una pistola del calibre 32.»

La odisea del *Granma* y la primera guerrilla

Ernesto, completamente decidido por la aventura, se embarcó en el *Granma* como teniente médico. Se ha dicho hasta la saciedad que Ernesto Guevara fue el médico de la expedición del *Granma* y esto es falso. Entre los ochenta y dos tripulantes que salieron de Tuxpan había dos galenos: uno era Guevara en calidad de teniente, el otro era Faustino Pérez, cubano y que se embarcó como capitán. El ya comandante en jefe Fidel Castro había previsto una travesía de cinco días y así se lo comunicó a Frank País, que esperaba en Santiago de Cuba para iniciar la revuelta urbana. Pero el *Granma* iba sobrecargado, se estropeó un motor y los tripulantes no eran lo que se dice lobos de mar, por lo que poco le faltó a la expedición para irse al garete. Ernesto se acomodó en la proa de la nave, que es donde más se menea cuando hay mala mar, con unos ataques de asma feroces. Muy mal tuvo que pasarlo y de ello dan fe los múltiples testimonios de los tripulantes que salieron con vida de la guerra en Sierra Maestra. Pero aguantó estoicamente. Curiosa escena la del médico de a bordo postrado sobre una cama padeciendo lo indecible por culpa del asma. El 2 de diciembre avistaron las costas cubanas. Se hallaban en la playa de los Colorados, cerca de la población de Niquero, en la provincia de Oriente. Como llegaban tarde, la rebelión de Frank País ya había sido reprimida por las fuerzas del orden. Todo hacía presagiar un desastre inminente. El depósito de combustible que alimentaba al único motor que permanecía funcionando se agotó. Los militares, que estaban advertidos del desembarco, les estaban esperando. Una lancha del ejército avistó el lugar donde había encallado el *Granma* y comenzó a disparar ráfagas de ametralladora contra los expedicionarios. Una auténtica locura. Más que un desembarco, tal como diría Juan Manuel Vázquez años después, lo del *Granma* fue un naufragio. Avanzaron con dificultades entre los manglares de la costa y se refugiaron entre la maleza.

Ya estaban en Cuba. Todo en su contra. El yate varado en un manglar, el ejército pisándoles los talones y con el grupo machacado por las privaciones. Pocas veces una gloriosa revolución ha tenido comienzos tan desventurados. Vagaron durante días por el monte evitando los pueblos y los cuarteles de la Guardia Rural. Finalmente, el día 5 de diciembre levantaron un campamento en Alegría del Pío. Estaban agotados por la marcha. Ernesto Guevara lo expresaba con estas palabras:

> [...] *Ya no quedaba de nuestros equipos de guerra nada más que el fusil, la canana y algunas balas mojadas. Nuestro arsenal médico había desaparecido, nuestras mochilas se habían quedado en los pantanos, en su gran mayoría.* [...][17].

En Alegría del Pío sufrieron el primer ataque de relevancia de la larga lucha que les esperaba. En aquel momento Ernesto se encontró ante uno de sus grandes dilemas existenciales: matar o curar. Ante la agresividad que mostraba el ataque de las tropas gubernamentales los guerrilleros salieron en desbandada. Un compañero dejó una caja de balas en el suelo; el Che, que era uno de los médicos de la expedición, se encontró entonces con que:

> [...] *Quizá ésta fue la primera vez que tuve planteado prácticamente ante mí el dilema de mi dedicación a la medicina o mi deber de soldado revolucionario. Tenía delante una mochila llena de medicamentos y una caja de balas, las dos eran de mucho peso para transportarlas juntas; tomé la caja de balas, dejando la mochila, para cruzar el claro que me separaba de las cañas.* [...][18].

---

[17] Ernesto Guevara de la Serna: *op.cit.*, p. 16.
[18] Ernesto Guevara de la Serna: *op.cit.*, p. 17.

Ahora viene la pregunta de lector desconfiado. Si su arsenal médico había desaparecido, ¿de dónde había salido esa mochila llena de medicamentos? ¿De debajo de la tierra? Parece ser que los que hoy se entregan con delectación al disfrute de «*Pasajes de la Guerra Revolucionaria*» están tan imbuidos de la mística guerrillera que no reparan en estas pequeñas incongruencias de la obra magna del guevarismo. Quedémonos con que efectivamente cogió la caja de balas para emprender la huida y hagamos una reflexión. Ernesto Guevara no era médico, al menos no ha quedado claro que dispusiese del título tal como ha demostrado Enrique Ros. Pero tampoco era militar. En Argentina el servicio militar era obligatorio. Debido a que estaba cursando estudios universitarios obtuvo una prórroga que venció cuando hubo terminado éstos. Sin embargo, el futuro guerrillero no hizo intención alguna para ingresar en las Fuerzas Armadas Argentinas. Más bien al contrario: alegó asma para evitar el servicio. Pero por si acaso los galenos castrenses no terminaban de creérselo se duchó con agua helada antes de efectuar el examen para desencadenar un ataque y despejar las dudas de los siempre susceptibles médicos militares. La treta le funcionó, porque no hizo el servicio militar. Trucos como éste se han venido haciendo en todos los países desde que el reclutamiento forzoso es obligatorio. El que escribe se libró de ingresar a principios de los años 90 durante un penoso año en el ejército español gracias a una oportuna alergia al polen. No me avergüenzo de ello, pero sería incapaz de empuñar siquiera una pistola y no digamos ya de enrolarme en una banda de guerrilleros. La causa de la libertad se ha defendido siempre mejor con buenos argumentos que con bombas de mano. Lo que Ernesto Guevara se encontró en aquellos primeros días de Sierra Maestra no fue ante la disyuntiva de ejercer como médico o como soldado, sino ante el dilema de continuar siendo un curandero o formar parte definitiva de una partida de bandidos autolegitimados. Eligió lo segundo y eso le ha llevado a ser un héroe.

El episodio de Alegría del Pío costó al Che su primera herida de guerra. En la refriega un disparo le alcanzó, y aunque él en los primeros momentos ya se dio por muerto, apenas se trató de una herida superficial en el cuello. Tras ello los componentes, que eran aún ochenta y dos, se separaron en distintos grupos para vagar por el monte y buscar apoyos entre los campesinos blancos, los llamados guajiros. La emboscada que el ejército les había tendido tuvo efectos devastadores en la tropa revolucionaria. Varios grupos se quedaron aislados y no les quedó otra que ir a la deriva por la selva sin comida, ni agua, ni armas. El grupo del Che lo formaban Juan Almeida, Rafael Chao y Reinaldo Benítez. Unos días más tarde, cuando se encontraban por la costa buscando algo que echarse a la boca, se encontraron en una caseta de pescadores a Camilo Cienfuegos, Pacho González y Pedro Hurtado. El desorden era absoluto. El responsable de la operación, que no era otro que Fidel Castro, se encontraba perdido hasta el punto de que las autoridades de La Habana lo daban por muerto. Los demás deambulaban entre la costa y la montaña atemorizados y en algunos casos heridos. Ernesto Guevara tenía, como ya vimos, una herida en el cuello, pero no era ni de lejos el peor parado. Raúl Suárez, por ejemplo, tenía la mano destrozada por la metralla. Su estado era tan grave que Faustino Pérez, médico principal de la expedición, urgió a sus camaradas de armas a acompañar al herido hasta algún puesto costero para que lo tratasen. Pero en la costa esperaban los soldados. Suárez fue ejecutado junto al resto de compañeros que lo acompañaban. Después de dar mil vueltas, el día 13 de diciembre se encontraron con un guajiro, Alfredo Gómez, que prestó ayuda al moribundo grupo en el que estaba integrado el Che Guevara. Unos días después, y ya enterados que el líder de la insurrección permanecía con vida, se reunieron con él y con los pocos supervivientes de la «batalla» de Alegría del Pío. Era descorazonador el panorama. De los ochenta y dos expedicionarios que habían dejado México la última semana de noviembre, sólo permanecían con vida a 21 de diciembre doce componentes. Pero eso no era todo. En el *Granma* habían embarcado el siguiente arsenal[19]:

— 35 fusiles de mira telescópica
— 55 carabinas mexicanas

---

[19] Tomado de Volker Skierka: *Fidel*; Ediciones Martínez Roca, Madrid, 2004.

— 3 pistolas ametralladoras Thompson
— 40 pistolas ametralladoras ligeras
— 2 lanzagranadas
— Varias cajas de munición.

De toda esta relación a día 21 de diciembre les quedaban nueve fusiles. Ni siquiera tocaban a uno por cabeza.

Fidel, aun con una situación tan delicada, no se dio por vencido. Se la jugaba en lo personal y en lo político. Invitó a sus guerrilleros a proseguir una lucha que en uno de sus delirios que le han hecho mundialmente famoso creía tener ganada de sobra. Mandó replegarse a la escueta tropa hacia las profundidades de las montañas de Sierra Maestra. Allí les sería más difícil a los guardias rurales dar con ellos, y si era así, las posibilidades de éxito de éstos eran más reducidas. En esta decisión debió pesar el hecho de que en aquel momento Fidel y su Movimiento 26 de Julio no tenían apenas apoyos. Pero también una suerte de instinto de supervivencia del que se tira al monte para guarecerse. La misma táctica siguieron los guerrilleros españoles que durante la Guerra de la Independencia hostigaban a los regulares franceses. Caían por sorpresa sobre las columnas galas y acto seguido se escabullían como cabras montesas por los riscos de las serranías ibéricas. Como vemos, es algo tan antiguo como el mundo, aunque Fidel Castro y el Che Guevara se lo quieran apropiar como genuino modo de hacer la guerra patentado en aquellos días de Sierra Maestra.

Los fidelistas buscaron guarida apropiada en lo alto de la montaña y establecieron una precaria cadena de suministros que les pusiese en contacto con la civilización, especialmente con Santiago, que era la ciudad más cercana. Allí, en lo alto de la montaña, pasaron la Navidad y despidieron el año 1956. Nótese que, pese a la publicidad que se ha dado al célebre «En 1956 seremos libres o mártires», los guerrilleros de Fidel no fueron ni una ni otra cosa. Respecto a Cuba siguió siendo una dictadura en 1956, y en 1957, y en 1958, en 1959... y en 2004. Cuando la causa revolucionaria triunfó los únicos que conquistaron la libertad fueron los propios revolucionarios. Pero eso lo veremos más adelante.

Conforme llegó el nuevo año fueron llegando también nuevos voluntarios a los improvisados campamentos de Castro en la Sierra. En el decurso del mes de enero tuvieron lugar además los dos primeros hechos de armas propiamente dichos de la revolución. Los celebérrimos, especialmente para los sufridos escolares cubanos, combates de La Plata y del Arroyo del Infierno. En honor a la verdad, ambos encontronazos con el ejército no pasaron de escaramuzas sin la menor importancia. En el de La Plata, un riachuelo que baja de las montañas, los rebeldes se apoderaron de un cuartelillo de la Guardia Rural, aprovechando la noche. Mataron algunos guardias y se hicieron con las armas que encontraron en las dependencias militares. El móvil era más el robo y la rapiña que otra cosa, aunque ahora quieran verlo como un gran acto revolucionario donde se ventilaban importantísimos asuntos para el pueblo cubano y la humanidad. Algunos guajiros iban alistándose a la tropa rebelde o mostraban su intención de ayudar y facilitar las cosas a los guerrilleros. Uno de ellos fue Eutimio Guerra, un guajiro que se había puesto de su lado desde los primeros días en la Sierra. En «*Pasajes de la Guerra Revolucionaria*» Ernesto incluso dedicó un capítulo con el sugerente título de «*Fin de un traidor*». El fin se lo puso obviamente él con una pistola del calibre 32. En el diario de Guevara, citado por John Lee Anderson, Guevara lo expone de esta manera.

[...] *La situación era inconfortable para todos y para Eutimio, así que yo terminé el problema disparándole un tiro, con una pistola del calibre 32, en la parte derecha de su cerebro. Con un orificio de salida en el temporal derecho. Se convulsionó por un rato y luego murió. Cuando traté de quitarle sus pertenencias, no podía desprenderle el reloj que lo tenía unido a su cinto con una cadena y me dijo, como en una voz lejana: «Arráncala, muchacho, ya que importa...». Eso hice. Sus pertenencias eran ahora mías.* [...][20].

---

[20] Enrique Ros: *Ernesto Che Guevara: Mito y Realidad;* Ediciones Universal, Miami, 2002, p. 143.

Los revolucionarios esperaron a que se marchase un corresponsal del *New York Times* para liquidar al traidor. El periodista norteamericano había visitado el campamento de Castro en la Sierra para realizar un reportaje sobre la guerrilla cubana. A Fidel y su causa le vino que ni pintado. Herbert Matthews, que es como se llamaba el reportero, dibujó un cuadro romántico de los guerrilleros de Sierra Maestra, que hizo las delicias de sus lectores y puso de uñas al gobierno habanero. Fidel Castro nunca terminará de agradecer lo que Matthews hizo por su revolución. Al hilo de las visitas de periodistas occidentales a Sierra Maestra, el historiador Paul Johnson ha llegado a sugerir que lo de la guerrilla era pura propaganda para un mundo ávido de novedades. Para el especialista británico, Batista cayó gracias a la oposición creciente en las ciudades. Y ciertamente no anda lejos de la verdad.

La Revolución en marcha

En febrero de 1958 la guerrilla estaba ya consolidada entre los riscos de la sierra. El mundo sabía gracias a la entrevista de Matthews de la existencia de Castro y los suyos. En la alquería de «Los Chorros» el líder convocó una reunión del Movimiento 26 de Julio. A ella acudieron no sólo los que estaban con las armas en la mano sino parte de los que desde las ciudades componían el heterogéneo movimiento que luchaba contra la dictadura de Batista. Se reunieron en aquella ocasión Castro, su hermano Raúl, Ernesto Guevara, Faustino Pérez, que iba y venía de la sierra, y unos cuantos recién llegados: Frank País, jefe del Movimiento en Santiago; Haydee Santamaría y su novio, Armando Hart; Vilma Espín, que llegaría a ser novia de Raúl, y Celia Sánchez, futura compañera sentimental de Fidel Castro. Si no fuese porque iban armados hasta los dientes, la reunión bien parecía una excursión de veinteañeros, frisando la treintena, de acampada en la montaña. De aquella reunión salió el primer Manifiesto de Sierra Maestra. El objeto del mismo era dar naturaleza a la guerrilla y dejar bien claro que Fidel y su tropa tenían intenciones de seguir luchando.

Las diferencias en el Movimiento 26 de Julio sin embargo no tardaron en aflorar. Castro lo quería todo para sí. En Santiago o en La Habana no lo veían del mismo modo. Fidel no era el único que estaba luchando por el fin de la dictadura y así se lo hicieron saber. En marzo un levantamiento frustrado había costado la vida a José Antonio Echevarría, lider del Directorio Revolucionario, y en Miami distintas fuerzas de oposición coordinadas por Prío Socarrás se organizaban para el más que previsible cambio de tendencia. Fidel fue realista y en un segundo manifiesto desde la sierra en el mes de julio prometió que una vez derrocado el gobierno se convocarían elecciones libres y se retornaría a la Constitución de 1940. Casi cincuenta años después muchos demócratas cubanos siguen esperando a que Fidel cumpla con su palabra.

Manifiestos aparte, el hecho es que los primeros meses de 1957 fueron duros en extremo para la recién nacida guerrilla. Los episodios bélicos apenas pasaban de simples reyertas con la Guardia Rural. Las condiciones de vida de los revolucionarios eran miserables. La Sierra Maestra, a pesar de ser conocida en el mundo entero por la victoriosa revolución cubana, no es una cordillera de envergadura. Geográficamente no pasa de un accidente serrano al sur de la isla. En ella, es cierto, se concentran las mayores elevaciones montañosas de toda Cuba, pero aun así no dejan ser modestos picos que tienen su techo en el Turquino, que no llega por muy poco a los 2.000 metros de altura. La sierra no pasa de los 250 kilómetros de largo y, en su parte más amplia, con dificultades alcanza los 60 kilómetros de anchura. Una minucia en comparación con los Pirineos o los Alpes, y no digamos ya con las dos grandes cadenas montañosas del continente americano: las Rocosas al norte y los Andes al sur. En esta cordillerita de juguete, en este entorno montañoso en miniatura, es donde Castro y su legión de fieles emplazaron su guarida durante tres años. Los recursos naturales en la sierra eran y son escasos. Es por ello que la tropa fidelista las pasó, al menos durante sus inicios, verdaderamente canutas para aprovisionarse de pertrechos, medicinas y alimentos. Muchos campesinos que simpatizaban con la causa o que simplemente aborrecían a Batista ayudaron a los guerrilleros y les sirvieron de guías por los vericuetos de la sierra. Otras veces en los asaltos a los cuarteles de la Guardia Rural los guerrilleros aprovechaban y asaltaban también la despensa y el polvorín. Sin temor a equivocarse, se puede afirmar que durante mucho tiempo la ahora gloriosa revolución cubana sobrevivió de la mendicidad y el pillaje. En la sierra los guerrilleros también ensayaron otras fórmulas para abastecerse, que organizaciones terroristas como la española ETA han hecho famosas. Me refiero claro está al Impuesto Revolucionario. Era un tributo no sujeto al derecho fiscal que consistía en apoderarse por las buenas de una vaca, unas gallinas o lo que el revolucionario creyese necesario. Al campesino no le quedaban muchas alternativas ante el eficaz poder disuasor de una pistola.

La organización interna del improvisado ejército popular fue cambiando conforme la fortuna y los resultados en el campo de batalla fueron poniéndose del lado de Castro. En los inicios, en la primavera de 1957, este ejército que, al menos en la imaginación de Guevara, representaba a los más de seis millones de cubanos, contaba con unos ochenta efectivos. Eso sí, muy bien organizados. Ernesto lo resume así en sus memorias de Sierra Maestra:

> [...] *La vanguardia, dirigida por Camilo (Cienfuegos), tenía cuatro hombres. El pelotón siguiente lo llevaba Raúl Castro y tenía tres tenientes con una escuadra cada uno. [...] Después venía el Estado Mayor o Comandancia, que estaba integrada por Fidel, comandante en jefe; Ciro Redondo; Manuel Fajardo, hoy comandante del ejército; el guajiro Crespo, comandante; Universo Sánchez, hoy comandante, y yo, como médico.* [...][21].

Desde el Manifiesto de Febrero hasta casi entrado el verano la vida en la sierra debió ser para todos sus integrantes algo realmente soporífero. Ni un mal combate, mal alimentados, peor ves-

---

[21] Ernesto Guevara de la Serna: *Pasajes de la Guerra Revolucionaria;* Txalaparta Editorial, Tafalla, 2001, p. 69.

tidos y con la moral por los suelos. Los guerrilleros huían del ejército de Batista como alma que lleva el diablo. A lo sumo ajusticiaban de tanto en tanto algún chivato con cierto fervor guerrero. No estaban preparados y Fidel, siempre muy celoso de su integridad personal, no quería arriesgarse a un enfrentamiento abierto con los profesionales del ramo, es decir, con los militares. Al protolíder revolucionario se le daba mejor la propaganda, especialmente en los Estados Unidos, las arengas a la tropa y el culto a la personalidad. Igualito que ahora pero con cuarenta y pico años menos y sin tener dónde caerse muerto. En mayo el yate *Corintia*, patrocinado por Prío Socarrás y capitaneado por Calixto Sánchez, fue apresado por el ejército del gobierno. Los soldados de Batista se ensañaron seguramente con la idea de dar una ejemplarizante lección a nuevos aventureros sedientos de gloria. Castro lo debió ver de otra manera bien distinta. Si no se daba prisa en elevar la moral de la tropa y conseguía una victoria significativa pronto iba a pasar al olvido. La ocasión se la pintaron calva a finales del mes de mayo. En El Uvero había una pequeña guarnición del ejército muy mal defendida y propensa para que los forajidos de la sierra cayeran sobre ella. El combate fue corto pero intenso. Tres horas de asalto que se saldó con una victoria clara y definitiva de los guerrilleros. El Uvero confirió renovados bríos a los componentes de la tropa irregular comandada por Castro. Ernesto lo vería más tarde como el momento en que la guerrilla adquirió mayoría de edad.

Los meses posteriores a ese Lepanto revolucionario que a ojos de Ernesto fue la batallita de El Uvero estuvieron dedicados casi en exclusiva a cuidar de los heridos de la escaramuza. Guevara, como médico de tropa, tuvo que hacerse cargo de sus compañeros con lo poco que tenía. Apenas unos vendajes chafados por la humedad, unos pocos calmantes y muy buena voluntad. El Uvero había situado de nuevo la guerrilla en el mapa y eso Fidel tenía que aprovecharlo. Envió recado a Santiago para que Frank País y otras personalidades se acercasen hasta la sierra. Allí, como ya hemos visto anteriormente, sostuvieron una acalorada reunión a la que por cierto el Che no estuvo invitado. Le faltaba todavía un año y muchos méritos de sangre para que los cubanos lo tuviesen como un igual. En junio además empieza en Cuba la estación lluviosa, por lo que a las penalidades propias de la guerrilla tuvieron que unirse las persistentes lluvias tropicales. Los campesinos, los guajiros a veces realmente empobrecidos de la provincia de Oriente, empezaron a tomar en consideración a sus nuevos e imprevisibles vecinos. Muchos se alistaron voluntariamente en la tropa, otros lo hicieron y al poco lo dejaron, pues había que estar muy iluminado y fanatizado para pensar en aquel entonces, en el verano de 1957, que los desaliñados hombres de Castro tenían alguna posibilidad fáctica de derrocar al régimen de Batista. Los soldados no eran muchos y los mejores iban con una lenta pero sostenida cadencia cayendo en combate. El Uvero se había llevado la vida por ejemplo de Julito Díaz, un valiente revolucionario que se granjeó incluso los mejores comentarios del siempre exigente Ernesto. Tras el Manifiesto de Julio, Fidel consideró que requería su tropa una nueva organización y nuevos cuadros que acometiesen los objetivos diseñados para el otoño. Ernesto Guevara de la Serna seguía siendo aún en julio un simple teniente médico, pero el arrojo y la determinación en combate hicieron que Castro se fijase en él. Con pocos días de diferencia el Che transitó de los grados de teniente a comandante, pasando brevemente por el de capitán. Nunca una carrera militar fue tan rápida como la de este aventurero argentino. La historia de cómo Fidel le nombró comandante tiene su atractivo y los escolares de la Cuba socialista se la saben de memoria. Es, más o menos, ésta: estaba Fidel redactando un comunicado a Frank País y al enumerar los firmantes del mismo le dijo con gracia de gordicalvo emperador romano algo así como:

«Ernesto, ponle comandante...».

¡Venga Ernesto!, porque hoy es hoy, por ser vos quien sois y porque me coges de buen humor. Los que siempre pensaron que eso de las guerrillas latinoamericanas no era más que un montón de amigotes sanguinarios tienen en este episodio heroico y cargado de emotividad un buen argumento a su favor.

Con el nombramiento vino aparejado un reloj y una estrellita dorada que Ernesto desde aquel momento lució orgulloso en su boina. Sin saberlo estaba anticipando una moda que desde entonces siguen todos los jóvenes inconformistas de medio mundo. Además de los presentes materiales, que ya se sabe nada importan en la vida de un revolucionario, Ernesto recibió el mando de una columna. Bajo tan pomposo cargo se escondía no más que un hatajo de hombres mal armados y harapientos que, desde ese momento, se convertirían en unidad táctica del ejército popular.

La primera misión de envergadura para la columna del Che tuvo lugar unos meses más tarde, en octubre. Se trata de la celebrada batalla del Hombrito. En realidad, no pasó de ser una simple emboscada sobre una columna de verdad, de las del ejército regular. Ocultos tras la espesura esperaron a que se acercaran los soldados de Batista; entonces, cuando los tenían a tiro, dos grupos atacaron por los flancos mientras Guevara daba la orden de ataque con su rifle. No fue lo que se dice una victoria redonda pero para estos guerrilleros cualquier cosa lo era. Si conseguían llevarse por delante un soldado y robar dos fusiles eso significaba que se habían impuesto sobradamente a las tropas de la dictadura. Si simplemente lograban salir con vida del aprieto, también era una victoria pues no habían registrado bajas. Ante parámetros tan flexibles es normal que la historia de la guerrilla en Sierra Maestra se cuente por grandes ocasiones victoriosas.

Lo que sí que les dio la emboscada del Hombrito fue carta libre para menudear a su gusto por una vasta área de varios cientos de kilómetros cuadrados. Ésta del Hombrito fue la primera «zona libre» de la revolución. Aquí Ernesto sedentarizó a su columna por vez primera. Se estaba granjeando entre los combatientes cierta fama más que merecida de radical y de comunista convencido. Estas posturas le habían ocasionado alguna que otra diferencia con la línea fidelista que, por puro oportunismo, hacía concesiones sólo de palabra a los opositores de Miami y de las grandes ciudades, del dichoso llano que a Fidel ponía de los nervios sólo mencionar. En la zona liberada del Hombrito Ernesto no se limitó a armar tres tiendas de campaña y construir una parrilla para poder comer. Desarrolló toda una activad que da fe de lo organizado que era, al menos para los demás. Estableció una escuela donde los soldados analfabetos y los guajiros que así lo deseasen pudiesen recibir sus primeras letras. Esto dice mucho a favor suyo, no puede negarse, con la salvedad, que si esas primeras letras vienen acompañadas de un aleccionamiento ideológico como el marxista, destinado a esclavizar al hombre, es casi mejor no recibirlas. Aparte de las escuelas, dispuso una enfermería para atender a los heridos en condiciones. No se podía esperar menos de un antiguo estudiante de Medicina. También se preocupó de la propaganda. Mandó acondicionar un horno de pan y organizó alguna industria como un taller de zapatos, destinado a cuidar del calzado de la tropa. Creo dos medios de comunicación: el periódico *El Cubano Libre* y la emisora *Radio Rebelde*. Aportaciones ambas encomiables y más en el ir y venir constante de una guerra de guerrillas. Todo lo que Guevara hizo en el Hombrito pasaría a formar parte de su leyenda como revolucionario completo, aquel que no olvida que el fusil debe ir siempre acompañado del libro. Casi como los antiguos conquistadores españoles que llevaban consigo una espada de templado acero toledano y un buen ejemplar de la Biblia impreso en Salamanca. Ya sé que los paralelismos son odiosos, pero ante tales analogías no queda más remedio que recurrir a ellos. En aquellos días otoñales del Hombrito acontecieron también las primeras visitas de periodistas extranjeros. El servicio que el corresponsal del *New York Times* había prestado a la revolución había sido tan bueno y oportuno que ningún guerrillero cerró las puertas desde entonces a los representantes de los odiados medios de comunicación burgueses. Por los primeros campamentos estables de la sierra empezaron a desfilar algunos periodistas cargados de buenas intenciones y un punto fascinados por los arrojados barbudos de Sierra Maestra. Recibieron a un nuevo enviado del rotativo neoyorquino, esta vez en la persona de Homer Bigart, y algunos periodistas del mundo hispano. Entre ellos destaca la visita que hizo el uruguayo Carlos María Gutiérrez, el argentino Jorge Ricardo Masetti o, ya en marzo de 1958, los cubanos Agustín Alles Soberón y Eduardo Hernández, fotorreportero conocido como el Guayo. En estas entrevistas se descubre de nuevo una de las facetas más inmortales y perennes del guerrillero heroico: la de mentiroso compulsivo. Veamos:

En la entrevista con los periodistas cubanos empezó afirmando lo siguiente:

> [...] *... al recibirme (graduarme) de médico en la Universidad de Buenos Aires, fui llamado a las filas del Ejército con el grado de teniente médico... hice mi carrera bajo el gobierno de Perón. Fui opositor pasivo de su régimen. En su primera elección, milité en la Unión Democrática. Después me fui de la Argentina. Fui a Guatemala.* [...][22].

De toda la respuesta lo único cierto es que cursó sus estudios bajo el gobierno de Perón. Aspecto difícilmente falseable, tratándose a la sazón de un joven de veintinueve años. El resto es, sencillamente, mentira. No se tituló jamás, o al menos no consta en lugar alguno que lo haya hecho. Jamás realizó el servicio militar en Argentina, ni como teniente médico ni como cabo corneta. Muy al contrario, tomó gustoso una ducha de agua helada para asegurarse un oportuno ataque de asma. Fue un opositor al régimen tan pasivo que nadie se enteró, ni siquiera él. Hasta el extremo que cuando el último gobierno de Juan Domingo Perón cayó él anduvo bien lejos de celebrarlo. No hay noticias de que militase en partido alguno y, por último, cuando se fue de la Argentina no lo hizo para ir a Guatemala sino para viajar a Venezuela a ocupar el puesto que le estaba buscando su amigo Alberto Granado. Pero el festival de mentiras guevarianas continúa:

> [...] *Me gustó el experimento del gobierno de Arbenz y me quedé allí. Traté de conseguir un trabajo en Guatemala pero me exigían la reválida del título y seis meses de trabajo en un hospital. No pude cumplir todos los requisitos.* [...][23].

---

[22] Enrique Ros: *Ernesto Che Guevara: Mito y Realidad;* Ediciones Universal, Miami, 2002, p. 161.

[23] Enrique Ros: *Ernesto Che Guevara: Mito y Realidad;* Ediciones Universal, Miami, 2002, p. 161.

En rigor no pudo cumplir ninguno. Y fue a Guatemala en aventura por cuestión monetaria, no por el «experimento» que Arbenz estaba realizando con su país.

Los periodistas de la revista *Bohemia*, para la que trabajaban Alles y el Guayo, siguieron con sus preguntas. En una de ellas le inquirieron por su ya famosa ideología comunista, a lo que Guevara replicó sin que le temblase el cigarro puro:

> [...] *En lo absoluto. No tenemos vinculación con el comunismo. Soy militar nada más.* [...][24].

Ni una cosa ni la otra. Más que vinculación tenía una relación íntima con los fundamentos del comunismo. ¡Y presumía de ello delante de sus compañeros! Y lo de ser militar a lo sumo llegaba a guerrillero serrano de pistolón al cinto y canana cruzada por encima del pecho.

La entrevista de los cubanos dio mucho más de sí. Respecto al futuro de Cuba apuntó:

> [...] *Nuestro movimiento sostiene el criterio de que el gobierno provisional debe ser lo más breve posible. El tiempo estrictamente necesario para normalizar el país... y convocar a elecciones para todos los cargos del estado, las provincias y los municipios. [...] Debemos hacer todo lo posible porque ese periodo de provisionalidad no rebase de dos años de duración.* [...][25].

De lo cual puede inferirse o que el gobierno actual de Cuba, que lleva cuarenta y cinco dilatados años en el poder, es un simple gobierno interino que está todavía preparando las elecciones, o que los años contados en lengua revolucionaria son extremadamente largos. Una de dos. El hecho irrefutable es que en Cuba se han consumido varias generaciones en lo que los guerrilleros de Sierra Maestra se deciden por delimitar cuánto son dos años y cuál es el periodo óptimo de provisionalidad de un gobierno.

---

[24] Enrique Ros: *op.cit.*, p. 161.

[25] Enrique Ros: *op.cit.*, pp. 161-162.

Ante tal despropósito, ante semejante andanada de mentiras, no cabe más que concluir que la farsa, la tramoya y el apaño propagandístico fueron y siguen siendo una constante en la vida de Ernesto Guevara de la Serna. Quizá la única falsedad que podríamos considerar justificada es la última, la referente a los planes sobre el mañana de la República de Cuba. A fin de cuentas distaban tanto los que habían trazado los revolucionarios y los que esperaba la gente común que lo normal es que los primeros se disfrazasen de demócratas convencidos. El resto abona las tesis expuestas anteriormente en este trabajo. Ernesto Guevara no necesitaba mentir a los periodistas cubanos. No precisaba construirse una biografía que nunca existió. Primero porque a los periodistas tanto les hubiese dado que Guevara hubiese sido una cosa o la otra, y segundo porque lo que se ventilaba en aquella entrevista era el papel que él desempeñaba en la guerra desatada en la sierra, no los delirios de grandeza de un veinteañero argentino metido a guerrillero. Ernesto sin embargo mintió con descaro, gratuitamente y sin permitir que un gramo de rubor aflorase por encima de su todavía rala barba.

En la entrevista que concedió a Jorge Ricardo Massetti, compatriota suyo, éste hizo dos observaciones un tanto curiosas. Escribió más tarde que el Che se le antojaba un muchacho argentino cualquiera de clase media. Y lo era. También dejó para el recuerdo la impresión que el guerrillero le causó: una caricatura rejuvenecida de Cantinflas. Por suerte el reportero argentino dijo esto en 1958, un año después tal aseveración cargada de humor le hubiese costado la vida.

Los últimos meses de 1957 y los primeros de 1958, durante los cuales los guerrilleros celebraron con alborozo su primer aniversario en la isla, transcurrieron con cierta tranquilidad tan sólo truncada por el inoportuno fallecimiento en combate de Ciro Redondo, lugarteniente del Che Guevara en la columna que le habían asignado. Largos periodos de calma salpicados por algún incidente que otro de poca importancia. En el mes de diciembre, en el combate de Los Altos del Conrado, Ernesto cosechó su segunda herida de guerra, en un tobillo. Además le dio tiempo de reencontrarse con las cosas de Cupido. Lejos quedaban su esposa e hija. Lejísimos, tan lejos como Perú. En Vegas de Jibacoa se cruzó delante del argentino una muchacha mulata de nombre Zoila que según dicen le gustó mucho. Como era uno de los guerrilleros que se rifaban las mujeres no le costó demasiado esfuerzo seducirla. Anduvieron un tiempo juntos y dejó en el paladar de la cubana un grato recuerdo. Es de reseñar que Ernesto mantuvo siempre bien aleccionada a la tropa en el particular de las mujeres. No toleraba ni un abuso con ellas, en una mezcla de buena educación aprendida desde niño y galantería no disimulada. Las mujeres por añadidura rara vez se han llevado bien con nutridos contingentes de hombres en armas. Relajan a los combatientes y les llevan a tomar decisiones que en poco o nada favorecen el imprescindible ambiente castrense que debe reinar entre la tropa. En eso, y si queremos ser fieles a la verdad hemos de reconocerlo, siempre se comportó como un auténtico caballero digno del San Isidro Club de Buenos Aires. En cierta ocasión se dio el caso de un antiguo guerrillero que se dedicaba a hacerse pasar por Guevara para abusar de las jovencitas con la excusa de presuntas revisiones médicas. Algo realmente cómico que al infeliz le costó la vida:

> [...] *El último de los fusilados fue un personaje pintoresco llamado El Maestro que fuera mi compañero en algunos momentos difíciles en que me tocó vagar enfermo y con su única compañía por esas lomas, pero que luego se había separado de la guerrilla con el pretexto de una enfermedad y se había dedicado también a una vida inmoral, culminando sus hazañas haciéndose pasar por mí, en función de médico tratando de abusar de una muchachita campesina que estaba requiriendo los servicios facultativos para algún mal que la aquejaba.* [...][26].

En febrero de 1958 se reemprendió la ofensiva gubernamental. El Estado Mayor de Batista, viendo la ineficacia de los asaltos en la montaña, en los que sus tropas eran fácilmente acometidas por los guerrilleros, optó por la vía aérea. Dieron comienzo en-

---

[26] Ernesto Guevara de la Serna, *op.cit.*, p. 159.

tonces los bombardeos desde el aire. La aviación del dictador no escatimó en medios; según Guevara arrojó sobre la sierra hasta bombas armadas con NAPALM para hostigar a los guerrilleros. Pero eso sólo sería el comienzo de una gran ofensiva gubernamental que llevaría a los revolucionarios en su última fase a las puertas de La Habana.

A un paso de la victoria

A principios de marzo el gobierno de Batista suspendió los derechos fundamentales nuevamente. Fidel, en su refugio de la sierra, creyó llegado el momento del golpe de mano definitivo a través de una huelga general. La trama «civil» del Movimiento 26 de Julio se encargó de difundir la convocatoria por toda la isla para el 9 de abril. Grandes esperanzas estaban depositadas en aquella fecha. Si la república se descomponía y la llamada a la huelga tenía éxito, Castro y los suyos podrían bajar de la sierra para hacerse cargo del desorden. Ésa debió ser la pueril idea del comandante en jefe. Los hagiógrafos de Fidel Castro y los historiadores del castrismo se han encargado posteriormente de quitar hierro al asunto y dejar claro que Fidel nunca creyó en esa convocatoria. Desafortunadamente para él, la huelga no funcionó. La convocatoria apenas tuvo seguimiento en la parte occidental del país, la más poblada y rica. Un día más tarde las lecturas del fracasó fueron cruzadas desde los llanos hasta la sierra y viceversa. Fidel entró en cólera arguyendo que la oposición no se la había jugado adecuadamente en aquella ocasión, que había faltado compromiso y que era imprescindible contar con un líder reconocible que, no hace falta recordarlo, habría ineluctablemente de ser él. En resumen, Castro desató todo un ajuste de cuentas con el resto del Movimiento que venía tiempo esperando. Pero de nada serviría la llamada de atención del líder guerrillero si ésta no iba acompañada de una victoria concluyente sobre el ejército del gobierno. Y pronto tendría la oportunidad de demostrarlo.

La huelga frustrada del 9 de abril supo muy dulce en La Habana de Batista. El dictador, que llevaba año y medio lidiando con los revoltosos en la remota Sierra Maestra, vio la posibilidad de cortar de un tajo la rebelión. Los norteamericanos se estaban empezando a hartar del dictador habanero y en marzo le habían retirado la colaboración que hasta ese momento le había venido prestando la CIA. Así las cosas, planificó una macroofensiva sobre la sierra sureña que, en un principio, sería definitiva para acabar con la facción armada del Movimiento 26 de Julio. Batista reunió la notable cifra de 10.000 efectivos organizados en catorce batallones. El ejército inició su marcha el 20 de mayo. Apenas unos días antes, a principios de mes, Ernesto había acudido por vez primera a una de las reuniones del Movimiento 26 de Julio. Es algo histórico, porque hasta entonces había sido ignorado políticamente por la cúpula de la organización. Algo tendría que ver que Fidel, su gran padrino y protector, se hubiese hecho ya con todos los resortes del Movimiento.

Los 10.000 hombres de Batista iban además bien pertrechados y con apoyo aéreo y artillero propio de un ejército regular. Aquí nace una de las leyendas más fecundas de la revolución cubana. La de los 10.000 contra 321. En parte es cierto porque la relación de fuerzas venía a ser, aproximadamente, esa misma. Lo que los apólogos de la revolución suelen obviar es que de esos 10.000 soldados una tercera parte eran reclutas novatos que contaban con poco más que una rápida instrucción en el cuartel de turno y ninguna motivación. Entre los más expertos tampoco brillaba la vocación guerrera ni el odio hacia los rebeldes. Al contrario, éstos eran muy populares entre amplias capas de la población cubana, especialmente entre la clase media urbana. De hecho, el manifiesto de Sierra Maestra de julio de 1957 había sido publicado en su integridad por una revista de la capital, la popularísima revista *Bohemia*. Está por ver que la Unión Liberal Cubana de nuestros días publique un manifiesto en el diario *Granma*. Los efectivos del gobierno, aparte de poco imbuidos de espíritu cainita para con sus hermanos en la sierra, carecían de experiencia en el combate de montaña. No tenía Cuba por aquel entonces unidades especiales ni cuerpos del ejército dedicados a menesteres guerreros tan peculiares. El apoyo aéreo era real pero poco efectivo. De nada sirve un caza sino hay otro caza enfrente que se mida con él. Y lo mismo puede decirse de un bombardero. Sin ciudad ni objetivo claro donde soltar la carga de bombas la eficacia del bombardeo se resiente sobremanera. A lo sumo algunas ráfagas de metralleta sobre unos guerrilleros despistados que han salido de su refugio en la maleza. Batista también dispuso la armada al servicio de la ofensiva. Pero poco puede hacer una fragata por muchos cañones que pueblen sus cubiertas contra un grupo informe de guerrilleros embozados a varios kilómetros de la costa. Los rebeldes, por el contrario, que eran pocos exhibieron una encomiable flexibilidad que venían ensayando desde hacía meses. Practicaron emboscadas a los grupos expedicionarios, pusieron minas a diestro y siniestro, saltaron sobre convoyes mal protegidos... Una pesadilla que no tardó en hacerse inaguantable para los soldados. A pesar de todo, los revolucionarios lo pasaron realmente mal. Al mes de iniciada la ofensiva los comandos guerrilleros se hallaban completamente sobrepasados por las circunstancias. No habían visto tantos militares en toda su baqueteada vida guerrillera. Pero la situación era de vida o muerte. No en vano el nombre con el que Batista había bautizado a la operación era el de «*Fin de Fidel*». Más claro no se lo podían dejar al comandante en jefe.

En agosto, después de dos meses de auténtico infierno para Fidel y sus columnas, la situación se invirtió. Los 10.000 efectivos enviados desde La Habana no conseguían el objetivo marcado en un principio, sino más bien al contrario. Abundaban las deserciones de soldados y reclutas que no veían mucho sentido a la absurda guerra civil desatada en Oriente. Los mandos del ejército se veían incapaces de penetrar en la sierra con garantía de atrapar alguna cabeza de renombre. El día 6 de agosto el general Cantillo informó al palacio presidencial en La Habana que era inútil proseguir con la ofensiva. Quizá en el ánimo del general, responsable de las operaciones en el oriente cubano, habitaba cierta y fundada sospecha de que el régimen naufragaba sin remedio. Perdidos los sostenes internacionales, con la oposición en bloque apoyando a los rebeldes y la soldadesca desalentada por los continuos fracasos, lo más sensato era prepararse para un futuro de mudanzas en lo político. La historia de Cuba desde 1898, por desgracia, no fue un modelo de estabilidad y es del todo lógico que los más avisados previesen los cambios que se avecinaban. No es casualidad que fuese el general Cantillo el que negociase con Castro los días previos a la entrada de éste en La Habana, ni que fuese al menos durante unas horas el responsable del mando supremo militar tras la huida de Batista.

Los resultados de la campaña no pudieron ser mejores para Fidel y sus intereses. En plena contienda y con gran parte del mundo democrático de su lado, los principales partidos y grupos de oposición cubanos firmaron en Caracas el llamado Manifiesto del Frente Cívico Revolucionario. El documento fue retransmitido con satisfacción por las ondas a través de *Radio Rebelde*. En él se consagraba a Fidel como líder máximo de la revolución y se anticipaba el futuro democrático de Cuba. Lo primero sigue siéndolo. Lo segundo todavía están los cubanos esperándolo.

Unas semanas después de la lectura del manifiesto *Radio Rebelde* volvió a dirigirse a su cada vez más numerosa audiencia. En esta ocasión se trataba de un parte de guerra que declaraba conjurada la ofensiva del gobierno y segura la victoria de los revolucionarios:

> [...] *Tras 76 días de combates ininterrumpidos en el primer frente de la Sierra Maestra, el ejército rebelde ha derrotado claramente y destruido la crema de las fuerzas de combate de la tiranía.* [...].

Casi mil soldados de Batista habían perdido la vida en los encuentros con los guerrilleros. Más de cuatrocientos se encontraban en condición de presos de guerra en las montañas. Junto a esto los rebeldes se habían hecho con una cantidad notable de armas, municiones y pertrechos. Años más tarde Ernesto Guevara recordaría el botín de guerra de este modo:

> [...] *Dejó en nuestras manos 600 armas, entre las que contaban un tanque, 12 morteros, 12 ametralladoras de trípode, vein-*

titantos fusiles ametralladoras y un sinnúmero de armas automáticas; además, enorme cantidad de parque y equipo de toda clase. [...] El ejército batistiano salió con su espina dorsal rota de esta postrera ofensiva sobre Sierra Maestra. [...] [27].

El desmadre en el gobierno de La Habana no podía desaprovecharse. Se hacía imperativo un movimiento táctico antes de que las lumbreras militares de Batista se replanteasen la situación y la estrategia para rendir a los rebeldes. Fidel se planteó, por primera vez desde que llegase a Cuba en diciembre de 1956, saltar sobre el llano. Su idea, su plan maestro, era el siguiente: una columna dirigida al otro extremo de la isla, a Pinar del Río, donde había una pequeña serranía, la del Rosario, para ocultarse en los primeros momentos. Otra más numerosa y preparada encaminaría sus pasos hacia la provincia de Las Villas, en el mismo centro de Cuba. La primera de las columnas fue encargada a Camilo Cienfuegos, a la que se asignó de ochenta y un guerrilleros. La segunda fue encomendada a Ernesto Guevara que con 150 hombres tenía que llegar hasta la sierra de Escambray y zafarse allí, como lo había hecho en Sierra Maestra, de las fuerzas gubernamentales. El plan de Castro no era malo del todo. Y más si se tiene en cuenta que en el occidente del país operaban dos guerrillas autónomas fuera del control de Castro, el Directorio Revolucionario y el Frente Nacional de Escambray. Cuba es un país eminentemente llano. Sus interminables y fértiles planicies tan sólo se ven interrumpidas por cuatro accidentes orográficos de relativa importancia: la Sierra Maestra, donde los guerrilleros se encontraban desde los primeros días; la Sierra de Cristal, vecina a ésta, controlada por Raúl Castro; la Sierra del Rosario en el extremo occidental, y por último la Sierra de Escambray, cercana a la ciudad de Santa Clara y a un paso de La Habana. Controlar las cuatro cordilleras era de vital importancia para un movimiento guerrillero que había encontrado su caldo de cultivo entre los riscos de la montaña y la maleza de los valles.

---

[27] Ernesto Guevara de la Serna, *op.cit.*, p. 240.

Camilo Cienfuegos salió con la columna 2, rebautizada como Columna Antonio Maceo en honor del patriota cubano que en el siglo XIX había luchado contra los españoles. Mientras tanto, la sucinta tropa del Che se preparó para su partida hacia Las Villas. La idea primera es que tanto Camilo como Ernesto fuesen separados y que evitasen a toda costa enfrentamientos en campo abierto con el ejército. Entre ambas no llegaban a los 250 hombres, por lo que las posibilidades de salir indemnes de un encuentro con soldados eran prácticamente nulas. Camilo demostró en estos días de marcha ininterrumpida hacia el norte que estaba a la altura de las circunstancias; Guevara, no. El 9 de septiembre Ernesto se enzarzó sin necesidad, en la finca la Federal de la provincia de Camagüey, con tropas del gobierno. El atrevimiento le costó a su columna dos valiosas vidas. Camilo, junto al que acampaba en más de una ocasión, le recordaba la consigna de no trabar contacto con elementos del ejército pero a Ernesto le resbaló; en alguna ocasión se permitió incluso la insensatez de abrir fuego contra los gubernamentales. ¿Pero cómo pudieron dos columnas de guerrilleros cruzar la isla de Cuba casi sin bajas en plena dictadura de Batista? Evidentemente, gracias al apoyo de los partidarios del Movimiento 26 de Julio en el llano. Esos mismos que Fidel Castro despreciaba con vehemencia por sentirlos alejados de la verdadera lucha. Durante los cuarenta y cinco días que tardó la columna ocho, la del Che, en llegar a Las Villas el comandante Guevara pidió repetidas veces ayuda a las células locales del Movimiento en la provincia de Camagüey. Sin la ayuda de éstas muy probablemente la célebre columna del Che, la llamada Ciro Redondo en honor al compañero caído en combate, hubiese sido aniquilada sin contemplaciones por el ejército. En el llano todas las ventajas con las que contaban los guerrilleros en la sierra desaparecían. No había huida rápida, el efecto sorpresa era muy difícil de conseguir, y para colmo de males los guerrilleros no conocían el terreno y bajo ningún concepto podían arriesgarse a marchar a pie o a caballo por las carreteras. La marcha, que sería años después calificada en la revista *Verde Olivo* como gloriosa, fue ardua, larga y más bien penosa. Las tropas del gobierno creyeron incluso haber acabado con la vida del Che y así lo transmitieron a sus mandos en La Habana.

En Las Villas la columna del Che se encontró de nuevo al resguardo de las montañas. La sierra de Escambray no es tan abrupta como la Maestra ni está tan despoblada, pero sus valles y senderos servían para ocultarse de las fuerzas del gobierno. Nada más llegar a la sierra Ernesto, libre todavía de las ataduras del liderazgo fidelista, se centró en aplicar uno de los sueños de su vida: la reforma agraria. Esta reforma, a ojos de Guevara, consistía básicamente en arrancar las propiedades a los latifundistas y repartirla entre los que la trabajaban. En suma, una aspiración más antigua que el teatro de Epidauro, pero llena de vericuetos legales que por supuesto Ernesto desconocía. Su proceder fue mucho más directo:

> [...] *Nuestro primer acto fue dictar un bando revolucionario estableciendo la Reforma Agraria, en el que se disponía... que los dueños de las pequeñas parcelas de tierra dejasen de pagar su renta hasta que la Revolución decidiera en cada caso.* [...].

Recordemos que lo que la Revolución decidió finalmente fue dejar sin tierra a todo el mundo y convertir al Estado en el mayor latifundista de la isla. Pero eso ya lo trataremos más adelante.

El responsable del Movimiento 26 de Julio en la provincia de Las Villas era un tal Enrique Oltusky, un judío de ascendencia polaca. Entre él y Guevara se inició un fértil intercambio de ideas, especialmente en torno a la manida Reforma Agraria. Jorge G. Castañeda, en la biografía que dedicó a nuestro hombre, reproduce un diálogo entre estos dos paladines de la libertad que no tiene desperdicio:

> [...]
>
> *Oltusky: Toda la tierra ociosa debía darse a los guajiros y gravar fuertemente a los latifundistas para poderle comprar sus tierras con su propio dinero. Entonces la tierra se vendería a los guajiros a lo que costara, con facilidades de pago y con crédito para producir.*

Che: ¡Pero eso es una tesis reaccionaria! ¿Cómo le vamos a cobrar la tierra al que la trabaja? Eres igual que toda la demás gente del llano.

Oltusky: ¡Coño!, ¿y qué quieres, regalársela? ¿Para que la dejen destruir como en México? El hombre debe sentir que lo que tiene le ha costado su propio esfuerzo.

Che (gritando, con las venas del cuello hinchadas): ¡Carajo, mira que eres!

[...]

¿Tesis reaccionaria la de Oltusky? Muchos progresistas actuales que llevan con orgullo camisetas e insignias en la solapa con la efigie del Che serían, a juicio de su santo patrón, simples reaccionarios.

La llegada a Las Villas supuso no sólo el avance de la vanguardia armada del Movimiento 26 de Julio hacía occidente. En la provincia central operaban varios movimientos de oposición al régimen de Batista, que se habían ocupado de situarse en la sierra para combatir y hostigar al gobierno del mismo modo que Castro lo hacía en Sierra Maestra. Era de vital importancia neutralizar las dos principales organizaciones que estaban haciendo la competencia, para Fidel siempre desleal, a los guerrilleros heroicos del oriente cubano. El antiguo Directorio Estudiantil que, años antes, se había intentado hacer violentamente con el poder en La Habana mediante el golpe de estado de Echeverría, se había transformado en un grupo guerrillero al modo fidelista, llamado Segundo Frente de Escambray. Los líderes de esta organización eran Jesús Carrera y Eloy Gutiérrez Menoyo. Las diferencias entre éstos y el Che Guevara no se hicieron esperar. Ernesto no podía soportar que nadie le hiciese sombra, y mucho menos que nadie unos que él consideraba advenedizos y entregados al poder burgués. Con Jesús Carrera no tardó en encontrarse de frente. En una ocasión, aprovechando que Carrera se encontraba ausente, no dudó Guevara en arengar desde un jeep a la tropa del Frente de Escambray. Al enterarse Carrera de la felonía perpetrada por el argentino sin su consentimiento, le plantó cara. Algo imperdonable. Guevara se tomaría la venganza más tarde, ya en el gobierno, cuando ordenó que la tropa revolucionaria pasase por las armas al atrevido cubano que le faltó al respeto en la sierra.

Pero en esos días de otoño Ernesto aún no disponía de ese poder, por lo que no le quedó más remedio que llegar a un acuerdo con los otros grupos alzados contra el gobierno. Llegaron finalmente a un pacto, ya en diciembre, los representantes del Movimiento 26 de Julio con los del Directorio. En él no se contemplaba ningún actor más, sin embargo Guevara estaba encariñándose por días con las cabezas pensantes del Partido Socialista Popular, es decir, con los comunistas cubanos. Los lideraba Carlos Rafael Rodríguez, un astuto político que había hecho carrera con Batista y que la haría con Castro en el futuro. Un Talleyrand de la Revolución cubana con el rostro de mármol y el estómago a prueba de bombas. Rodríguez fue a entrevistarse con Fidel a Sierra Maestra y ambos se entendieron a la perfección. En ello algo tendría que ver el poco afecto que los dos le profesaban a la libertad individual y a la democracia representativa, pero lo que debió terminar de unirlos fue sin duda una gran sintonía personal. Las buenas obras de Rodríguez en Sierra Maestra fungieron una alianza de facto entre el Movimiento 26 de Julio y el Partido Socialista Popular. Es cierto que Guevara no había militado jamás en partido comunista alguno, ni en Argentina, ni en Guatemala, ni en México, ni en ninguno de los países por los que había vagado desde su salida de la estación de Retiro varios años antes. Sin embargo, no pertenecer a un partido no significa que no se profese una ideología. El historiador Hugh Thomas dijo en su momento, hace bastante tiempo, que el Che durante la revolución no era comunista, sin embargo todo, desde las cartas hasta los testimonios de los que le conocieron pasando por la nómina de lecturas y su simplona interpretación de la realidad, conduce a pensar que efectivamente lo era. Un presunto luchador por la libertad, un enemigo de la tiranía con el fusil al hombro no promulga una Reforma Agraria según ocupa un territorio a no ser que se trate de un comunista convencido. Es así, le pese a quien le pese. La fe casi mística que Guevara tenía en la confiscación de la propiedad, el poco respeto que daba a las opiniones ajenas y su misma manera de operar tanto en Sierra Maestra como en Las Villas, no dan a entender más que bajo el privilegiado magín de Guevara latía un convencimiento pleno en las tesis de Marx pasadas por la batidora sangrienta del leninismo piafante. Ernesto a pesar de todo tenía su propia e intransferible idea del comunismo, o mejor, de los partidos comunistas:

> [...] *Los comunistas son capaces de crear cuadros que se dejen despedazar en la oscuridad de un calabozo, sin decir una palabra, pero no de formar cuadros que tomen por asalto un nido de ametralladora.* [...][28].

Lo diría, claro está, pensando en la única vez que a él lo habían detenido. En la comisaría mexicana donde largó todo lo que pidieron los policías sin rechistar. La relación con los miembros del PSP fue de cualquier modo gratificante y muy constructiva. Por ejemplo, Félix Torres, un concejal del PSP en el municipio de Ciego de Ávila, pasó de politiquillo local de bajos vuelos a comandante revolucionario en un abrir y cerrar de ojos, gracias a sus privilegiadas relaciones con Guevara.

La vida en la Sierra del Escambray, peleas intestinas aparte, era bastante más regalada de lo que había sido en Sierra Maestra. Por un lado, la causa revolucionaria estaba ya, en octubre de 1958, muy extendida y gozaba de gran predicamento popular. Por otro, de las ciudades cercanas, especialmente de la populosa Santa Clara, recibían los guerrilleros cuanto necesitaban. Y por último la cantidad de efectivos con los que contaba la guerrilla y la preparación con la que contaban era muy diferente a la que habían tenido los pioneros en los meses posteriores al desembarco del *Granma*. Al igual que habían hecho meses antes en el este de la isla, los guerrilleros trataron por todos los medios de asentarse en campamentos más o menos estables. La presión del ejército era nula, por lo que los distintos grupos se movían a sus anchas por todo el macizo montañoso y sus aledaños. Lo mismo bajaban a un pueblo a por provisiones que

---

[28] Citado en Jorge G. Castañeda, *op.cit.*, p. 163.

enviaban a un herido a una ciudad cercana para que fuese atendido en un hospital. En uno de los campamentos temporales de la guerrilla se produjo uno de los acontecimientos más gratos y que seguramente con mejor recuerdo se llevó Guevara a la tumba en 1967.

A principios del mes de noviembre, cuando la comitiva del Che se encontraba en El Pedrero, una sucinta representación del Movimiento 26 de Julio en Santa Clara se acercó hasta el campamento. La comisión la formaban entre otros Serafín Ruiz de Zárate y una joven comprometida con el movimiento, de nombre Aleida March de la Torre. Ernesto se enamoró perdidamente de ella. Aleida era una hechura de la burguesía cubana de la época. Tez blanca y delicada, rasgos finos y educación universitaria. A la jovencita no le faltaba ni el apellido catalán para dar por concluida su ascendencia española. En cierto modo Aleida venía a ser una Chichina Ferreira reencontrada miles de kilómetros al norte. Los exotismos femeninos habían acabado para Ernesto. Hilda seguía lejos con su carita de quechua y su hija que se parecía a Mao Tse-tung. La mulata Zoila se había quedado en Sierra Maestra, quizá esperando que su guerrillero volviese a por ella en un caballo blanco. Aleida devolvía a Guevara a donde siempre había pertenecido, esto es, a la burguesía criolla y de antepasados españoles de la que tanto renegaba. La comisión venida desde Santa Clara debía estar sólo unos días entre los guerrilleros para recibir instrucciones, pero Aleida decidió quedarse. Ernesto la buscó un puesto de secretaria personal y ella, encantada, comunicó a sus compañeros que no podía regresar a la ciudad, que el ejército había detectado sus manejos políticos y que no se sentía segura. Al corajudo comandante ya no le faltaba de nada. El Don Quijote argentino había por fin encontrado a su Dulcinea cubana. La pareja empezó de este modo a cohabitar y mantener una relación de hecho, del mismo estilo de la que había mantenido años atrás con Hilda en la ciudad de Guatemala. Guevara sin embargo no fue tan tolerante con el resto de sus hombres. Cuando logró conquistar la localidad de Sancti Spíritus lo primero que hizo, aparte de la consabida confiscación de tierras, fue promulgar un edicto revolucionario en virtud del cual se prohibía a la población consumir bebidas alcohólicas y jugar a la lotería. Bonito precedente de la sharia que décadas más tarde aplicarían con denuedo los talibanes afganos. Si los estudiantes de teología de Kabul no hubiesen sido tan analfabetos, casi con toda seguridad hubieran dedicado con gran profusión de barbas una calle en la capital al Guerrillero Heroico. Como es de suponer, la gente en Sancti Spíritus no tragó con semejante atropello y el bienintencionado guerrillero tuvo que echarse para atrás. Los cubanos podían hasta pasar lo de las fincas rústicas, pero eso de que un extranjero de lejanas tierras viniese a quitarles de la mano su tradicional ron de caña no podían permitirlo bajo ningún concepto.

Coincidiendo con el romántico encuentro de Ernesto y Aleida, la dictadura de Batista se descomponía a pasos agigantados. El antiguo sargento taquígrafo, que estaba esquilmando las arcas públicas a conciencia, concluyó que lo mejor era celebrar unas elecciones para retirarse del poder sin hacer demasiado ruido. Convocó a los ciudadanos para el 3 de noviembre a unas elecciones que tenían como fin principal parir un nuevo gobierno de transición que aglutinase a la parte moderada de la oposición. Fidel no podía dejar que la iniciativa del dictador saliese adelante. Si los batistianos llegaban a un feliz acuerdo con liberales, demócrata cristianos y socialdemócratas, su causa serrana corría el riesgo de perder todo el atractivo para el grueso de la población. Mirándolo con perspectiva, estas elecciones de noviembre de 1958 bien podrían haber sido el principio de una transición pacífica a la democracia en Cuba. Pero ésos no eran ni de lejos los planes que Castro había trazado para el futuro de la isla. Ordenó a sus comandantes en Las Villas iniciar junto a sus recién ganados aliados una ofensiva armada para impedir a toda costa que la consulta electoral llegase a buen puerto. Guevara y Camilo Cienfuegos se afanaron en seguir las órdenes de su jefe. En sus recuerdos de guerra Ernesto veía de este modo aquellos días revueltos:

[...] *Debíamos atacar a las poblaciones vecinas para impedir la realización de los comicios. [...] Los días anteriores al 3 de noviembre, fecha de las elecciones, fueron de extraordinaria acti-*

vidad: nuestras columnas se movilizaron en todas las direcciones impidiendo casi totalmente la afluencia a las urnas, de los votantes de esas zonas. [...][29].

Parece claro que las garantías que ofrecían esas elecciones patrocinadas desde una dictadura no eran muy grandes, pero impedir con las armas el legítimo derecho al voto no parece desde luego una forma muy ortodoxa de luchar por la libertad de los ciudadanos. El seguimiento popular de los comicios fue muy escaso. Batista estaba fuertemente desacreditado y ningún cubano con cuatro dedos de frente se fiaba de los ardides del prestidigitador de La Habana. La abstención alcanzó la extraordinaria cifra del 80 por 100 del electorado. Todo un varapalo para el régimen.

La labor de guerrilla de estos dos últimos meses del año se centró, más que en enfrentamientos abiertos frente a las tropas del ejército, en sabotajes y ataques por sorpresa a cuartelillos indefensos que dejaban expedito el acceso a los pueblos. Cortaron las vías de comunicación entre el este y el oeste de la isla, reventaron puentes, inutilizaron carreteras en una guerra a tumba abierta y sin descanso. A mediados de mes tomaron la pequeña ciudad de Fomento, a ella le sucederían Cabaiguán y Placetas. En todas ellas el combate había sido mínimo; en alguna, como en el caso de Fomento, a la rendición le precedió una charla con su defensor, que entregó la plaza sin más miramientos. El Che no se lo podía creer, en unas semanas estaban avanzando más que en casi dos años en Sierra Maestra. La conquista, liberación la llamaba Guevara, de Placetas el día 23 de diciembre puso a los revolucionarios a un tiro de piedra de Santa Clara, capital de la provincia de Las Villas.

El héroe de Santa Clara

La ciudad principal del centro cubano era entonces una próspera y bulliciosa urbe de 150.000 habitantes. Su situación era

---

[29] Ernesto Guevara de la Serna, *op.cit.*, pp. 244-245.

estratégica y contar con ella era lo mismo que partir la isla en dos, doblar el espinazo a la dictadura de Batista. El comandante contaba con su columna traída desde Sierra Maestra, que se había fogueado bien en las semanas precedentes, y con efectivos enrolados en la provincia. En total superaba por poco los trescientos hombres. Pero una cosa es asaltar una serena ciudad de provincias como Fomento, custodiada por unas decenas de soldados mal armados y peor pagados, y otra bien distinta era entrar en una ciudad grande, protegida por una guarnición numerosa, bien dirigida por un alto mando y asistida por refuerzos desde La Habana. A Ernesto no le quedaban sin embargo muchas alternativas. No podía echarse para atrás y con grandes dificultades era capaz de mantener lo conquistado. Si el gobierno hubiese tenido resolución en aquel momento y hubiera ordenado una contraofensiva, todos los avances de la columna de Guevara se hubiesen convertido en nada. Era cuestión de desafiar una vez más a la suerte. El 28 de diciembre comenzó el asalto. Los guerrilleros se colaron de noche en la ciudad. La estrategia planificada previamente consistía en levantar a la población contra los militares que la custodiaban y apoderarse por la fuerza de los edificios clave. Lo primero resultó relativamente sencillo. El pueblo cubano, y el de Santa Clara no era una excepción, estaba bastante harto de Fulgencio Batista, además veía en los barbudos guerrilleros de la sierra un soplo de aire fresco que poco a poco iba adueñándose del futuro. Nadie en definitiva estaba dispuesto a derramar una sola gota de sangre en nombre del corrupto gobierno de La Habana. Dos mil soldados poco motivados frente a trescientos y pico combatientes revolucionarios. Algo desproporcionado y digno para rematar una gesta épica.

El Estado Mayor, advertido por las fulgurantes conquistas de los revolucionarios en Las Villas, envió un tren militar a Santa Clara para reforzar la guarnición. El convoy estaba compuesto por diecinueve vagones que cargaban material bélico muy variado. Transportaba además a unos cuatrocientos soldados enrolados para la misión en La Habana. Aquí nace el mito del *Tren Blindado*, que se ha repetido hasta la náusea en todas las biografías del Che. No era, como muchos pueden llegar a pensar por el calificativo, una composición blindada en el sentido estricto de la palabra. Es decir, no se trataba de esos trenes cubiertos por impenetrables planchas de acero de las películas de James Bond, desde los que el villano planea rodeado de alta tecnología cómo dominar el mundo. Nada de eso. El celebérrimo *Tren Blindado* de Santa Clara no era más que un tren militar que transportaba armas y soldados. Y lo peor de todo, ni demasiadas armas ni muchos soldados. Ernesto vio desde el primer momento que en el convoy militar se encontraba la clave del asunto. Los soldados no querían salir de los cuarteles, se habían quedado a órdenes de sus jefes recluidos tras las cuatro paredes de las instalaciones que tenían por objeto defender la ciudad. Si los soldados no salían lo lógico era sacarlos por la fuerza, pero para eso era necesario contar con las armas adecuadas. El *Tren Blindado* se las podía suministrar. En un artículo publicado meses después en la revista brasileña *O Cruzeiro* Ernesto afirmó que el tren fue tomado gracias a dos líneas de ataque. Por un lado, unos guerrilleros los cercaron arrojando cócteles molotov sobre los vagones. Y por otro, un revolucionario encaramado a un bulldozer se encargó de arrancar de cuajo las vías para evitar que el tren pudiese escapar. Esto, como puede figurase el lector, sólo se lo cree Guevara y algún alucinado por la batalla de Santa Clara y con alergia a la lógica. Y la incredulidad no viene por desconfiar de la nunca demostrada capacidad militar del Guerrillero Heroico. Viene por el uso del raciocinio más elemental. Si cuatrocientos soldados armados hasta los dientes se amedrentan por unas decenas escasas de guerrilleros barbudos pertrechados a lo sumo por unos cócteles molotov y mucho ardor guerrero, es que o los soldados eran de plástico o simplemente que no querían combatir. Como no consta en lugar alguno que las tropas de Batista en Santa Clara dispusiesen de maniquíes al efecto, lo más sensato es inclinarse por la segunda de las opciones. En una frase: el temido ejército de Fulgencio Batista estaba haciendo dejación de sus obligaciones. Esto es así aunque a la cuadrilla de iluminados que malgobiernan Cuba desde hace cuatro décadas largas no les guste un pelo.

Sea como fuere, lo que parece claro es que la captura del *Tren Blindado* tiene más de leyenda que de realidad. Vayamos a otros testimonios diferentes al de Guevara. Uno de los combatientes en aquellos días era Eloy Gutiérrez Menoyo, revolucionario adscrito al Segundo Frente de Escambray. Gutiérrez Menoyo, que nunca se tragó la versión canónica, es decir guevarista, recordó más adelante que él mismo había parlamentado con el coronel Rossel, oficial batistiano a cuyo mando se encontraba el convoy. Gutiérrez Menoyo ofreció a Rossel cierta clemencia a cambio del tren. Acto seguido Ernesto Guevara se dirigió al hermano del coronel Rossel y, nadie sabe cómo, este último convenció a su hermano para que fuese el representante del Movimiento 26 de Julio el beneficiario de la rendición. ¿Qué ofreció Guevara al atribulado cubano para que procediese tan presto a la entrega del tren? Nadie lo sabe. Gutiérrez Menoyo diría años más tarde que Guevara siempre lo ocultó. Y razones no le faltaban pues hacerse con aquel tren cargado de armamento fue la llave que le permitió abrir definitivamente las puertas de la ciudad para su causa y por ende ganar la guerra. La mayor parte de fuentes apuntan a que Guevara ofreció dinero al coronel Rossel para que entregase el tren, en concreto 350.000 dólares. Los castristas desorejados que hoy, aparte de comer y beber a diario, escriben biografías del Che, califican esta transacción de imposible, pues Guevara no tenía un céntimo ni nada de valor con lo que efectuar tan oneroso pago. Y es cierto pero a medias, porque la batalla de Santa Clara tuvo lugar el 29 de diciembre de 1958. Exactamente tres días después el Che Guevara y su gente disponían ya del poder absoluto en Cuba. Y en este poder absoluto se incluye naturalmente el poder también absoluto sobre las arcas del Estado. Para rematar el cuadro, el régimen que instauraron los revolucionarios de la sierra no fue precisamente una democracia con garantías para el ciudadano y controles sobre el ejecutivo, sino una dictadura férrea de esas que no se llevan bien con las buenas costumbres para con las cuentas públicas. Por lo que de abonarse la entrega del tren se haría con posterioridad, a modo de agradecimiento a un oficial de la dictadura. El hecho es que Rossel no terminó en la fortaleza de La Cabaña ante un pelotón de fusilamiento sino en el exilio disfrutando de su bien ganado retiro. Que cada lector se haga su propia opinión.

La captura del tren reportó a los rebeldes no sólo un golpe psicológico considerable sino también una cantidad y calidad de pertrechos que les puso a la cabeza de todos los grupos opositores. En total seis bazucas, cinco morteros, catorce ametralladoras, un cañón de 20 mm, seiscientos fusiles automáticos y un millón de balas[30]. Un verdadero regalo de Navidad. Isidoro Calzada, en un punto de esa alegoría que algunos toman por trabajo biográfico, habla incluso que Ernesto se encargó de enviar un lanzagranadas anticarro a Camilo Cienfuegos, que se encontraba sitiando el cuartel de Yaguajay. Todo un detalle.

Con el tren en sus manos, los únicos puntos calientes de la ciudad que quedaban bajo control de la dictadura eran la comisaría de Policía y el cuartel Leoncio Vidal, sede del Regimiento número tres. El día 30 los hombres de Guevara rindieron la comisaría tras muchos esfuerzos, lo que viene a confirmar las dudas sobre la extraña conquista del *Tren Blindado*. Valga recordar que la comisaría era defendida por el mismo número de efectivos que el tren, pero los primeros estaban bastante peor armados. El día 31 cayó el cuartel Leoncio Vidal. Custodiaban este último unos 1.300 soldados, pero a mitad del sitio el gobierno cuyos intereses defendían se vino abajo como un castillo de naipes. Antes de que terminase la fiesta de Nochevieja de aquel año 1958 Fulgencio Batista se dirigió al aeropuerto acompañado de una pequeña comitiva de fieles y en un DC-4 abandonó el país. No es muy difícil ponerse en la piel de los soldados y la oficialidad de aquel cuartel Leoncio Vidal el día 1 de enero. Abandonados hasta por su propio gobierno y con los revolucionarios a las puertas, el cuartel al final se rindió. La batalla de Santa Clara está grabada con letras de oro macizo en la historia de la Cuba revolucionaria y en la biografía de Ernesto que, desde ese momento, pasó a ser conocido como el Héroe de Santa Clara. Héroe sin más méritos

---

[30] Paco Ignacio Taibo II: *La batalla del Che; Santa Clara,* Planeta, México, 1988. p. 96.

que arrojarse sobre una ciudad cuyos defensores dejaron esos días de trabajar refugiándose en los cuarteles. Curiosa noción de la heroicidad la que tiene la mitología revolucionaria.

En nuestros días, ya bien entrado el siglo XXI, la ciudad de Santa Clara es una ciudad donde se pasa hambre, un templo a la causa de Fidel Castro y un mausoleo del ridículo a las hazañas bélicas de Ernesto Che Guevara. En 1986 se inauguró un conjunto medio escultórico medio histórico, pero completamente hortera y pretencioso, en el que el protagonista es el famoso *Tren Blindado*. Cinco vagones del famoso convoy dispuestos de un modo artístico y trascendental. A uno de ellos los responsables del engendro le abrieron la puerta y situaron en su interior una pieza de artillería. ¡Cómo si el tren hubiese llegado en algún momento a defenderse! Paseando por la ciudad, donde se pasa tanta penuria como en La Habana pero menos, son los turistas que vienen a aplacarla, el viajero puede encontrar ubicado en un recoleto parque el bulldozer que se encargó de levantar las vías por las que más tarde descarriló el tren. Toda la mística revolucionaria condensada en un armatoste de acero cuyo concurso en la victoria final parece más que dudoso. Surrealismo macabro, triunfalismo idiota y un pésimo gusto artístico. Eso es lo que ha dejado el castrismo como conmemoración de la batalla clave en su ascenso al poder. Absoluto naturalmente.

Tras la fuga de Batista en La Habana se constituyó un gobierno provisional en medio de la confusión. La presidencia de la República quedó en manos de un anciano juez, Carlos Manuel Piedra. Al frente del mando militar estaba el general Cantillo que ordenó en vano a todas sus guarniciones a resistir a los rebeldes tanto en Santa Clara como en Santiago. Fidel se las prometía muy felices, pero la situación estaba lejos de ser como él la hubiese deseado. Entre su cuartel general en la provincia de Oriente y La Habana no sólo se interponían varios centenares de kilómetros. Batista antes de irse había dejado el gobierno a un general del ejército que días antes había llegado a un amistoso acuerdo con Castro. Tal era la motivación del Estado Mayor batistiano que cuando se estaba disparando los primeros tiros en Santa Clara sus principales capitostes pactaban en secreto con el enemigo. Quien ignore este gran detalle ignora la naturaleza última del triunfo de la Revolución Cubana. Fidel se sintió traicionado por la impostura de Cantillo. El poder era suyo y de nadie más. Tenía a sus dos mejores comandantes destacados en Las Villas y Santiago de Cuba estaba virtualmente en sus manos. Cantillo poco podía ofrecer. Para el pueblo, que estaba entusiasmado con la figura de los revolucionarios, Cantillo era poco menos que la continuación de Batista. Sin embargo, el único enemigo de Castro y su insaciable sed de mando no sólo era el binomio Cantillo-Piedra. Los revolucionarios del Directorio y del Segundo Frente de Escambray seguían allí y, es más, se disponían a tomar La Habana sin dudarlo. Desde el cuartel de Palma Soriano dio orden a Guevara y Cienfuegos para avanzar sobre la capital. Las instrucciones eran estrictas. Camilo marcharía primero y ocuparía el cuartel de Columbia y la ciudad. Ernesto quedaría en un segundo plano y no haría entrada triunfal. Se dirigiría a la fortaleza de La Cabaña para esperar nuevas órdenes. Por si la cosa se ponía fea, Castro se ocupó personalmente de nombrar a Santiago capital de la nación. Desconocemos aún la legitimidad con la que emitió el edicto de cambio de capitalidad, pero en aquellas primeras horas de 1959 todo estaba permitido. Por si no funcionaba la estrategia de las dos columnas sobre La Habana y el cambio de capital se permitió desde *Radio Rebelde* arengar al pueblo convocando una huelga general. Vemos que el lidercito no las tenía todas consigo en aquel histórico trance.

Ernesto obedeció órdenes y se dirigió junto a su victorioso embrión del ejército popular a tomar posesión de la fortaleza de La Cabaña. Los historiadores llevan casi medio siglo preguntándose porque Fidel envió a Guevara a La Cabaña, un puesto de segunda, mientras que a Camilo Cienfuegos, que era lugarteniente del Che y se encontraba más lejos de la capital, le encomendó la toma de Columbia y el paseo triunfal por La Habana. En ello tuvo algo que ver el hecho de que Ernesto fuese argentino, es decir, extranjero. Aunque en honor a la verdad no le importó mucho que lo fuese cuando hubo de saltar fusil en ristre sobre Santa Clara. Lo más probable es que Castro ya tuviese pergeñada desde Palma So-

Ernesto Guevara de la Serna recién venido al mundo.

Con su madre en la hacienda de los Morre Galarza, en 1929.

Con su padre, Ernesto Guevara Lynch, a los nueve años.

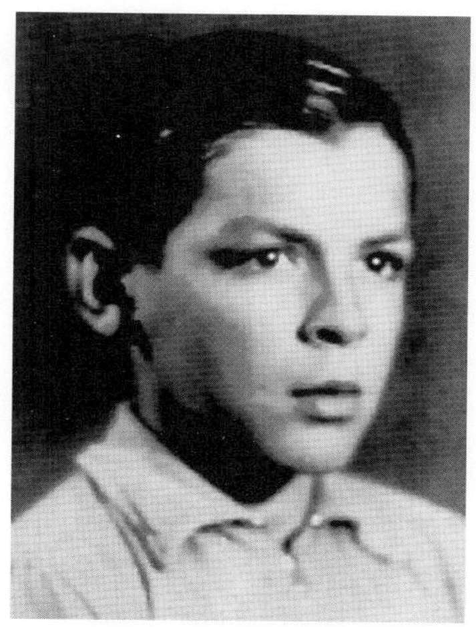

Fotografía infantil. No falta ni la brillantina.

Casa de la familia Guevara en Caraguatay, en el territorio de Misiones.

En la bicicleta con la que hizo un viaje por Argentina. Finales de los años 40.

Convaleciente durante la guerrilla en Sierra Maestra.

El yate Granma.

Con Fidel Castro, en la prisión mexicana , en 1956.

Con su primera mujer, Hilda Gadea y su hija Hildita, en México

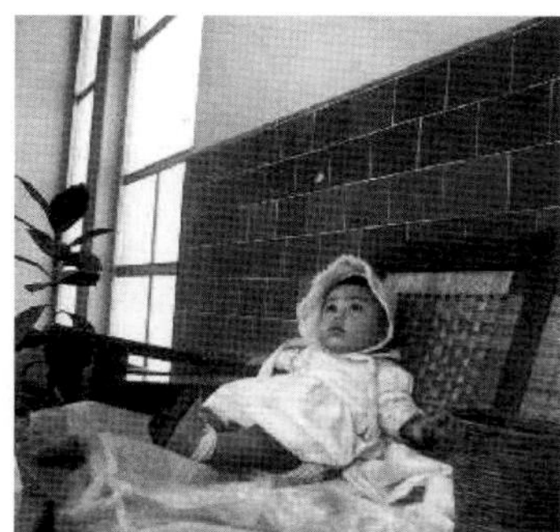

Su hija Hildita, con pocos meses.

Camilo Cienfuegos y el Che.

Impartiendo órdenes en la decisiva batalla de Santa Clara, en diciembre de 1959.

A caballo en los años de guerrilla en la sierra.

Boda con Aleida Guevara en junio de 1959.

La propaganda primero. El Che en plena alocución por Radio Rebelde, la emisora que él mismo fundó en Sierra Maestra.

La pose importa. Mirando al infinito entre conmilitones de la Sierra.

Con Fidel. Ya instalados ambos en el gobierno de Cuba.

La dictadura acaba de comenzar. Mitin de bienvenida a Fidel Castro.

Con el premier soviético Nikita Kruschev en una visita a la URSS.

El cuarteto revolucionario (de izqda. a dcha.), Che Guevara, Raúl Castro, Fidel Castro y Osvaldo Dorticós.

En uno de sus célebres discursos.
Siempre fue mejor orador que guerrillero.

Predicando con el ejemplo. El socialismo se construye trabajando sin cobrar. Edificantes escenas de trabajo voluntario en la construcción y en la zafra azucarera.

Por los muelles de La Habana, tras la explosión del mercante Le Couvre, *en marzo de 1960.*

Siempre de verde olivo. En la delegación cubana ante Naciones Unidas.

Discurso ante la Asamble General de las Naciones Unidas, en diciembre de 1964.

Con su hija Hildita y el geógrafo Antonio Núñez Jiménez.

Guerrera desabrochada, botas manchadas de barro. El ministro sonríe en un descanso durante la jornada de trabajo voluntario.

Mas allá del icono no hay más que fanatismo, venganza y muerte.

El Che no fue, a diferencia de Fidel, muy selecto con los puros. Fumaba los más baratos.

Última foto con su familia antes de abandonar Cuba.

En el Congo a mediados de 1966.

Durante su estancia en el Congo.

A pesar de que la operación en Bolivia era secreta, los guerrilleros no paraban de hacerse fotos.

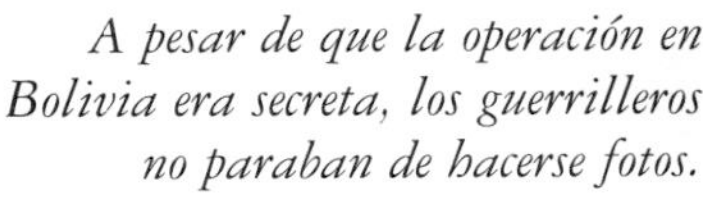

Antes de abandonar la población de La Higuera, tras ser ejecutado por los militares bolivianos.

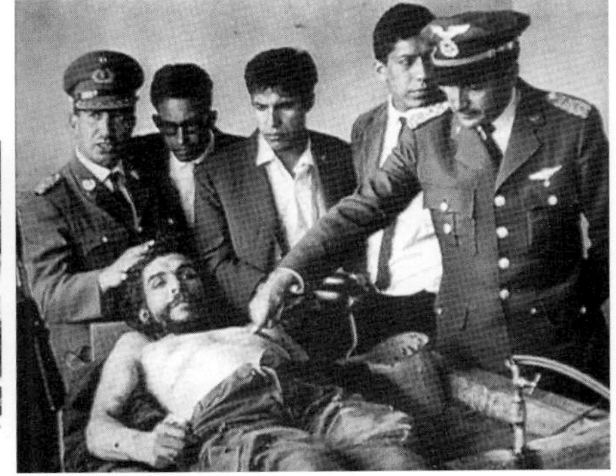

El cadáver del Che expuesto para la prensa en Vallegrande (Bolivia).

riano la campaña de represión brutal e imprescindible para soldarse al poder. Para ello nadie mejor que el Guerrillero Heroico. A Ernesto no le había temblado nunca el pulso a la hora de decidir una ejecución. En la sierra se había hecho famoso por su frialdad y determinación. Dogmático e intolerante era ya, a sus recién estrenados treinta años, un fanático enfermizo de los que ponían el ideal por encima de cualquier otra consideración. Se sentía en cierto modo el faro guía de la Revolución. Sus conocimientos sobre marxismo-leninismo, su experiencia como combatiente en la sierra y como héroe en Santa Clara se le habían subido a la cabeza. Era el hombre indicado para inaugurar y protagonizar uno de los episodios más vergonzosos y criminales de la historia de Cuba desde que el primer español puso el pie en sus playas.

Capítulo IV

REVOLUCIÓN

«No tengo casa, ni mujer, ni hijos, ni padres, ni hermanos; mis amigos son amigos mientras piensen políticamente como yo.»

Ajuste de cuentas

¡Esto es digno de la Roma antigua!, vino a decir el comandante del ejército regular, Jesús Sosa Blanco, cuando ante una muchedumbre de 18.000 personas con el pulgar hacia abajo escuchó su condena a muerte. Ésa fue en definitiva la justicia social que traía bajo el brazo la Revolución. Todos igualados sí, pero en el paredón. La represión que desató la llegada al poder de Fidel Castro y sus barbudos no tiene parangón con casi ninguna de las dictaduras de todo signo que han poblado la violenta historia de las repúblicas latinoamericanas. Los datos de la barbarie castrista harían palidecer al más avezado de los progresistas europeos o norteamericanos.

Nuestro hombre, el héroe de Santa Clara, no se situó al margen de la *vendetta* revolucionaria. La propició y se erigió en uno de sus primeros verdugos sumarios. La posición que le había adjudicado Castro al final de la contienda le facilitó las cosas.

De madrugada, a bordo de un Chevrolet de color verde y acompañado de su inseparable Aleida, llegó Ernesto a la fortaleza de La Cabaña. Estaba agotado, con el brazo en cabestrillo y con la cabeza plagada de ideas confusas, fruto seguramente de la aceleración de los acontecimientos. Lo primero que hizo fue entrevistarse con el coronel que estaba al cargo de la fortaleza, para recibir de sus manos el mando efectivo. Acto seguido se traslado a la comandancia, para fijar en ella su despacho y residencia. La fortaleza de San Carlos de la Cabaña era un vetusto baluarte en piedra construido en el siglo XVIII para defender La Habana de las continuas asechanzas inglesas sobre Cuba, la niña bonita de la corona española. Durante los siglos XIX y XX había albergado dependencias militares tanto en tiempos de la colonia como tras la independencia de la República. En tiempos de Batista constituía el segundo cuartel militar por importancia tras el Regimiento de Columbia, que fue ocupado por Camilo Cienfuegos. La Cabaña era un lugar discreto, suficientemente alejado de la capital y con las instalaciones adecuadas para celebrar juicios y efectuar ejecuciones. Los juicios terminarían siendo sumarios y las ejecuciones extremadamente sangrientas. Ernesto sin embargo no se arredró. Nada más sentarse en su nuevo despacho, una estancia abuhardillada y sucintamente decorada con mobiliario de estilo castellano, llamó a la prensa para que nadie dudase de su puesto en la revolución triunfante. El guerrillero, que no quería nada para sí, que sólo se preocupaba de los intereses del pueblo, resultó siempre ser muy propenso a las cámaras de televisión, los micrófonos de la radio y los objetivos de los periodistas gráficos. No en vano la de Ernesto Guevara es quizá una de las caras más fotografiadas de la historia del siglo xx, y eso que apenas desempeñó dos cargos públicos de segunda fila en un periodo de seis años.

En La Cabaña funcionaba por orden expresa de Batista el Buró de Represión de Actividades Comunistas. Lo regentaba un funcionario honesto de nombre José Castaño. Fue de los primeros en caer. Y caer literalmente, porque los juicios se celebraban por las noches y tras una rápida deliberación se conducía a los detenidos al foso de la fortaleza y allí, ante la resignada mirada de un capellán castrense, se los fusilaba sin dilación atados a un palo de un metro y medio de altura. Todavía hoy, en ese mismo lugar de infamia, se conservan en los muros los agujeros de balas que nunca llegaron a su objetivo. Las noches en La Cabaña eran largas. A uno de sus lugartenientes, el abogado Miguel Ángel Duque Estrada, Guevara no olvidó remarcarle:

> [...] *Hay que trabajar de noche* [...], *el hombre ofrece menos resistencia de noche que de día. En la calma nocturna la resistencia moral se debilita. Haz los interrogatorios de noche.* [...] [31].

---

[31] Vicente Echarri: «El más auténtico retrato», en *El Nuevo Heraldo;* 21 de octubre de 2001.

Si alguno de los letrados ponía algún inconveniente de tipo procesal, Ernesto Guevara tenía claro cuál debía ser el procedimiento óptimo:

> [...] *No hace falta hacer muchas averiguaciones para fusilar a uno. Lo que hay que saber es si es necesario fusilarlo. Nada más.* [...][32].

Los consejos de buen matarife revolucionario que el comandante Guevara regaló al joven abogado cubano no se quedaron ahí:

> [...] *Debe dársele al reo la posibilidad de hacer sus descargos antes de fusilarlo. Y esto quiere decir, entiéndeme bien, que debe siempre fusilarse al reo, sin importar cuáles hayan sido sus descargos. No hay que equivocarse en esto. Nuestra misión no consiste en dar garantías procesales a nadie, sino en hacer la revolución, y debemos empezar por las garantías procesales mismas.* [...][33].

Y efectivamente la misión de Guevara en La Cabaña no consistió en dar garantías, ni procesales ni de ningún tipo. Los interrogatorios eran una pura burla a la sensatez y, por si esto fuera poco, la tortura, de la que Guevara era consumado maestro desde sus tiempos en Sierra Maestra, pues formaba parte del recetario con el que el comandante victorioso pretendía hacer la revolución. Para ablandar a los presos importó una vieja técnica que le había reportado jugosos réditos en la sierra. La de los fusilamientos simulados. Juzgaban al reo en una farsa procesal absoluta, después en plena madrugada lo conducían al foso donde la sangre de los anteriores fusilamientos aún relucía a la luz de la luna. Cuando el reo se había encomendado a Dios, a la Virgen María y al santo de su devoción, cuando el infortunado había perdido toda esperanza y contaba por segundos el tiempo que le quedaba de vida, el pelotón no disparaba. No cuesta demasiado imaginarse la desesperación y el sufrimiento psicológico del con-

---

[32] Vicente Echarri, art. cit.

[33] Vicente Echarri, art. cit.

denado. Con prácticas como esta el Tribunal Revolucionario de La Cabaña obtuvo inculpaciones voluntarias más propias de una banda de mafiosos sicilianos que de un tribunal militar.

Las ejecuciones eran diarias. Por el despacho de Guevara pasaban los expedientes uno a uno de las causas que se celebraban con rapidez en la sala de juicios de la Comandancia. Todas y cada una de ellas fueron firmadas sin la más leve vacilación. Todos eran culpables, todos merecían la muerte. Todos, absolutamente todos. A modo de recuerdo macabro, el actual gobierno cubano, que es el mismo de entonces, ha hecho de la fortaleza un museo dedicado al Che. Se conserva su despacho tal como él lo dejó. Con una pequeña diferencia, los asesores artísticos de Fidel Castro han colocado una inmensa foto mural de Guevara, fumándose un puro, en la pared contigua a la mesa donde firmaba las sentencias de muerte. Estomagante.

El abogado cubano José Vilasuso, posteriormente exiliado, cuenta con detalle cómo vivió aquellos meses de ignominia formando parte del cuerpo instructor de expedientes. Sus memorias son concluyentes:

> [...] *En enero de 1959 trabajé a las órdenes del conocido dirigente de la Comisión Depuradora, Columna Ciro Redondo, fortaleza de La Cabaña. Recién graduado de abogado y con el entusiasmo propio de quien ve a su generación subir al poder, formé parte del cuerpo instructor de expedientes por delitos cometidos durante el gobierno anterior, asesinatos, malversaciones, torturas, delaciones, etc.* [...].
>
> [...] *De acuerdo a la ley de la sierra, se juzgaban hechos sin consideración de principios jurídicos generales. El derecho de habeas corpus había sido suprimido. Las declaraciones del oficial investigador constituían pruebas irrefutables.* [...].
>
> [...] *Guevara era visible con su boina negra, tabaco ladeado, rostro cantinflesco y brazo en cabestrillo. [...] Su consigna era de dominio público. «No demoren las causas, esto es una revolución, no usen métodos legales burgueses, las pruebas son secundarias. Hay que proceder por convicción. Es una pandilla de criminales asesinos.»* [...].

[...] *De lunes a sábado se fusilaban entre uno y siete prisioneros por jornada; fluctuando el número conforme a las protestas diplomáticas e internacionales. [...] Cada integrante del pelotón cobraba quince pesos por ejecución y era considerado combatiente. A los oficiales les correspondían veinticinco.* [...].

Los juicios de La Cabaña se prolongaron varios meses. Al final, y tras las continuas denuncias por parte de la prensa del mundo libre, Castro se vio impelido a tomar una determinación. El 21 de enero congregó a una multitud enfervorizada frente al palacio presidencial y allí, como un Nerón barbudo y delirante, instó a la masa a votar a mano alzada por la continuación de los juicios revolucionarios. Un millón de manos se levantaron vociferando un sí oceánico y criminal. Por aclamación, tal como elegían a sus monarcas los antiguos godos. En ese mismo discurso del absurdo Fidel llegó a comparar los procesos de La Cabaña con los juicios de Nuremberg. Cualquier parecido entre la dictadura de Batista y la barbarie nazi es por descontado circunstancial, sin embargo dos datos quizá ayuden al lector a realizar la comparación por sí mismo: el gobierno nacionalsocialista alemán liquidó sólo por el mero hecho de serlo a seis millones de judíos y provocó la mayor guerra que ha conocido la humanidad hasta la fecha. A la dictadura de Fulgencio Batista pueden achacársele a lo sumo 2.000 víctimas políticas en siete años de gobierno, en las que se incluyen las correspondientes a levantamientos armados como el del cuartel de Moncada. Muchas indudablemente, pero no comparables con las que provocó de manera directa y premeditada el régimen nazi. Tras la guerra mundial y la derrota de Alemania los aliados celebraron un macrojuicio en la ciudad bávara de Nuremberg, en el que se depuraron las responsabilidades de los jerarcas nazis. Con todas las garantías que ofrecía entonces el derecho internacional se dictaron nueve penas de muerte. Las correspondientes a Herman Goering, Wilhem Keitel, Ernst Kaltenbrunner, Alfred Rosemberg, Hans Frank, Fritz Sauckel, Alfred Jodl, Arthur Seyss-Inquart y Martin Bormann. De las cuales se ejecutaron ocho por la fuga de Bormann. En la fortaleza de San Carlos de la Cabaña Ernesto Che

Guevara, el médico argentino metido a carnicero de ocasión, firmó impasible 1.892 condenas a muerte. La nómina de las mismas sería tan dilatada que requeriría parte de este capítulo para reproducirla completa.

La perspectiva de algunos biógrafos del Che sobre la matanza de La Cabaña es cuando menos asombrosa. Jorge Castañeda califica las ejecuciones como justas. Y después de esto se queda tan a gusto, publica un libro y se hace una foto para la contraportada con idea de celebrarlo. Isidoro Calzada, en su habitual prosa épico-festiva, bautiza estos meses de oprobio y crimen como un duro periodo de justicia. Lo desconozco pero quizá Calzada considere que las ejecuciones sumarias de Augusto Pinochet en el Estadio Nacional de Santiago de Chile sean otro de esos momentos estelares de la justicia del pueblo.

Durante aquellos días de sangre y balazos en la madrugada, Ernesto compaginaba las visitas al foso para ver con sus propios ojos los últimos estertores de los enemigos de la revolución con una agitada vida social en la capital. El 9 de enero llegaron a La Habana los padres del guerrillero. Hacía seis años que no los veía. Camilo Cienfuegos, que estaba organizando la repatriación de algunos exiliados cubanos, reparó en el hecho de que a su amigo del alma le haría ilusión volver a ver a sus padres. Envió un avión a Buenos Aires y Ernesto se enteró de la visita de sus progenitores cuando éstos se encontraban aterrizando en Cuba. Fue a recogerlos al aeropuerto y se fundió en un sentido abrazo con Celia, su madre. Con Guevara Lynch parece que fue más tibio. Ya se sabe lo que tiran las madres y lo fácil que es distanciarse de los padres, especialmente cuando entre éstos y sus hijos se abre un infranqueable abismo. Los antiguos señoritos del barrio de San Isidro sufrieron junto a su hijo una repentina conversión a la causa revolucionaria. Eso sí, desde el Havana Hilton y viviendo a cuerpo de rey. Guevara Lynch llegaría con los años a rentabilizar notablemente ser el padre del Che a través de entrevistas y algún que otro panfleto hagiográfico que algunos han confundido con un libro. A la inesperada visita de sus padres le sucedió muy cercana en el tiempo la llegada a La Habana de su todavía esposa Hilda Gadea, que habíamos dejado en México compuesta, con hija y sin marido, marchándose a Lima. Como entre los hábitos privados de Guevara nunca figuró la poligamia, se hizo cargo de la situación y mantuvo una, supongo que acalorada, conversación con Hilda para explicarle que su corazón había tomado un nuevo rumbo. Un nuevo rumbo junto a una mujer más joven, más guapa y de clase alta. Menudo mazazo que debió llevarse la peruana. Hilda era, por méritos propios, la responsable primera de la ideologización de Guevara. Hasta que ambos se encontraron en Guatemala por la cabeza del argentino no pasaba ni la revolución, ni el *¿Qué hacer?* de Lenin, ni las expediciones a países exóticos buscando la liberación del género humano. La primera víctima de la revolución cubana no fue, como muchos dicen, Huber Matos, sino Hilda Gadea. Ernesto no quiso ser un mal ex marido y colocó a Hilda en la agencia Prensa Latina, una hechura castrista de agencia de noticias muy al uso de las nuevas tradiciones traídas desde la sierra. Quedó además al cuidado de la niña, Hilda Beatriz, de aquel bebé clavadito a Mao Tse-tung que Ernesto no veía casi desde su nacimiento. Espoleada por la madre biológica, las relaciones de Hilda Beatriz con su madrastra Aleida nunca fueron buenas. Las de Hilda y la nueva esposa fueron imposibles. Hilda se las arreglaba para visitar a Ernesto con frecuencia y pasar largos ratos con él con la excusa de la hija. Aleida tomó nota y como buena mujer celosa puso coto inmediato. Ordenó que unos mandados llevasen a la niña hasta el despacho de Ernesto todos los días para que estuviese con su padre. Sí, el despacho era el de La Cabaña, el mismo de las sentencias de muerte. Digna de ver sería la escena de Hildita jugando en el suelo mientras su padre se dedicaba a ratificar con su firma las sumarias conclusiones del tribunal militar.

Los problemas familiares no impidieron al guerrillero devenido carnicerito llevar una ajetreada agenda de compromisos un tercio políticos, un tercio culturales, un tercio para llenar su desmedido ego. El 13 de enero inauguró la Academia Militar-Cultural. El día 14 el Colegio Médico Nacional de Cuba le declaró Médico Cubano Honorario. Por fin recibía un título, aunque fuese meramente honorífico. Recientemente, el Instituto Superior de

Ciencias Médicas de La Habana concedió el título de Doctor Honoris Causa con carácter *post mortem* a Ernesto Guevara. Este último y el de 1959 son los únicos que sus admiradores pueden exhibir sin miedo a ser rebatidos. Para ambos no ha sido necesario examen alguno.

La salud de Guevara sin embargo, y a pesar de las toneladas de cariño y afecto que recibió en los dos primeros meses de 1959, se resintió gravemente. El estrés, las ejecuciones nocturnas en el foso de La Cabaña y las emociones por la llegada de sus padres y su hija se cobraron su lógico tributo. Ernesto cogió una grave infección en los pulmones, fruto de su persistente asma agravado por el tabaco, la actividad constante y el clima húmedo de la capital cubana. Para reponerse se tomó unos días en la localidad de Tarará, a pocos kilómetros de La Habana. Allí, junto a Aleida y bajo una estricta revisión médica, fue recuperándose. Para residir en la colonia balneario eligió la casa de un antiguo jerarca de tiempos de la dictadura. Un magnífico chalé donde reparar sus baqueteados pulmones y empezar la labor intelectual que había aplazado por culpa de los fusilamientos.

La estancia en Tarará no sirvió sólo para que Guevara se curase de su afección pulmonar y se dedicase a reflexionar sobre la brevedad de la vida. La villa que él y su casi esposa Aleida March tomaron por residencia se convirtió en un centro privilegiado de reuniones al más alto nivel. Fidel y Raúl Castro se dejaron caer por allí con relativa frecuencia. Camilo Cienfuegos, Efigenio Amejeiras, Ramiro Valdez y otros grandes demócratas cubanos visitaron también al Che en su forzada convalecencia. El mayor legado que aquellas reuniones en Tarará ha dejado para la historia de Cuba fue la organización de la policía secreta, es decir, de la policía política. Un régimen como el que estaban instaurando a pasos agigantados sólo podría mantenerse en el futuro gracias a mano dura y buenos informes. En esto a Guevara hay que reconocerle una afortunada capacidad de previsión. Para defender la Revolución Raúl Castro pasó a hacerse cargo del Ejército; Valdez, antiguo militante comunista del PSP, fungió como responsable primero del G-2, y Amejeiras, de la policía. En un estado totalitario como el que estaban fundando, lo suyo era totalizar todas las instituciones represivas bajo una idea común, consistente en convencer al adversario que era inútil rebelarse contra la Revolución.

Desde Tarará entre un ataque de asma y otro Ernesto también encontró tiempo para interesarse por la revolución mundial. O al menos por las intentonas revolucionarias en países culturalmente afines a Cuba. En la primavera de 1959 una centena escasa de guerrilleros panameños organizó un golpe desde Cuba para implantar una revolución a la cubana en su patria natal. Naturalmente fracasó. Un par de meses más tarde doscientos y pico dominicanos, capitaneados por un antiguo combatiente de Sierra Maestra, hicieron lo propio para derrocar a Trujillo. La cosa volvió a torcerse y el contingente expedicionario terminó bañado en sangre. El autócrata dominicano no se andaba con chiquitas y ordenó a su ejército que pasase a todos por las armas. La Habana y su sucursal intelectual en Tarará se habían convertido en pocos meses en un auténtico laboratorio de guerrillas e insurrecciones. El escritor haitiano René Depestre se dejó caer también por la ciudad de los milagros para solicitar ayuda. Ernesto lo recibió al poco en su fortaleza de La Cabaña para analizar las posibilidades de éxito en una invasión a Haití. Sobra decir que Guevara se convenció en su ingenuidad de la oportunidad de acabar con la dictadura de François Duvalier. El régimen duvalierista era de reciente implantación, en octubre de 1957 había salido victorioso de unas más que dudosas elecciones. Papa Doc, tal como era conocido en la isla, articuló una férrea dictadura valiéndose de una milicia informal, los «Tonton-Macoutes», y apoyándose sobre la población negra con una demagogia populista y negrista que ha costado a Haití decenas de miles de muertos en los últimos cincuenta años. El plan de Guevara consistía en entrenar a los haitianos en Cuba y coordinar la invasión de Haití con la de la República Dominicana. Como la segunda fracasó estrepitosamente, no se plantearon desde La Habana llevar a cabo la primera. Los planes en la isla de La Española, que desde el siglo XVIII comparten dominicanos y haitianos, no habían salido tal como Ernesto tenía previsto. Pero esto no fue óbice para que el guerrillero heroico siguiese en sus trece de exportar la gloriosa revolución cubana más allá de sus fronteras. A principios de junio un grupo de guerrilleros cubanos aterrizó en Nicaragua. El ejército de Managua se ocupó de repeler la invasión y hacer que los revolucionarios volviesen por donde habían venido. A toda prisa la tropa patrocinada desde La Habana cruzó la frontera hondureña y allí estaba esperando el ejército que no trató con tan buenos modos a los bienintencionados guerrilleros. Ejecutó a una parte y liquidó el foco guerrillero en el acto.

Estos primeros meses de fracasos en el extranjero no surtieron el más mínimo efecto en la moral de Guevara que, inasequible al desaliento, fue ordenando sus ideas para reflexionar y componer la que quizá sea su obra más leída, releída y consultada: el manualillo del guerrillero «*La Guerra de Guerrillas*». Ernesto estaba convencido de que la experiencia cubana era exportable a otros países y otras latitudes, y es más, estaba persuadido firmemente de sus garantías de éxito. Los sucesivos chascos de la primera mitad de 1959 no le inclinaron sin embargo a pensar lo contrario. En el primer capítulo de esta Biblia del revolucionario afirma con vehemencia:

> [...]
> *1.º La fuerzas populares pueden ganar una guerra contra el ejército.*
> *2.º No siempre hay que esperar a que se den todas las condiciones para la revolución; el foco insurreccional puede crearlas.*
> *3.º En la América subdesarrollada el terreno de lucha armada debe ser fundamentalmente el campo.*
> [...][34].

Y después de escribir semejante majadería se quedó tan a gusto. Ernesto Guevara, en su simpleza conceptual, ignoraba algunos hechos capitales que habían coadyuvado al triunfo rebelde en Cuba. Las fuerzas populares efectivamente pueden ganar una

---

[34] Ernesto Guevara de la Serna: *La Guerra de Guerrillas;* Editorial Txalaparta, Tafalla, 2002, p. 13.

guerra contra el ejército siempre y cuando este último no tenga intención de combatir y se refugie en los cuarteles. Las condiciones para la revolución no deja claras cuáles son, sin embargo presume que una cuadrilla de guerrilleros puede crearlas a su antojo. Y por último, el terreno de la lucha será el campo, pero si en las ciudades no hay un caldo de cultivo propicio ésta no sirve absolutamente para nada. El Movimiento 26 de Julio no sólo consistía, como más adelante ha intentado hacer creer Fidel Castro, en unos guerrilleros brincando entre los riscos de Sierra Maestra. La trama civil del movimiento en Santiago, en La Habana o en Santa Clara era tanto o más importante que las esporádicas acciones armadas de los guerrilleros. La sociedad cubana por añadidura estaba muy sensibilizada en contra de Batista y menudeaban los grupos de oposición que se hacían eco de la cada vez más desprestigiada dictadura.

En Tarará, en aquellas discusiones informales entre los prohombres del nuevo régimen, se trató con detenimiento el espinoso asunto de la Reforma Agraria. La traída y llevada reforma consistía básicamente en expropiar forzosamente a los legítimos propietarios de la tierra para distribuirla conforme al esquema que diseñase un señor en un ministerio. En Cuba desde tiempos de la colonia existía el latifundio. Quizá fuese una herencia de los más de cuatro siglos de presencia española o quizá se debiese al hecho de que el cultivo principal, el azúcar, exige grandes plantaciones para ser rentable. Sea como fuere, lo que parece indudable es que a Ernesto, Fidel y los triunfadores de Santa Clara esta situación les parecía del todo injusta. Los moderados pedían una reforma ligera encaminada a acabar con el latifundio y poner en manos de los pequeños agricultores, previo pago, las parcelas de tierra. Éstos se organizarían más adelante en cooperativas para dar salida a la producción. Los planes de Ernesto y del ala dura del incipiente castrismo iban más allá. La tierra, como todo en la nueva Cuba, pertenecía al Estado. Haciéndose eco de la tradición comunista, la propiedad era el origen de todos los males sobre la tierra y debía ser abolida inmediatamente. La Ley de Reforma Agraria que se aprobó en mayo de 1959 se pergeñó en su casa. Para gestionar sus frutos se creó un organismo que era una hechura de la Ley, el INRA o Instituto Nacional para la Reforma Agraria. Presidirlo era la ilusión de Ernesto, pero Fidel supo sabiamente mantenerlo alejado y tomar él mismo la presidencia. La Reforma Agraria trajo aparejada una crisis política sin precedentes. El triunfo revolucionario de los primeros días de enero no fue, como se ha contado después, una victoria avasalladora de Castro y sus muchachos. Fidel tuvo que echar mano de parte de la antigua oposición a Batista. Como presidente de la República, Castro había nombrado a un juez, a Manuel Urrutia Lleó, de talante moderado y perfecto para enmascarar las verdaderas intenciones del comandante en jefe. Junto a Urrutia, en los primeros gabinetes ministeriales varios fueron los reformistas que ocuparon carteras de relevancia. La presidencia del gobierno cayó por ejemplo en Miró Cardona, que hubo de dimitir en febrero tras promulgar Castro la Ley Fundamental en sustitución de la Constitución de 1940, que había hecho años antes intención de restaurar. Miró Cardona fue relegado temporalmente como embajador en Madrid para evitar que hiciese ruido. Más tarde eligió el exilio. Tras la aprobación de la Reforma Agraria y el giro radical del verano de 1959, Urrutia dimitió de su cargo y se refugió en la embajada de Venezuela. Meses más tarde otros políticos de primera fila irían rompiendo con la deriva comunista que adquiría el nuevo régimen. López Fresquet, el que fuera ministro de Economía desde enero de 1959, marchó al exilio. Enrique Oltusky, ministro de Comunicaciones, siguió el mismo camino. En 1960, año y pico después de la entrada de los barbudos en La Habana, se produjo la primera oleada de emigración masiva. Unos 50.000 cubanos, pertenecientes en su mayoría a la burguesía liberal de la isla, partieron al destierro. Éste fue el germen de la numerosa colonia cubana en Miami de nuestros días.

De viaje

Ernesto, sin embargo, no tendría oportunidad de vivir en persona el revuelto verano de 1959. Simplemente molestaba. Un personaje como Guevara no podía más que incordiar en los designios que Fidel había trazado para el inmediato futuro de Cuba. Coincidiendo con aquellas reuniones incendiarias en Tarará y con la fundación de los instrumentos represivos del Estado, Fidel Castro programó un viaje por los Estados Unidos para tranquilizar a la opinión pública del gigante del norte. Entre el 15 y el 26 de abril realizó una tournée por varias ciudades afirmando entre otras cosas que:

> [...] *He dicho de forma clara y definitiva que no somos comunistas. [...] Las puertas siguen abiertas a las inversiones privadas que contribuyan al desarrollo industrial de Cuba. [...] El progreso sería totalmente imposible para nosotros si no nos entendemos con Estados Unidos.* [...][35].

Francamente, es difícil concentrar tanta mentira en tan pocas palabras. Porque no eran comunistas pero avanzaban con presteza hacia el comunismo. Porque consideraban que el mejor modo de atraer inversión extranjera era expropiar a los inversores. Y porque la mejor manera de entenderse con un vecino es situar plataformas de lanzamiento de mísiles nucleares a noventa millas de sus costas. Muchos norteamericanos, a pesar de todo, creyeron al líder revolucionario.

El día 2 de junio Ernesto se casó finalmente con Aleida. Previamente, una semana antes, se había ocupado de obtener el divorcio de Hilda Gadea. La boda se celebró en la casa de uno de los escoltas del Che. Después celebraron un banquete en la comandancia de la fortaleza de La Cabaña. Fidel, como había hecho en su anterior enlace en México, no asistió. A cambio Ernesto contó con la inestimable presencia de su amigo Camilo Cienfuegos, de Raúl Castro y su inseparable Vilma Espín, de Efigenio Amejeiras y de Herman Mark, el matarife que daba el tiro de gracia a los ejecutados en el foso de la fortaleza. Aleida se vistió de riguroso blanco que contrastaba con el gallardo verde olivo del uniforme de su esposo. Según cuentan, el día de su boda el uniforme estaba limpio y planchado, supongo por lo

---

[35] Volker Skierka, *op.cit.*, p. 113.

tanto que la percha también pasaría por la bañera. Todo un detalle para la atribulada novia que, además, se quedó sin luna de miel. Una de las leyendas sobre el Che que más se ajusta a la realidad es su poco aprecio por la higiene. Acostumbraba a ir siempre desaliñado y sucio. Esto, que en la sierra tenía una explicación, se mantuvo durante toda su vida pública y nunca renegó de ello. El pelo descuidado, el uniforme lleno de lamparones y la camisa abierta hasta el esternón forman parte de la iconografía inmortal de nuestro hombre.

Tras la boda, Ernesto fue percatándose de que en la Revolución no había sitio para él. Su radicalismo comunista no casaba bien con la apariencia que Fidel quería dar en el extranjero. La prensa internacional estaba cada vez más indignada con los juicios sumarios y los fusilamientos del argentino en La Cabaña. No era buena publicidad y, además, tal como pintaban las cosas en casa no era muy apropiado mantener un halcón de la ortodoxia marxista cerca de las esferas del poder. El día 5 de junio Castro decidió que Ernesto realizase un gran viaje por el Tercer Mundo para difundir un mensaje de concordia desde La Habana. Isidoro Calzada en su meliflua prosa de adulador califica este viaje como «Delegación de Buena Voluntad». Me pregunto si en la historia de la diplomacia se ha dado alguna vez una delegación de mala voluntad o de voluntad aviesa y retorcida.

Buena o mala voluntad lo que Guevara hizo durante tres largos meses fue darse unas vacaciones por todo lo alto a cargo del erario cubano. No ostentaba cargo oficial alguno, ni representaba una misión comercial, ni pretendía abrir negociaciones de ningún tipo. El viaje de Ernesto por África y Asia en el verano de 1959 fue una formidable manera de mantener al guerrillero alejado de Cuba en el momento fundador del castrismo tal como lo conocemos hoy día.

Salió de La Habana el 12 de junio con destino Madrid. La España de Franco no tenía motivo alguno para recibir con honores a un ilustre comunista como el Che Guevara; sin embargo, el generalísimo envió al ministro de Exteriores, Fernando María Castiella, a dar la bienvenida al cubano-argentino al aeropuerto de Barajas. Parte de la infancia de Ernesto se había alimentado con la mitología de la guerra civil y no es difícil suponer que en esta su primera visita a la tierra de sus antepasados reflexionase sobre la tragedia española. No lo sabemos, sin embargo no hizo declaración alguna al respecto. Se sacó algunas fotografías en la capital española, entre ellas una en la Ciudad Universitaria con el Arco del Triunfo al fondo, y acudió de noche a un tablao flamenco y a una corrida de toros como los turistas norteamericanos de todos los tiempos. En Madrid empezó su viaje. Desde Barajas voló a El Cairo. Allí, aparte de hacer turismo por las pirámides de Gizeh, se reunió con Gamal Abdel Nasser. El mandatario egipcio lo recibió por todo lo alto. La prensa cubana sin embargo ignoró el acontecimiento. Aprovechó la estancia en el país del Nilo para encontrarse también con Anuar El Sadat y se preocupó de conocer el alcance de las reformas de los dirigentes nacionalistas egipcios. El propio Nasser recuerda en sus memorias que Guevara le preguntó cuánta gente había abandonado el país a raíz de su llegada al poder. Nasser respondió que muy poca, apenas unos cuantos egipcios de ascendencia europea afectados por las nacionalizaciones. Esto a Ernesto, en lugar de tranquilizarle y hacerle ver que la revolución era compatible con la paz social, le pareció sorprendente. A su juicio las revoluciones tenían que medirse por la cantidad de gente que no cabía en la nueva sociedad[36]. Peculiar modo de ver el mundo el de Guevara. En su miopía totalitaria Ernesto no entendió nunca que todos los seres humanos nacían iguales. Como los nazis con la raza, Guevara veía en la clase social o, peor aún, en las ideas políticas un elemento que distinguía a los que debían sobrevivir y a los que no. Afortunadamente, Nasser no hizo mucho caso de los desvaríos del Che y le quitó importancia a la conversación. De El Cairo la comitiva cubana se dirigió a la India. A su llegada le sucedieron casi dos semanas dedicadas en exclusiva al turismo. La belleza del Taj Mahal, la antigua opulencia de la ciudad de Agra, el esplendor colonial de Bombay... Al final el Pandit Nehru se dignó

---

[36] Citado en Jorge G. Castañeda, *op.cit.*, p. 205.

recibir al insigne representante de la revolución cubana. Resultados prácticos: ninguno. La visita de Guevara a la India pasó también desapercibida por los rotativos cubanos.

De la India los expedicionarios de «Buena Voluntad» volaron hasta Japón. A finales de los años 50 el Imperio del Sol Naciente estaba experimentando un crecimiento económico formidable. Las manufacturas niponas orientadas a la exportación conquistaban entonces los mercados occidentales. El nivel de vida de los japoneses subía cada año y poco a poco la economía japonesa iba situándose en el lugar de privilegio que ocupa hoy en día. A los infortunados nipones, que habían salido de la guerra mundial envueltos en la penuria y el oprobio, no les había hecho falta una revolución socialista para salir de pobres. Su éxito radicaba en una democracia de corte liberal más o menos estable, mercados abiertos, un marco legal que garantizase los contratos y cierto afán de superación. Así de sencillo. Por desgracia Ernesto Guevara no aprendió del ejemplo japonés. Muy al contrario, insistió que el futuro de Cuba pasaba inexorablemente por la industrialización a machamartillo. No se apercibió de que en Japón la Honda, la Mitsubishi o la Toshiba eran empresas de capital privado que dirimían su supervivencia en los vericuetos del mercado global. Pensó, en su bobería estatalista, que la firme determinación por parte de un ministerio bastaba para convertir a un país azucarero en una potencia siderúrgica. Cuba está todavía hoy pagando este tipo de gansadas, tan propias del Guerrillero Heroico.

El viaje a Japón consistió en añadir más fotos a su ya abultado álbum. Desde Tokio se dirigió a Yakarta, capital de Indonesia. Es de reseñar, para el lector no familiarizado con la historia del mundo actual, que en 1959 Indonesia era, como tantas otras del Tercer Mundo, una nación recién fundada. La dirigía férreamente el artífice de su independencia de Holanda, el carismático Ahmed Sukarno. Ernesto se quedó alucinado con el líder indonesio. Del mismo modo que años antes había asegurado que Arbenz sabría defender su gobierno, de Sukarno llegó a escribir que se trataba de un líder nacional que interpretaba las necesidades del pueblo. En los albores de la década de 1960 Sukarno se encontraba en la cúspide de su gloria. Era, junto con Nasser, el mandatario tercermundista más famoso del planeta. Condujo al país al desastre a través de una infinidad de lemas contradictorios y encaminados a mantener la fidelidad de la masa. El historiador Paul Jonson lo definió de un modo magistral:

> [...] *(Sukarno) carecía de habilidades administrativas, pero tenía el don de la palabra. Cuando afrontaba un problema, lo resolvía con una frase. Después, convertía la frase en un acrónimo y las multitudes de analfabetos bien ejercitados lo entonaban.* [...][37].

Para Guevara, sin embargo, que lo conoció personalmente, todo lo que el líder indonesio le sugirió fue un sorprendente y bendito parecido a Fidel Castro.

> [...] *¿No será Fidel Castro un hombre de carne y hueso, un Sukarno, un Nehru, un Nasser?* [...].

Desde aquí respondo a la pregunta de Ernesto Guevara, aunque él ya no pueda leerla. Sí, Fidel Castro es un hombre de carne y hueso. De carne, hueso, barba, uniforme verde olivo y miles de muertos a sus espaldas. No le falta de nada. La caída de Sukarno se saldó con casi medio millón de muertos en el golpe de Suharto de 1965. Nasser dejó a Egipto sumido en la miseria tras tres lustros de socialismo árabe. No podía comparar Guevara a su admirado Castro con estadistas de la talla del británico Churchill o el alemán Adenauer; nada de eso, Fidel se parecía a los autócratas demagogos y populistas que sucedieron a la descolonización. Faltaría más.

Tras la experiencia reconstituyente, en Yakarta la comitiva se desplazó hasta Colombo, capital de Ceilán. Más turismo y en la prensa cubana ni un breve comentario. Desde allí a Karachi, más de lo mismo. Mucho calor, algún ataque de asma y curiosidad por todo lo que se ponía ante sus ojos. En la capi-

---

[37] Paul Jonson: *Tiempos Modernos*; Javier Vergara Editor, Buenos Aires, 2000, p. 587.

tal de Pakistán dio por concluido su periplo asiático y puso rumbo hacia Europa. En Belgrado se encontró con Josip Broz Tito, el dirigente yugoslavo que había inaugurado un socialismo muy personalista en los antaño conflictivos Balcanes. La herencia de Tito, que no deja de tener su mérito, fue dinamitada años después de su muerte en una sangrienta contienda que enfrentó a todos contra todos. Parece que el socialismo a la yugoslava no fue ni de lejos un garante de la paz social ni un soldador de las diferencias regionales. A Guevara, para variar, Tito se le antojó como una figura capital y un benefactor de la humanidad. De Belgrado, donde su presencia volvió a pasar inadvertida para el cubano de a pie, el Che y sus voluntariosos compañeros de viaje pasaron a Marruecos, de ahí a España de nuevo, y desde la tierra de Cervantes de vuelta a Cuba. Era 8 de septiembre de 1959 y Cuba estaba a las puertas de la verdadera revolución.

Los días posteriores a la llegada los dedicó a reencontrarse con los suyos, especialmente con Aleida, que se había quedado en Cuba mientras su marido hacía turismo por medio mundo. Lo normal hubiera sido que su esposa, y más estando recién casados, hubiese formado parte de la delegación, pero Ernesto se negó. A pesar de que no se iba a tratar ningún tema de importancia en el viaje y que éste iba a tener una duración considerable, prefirió dejar a su joven y guapa mujer en La Habana. Se desconoce si por puro ascetismo espiritual, si por librarse una temporada de ella o simplemente porque consideraba que era su deber. En una carta a su madre escrita en un avión de Air India durante su estancia en aquel país le confesó:

> [...] *Además, sin Aleida, a quien no pude traer por un complicado esquema mental de esos que tengo yo.* [...][38].

Lo que no se prestaba a complicados esquemas mentales era su deber histórico, que ya en 1959 tenía meridianamente claro:

---

[38] Roberto Masari: *Che Guevara, grandeza y riesgo de la utopía;* Editorial Txalaparta, Tafalla, 1993, p. 342.

[...] *No tengo casa, ni mujer, ni hijos, ni padres, ni hermanos; mis amigos son amigos mientras piensen políticamente como yo.* [...][39].

Una de las sentencias estelares del guerrillero heroico: Sus amigos eran sus amigos, si estaban de acuerdo con él. Impagable afirmación manuscrita de uno de los iconos imperecederos de la tolerancia, el diálogo y el entendimiento entre los seres humanos. Si muchos de los que hoy se confiesan admiradores del Che Guevara leyesen sus escritos en lugar de mirar embobados la foto de Korda se llevarían más de una sorpresa inesperada.

El Banco Nacional de Cuba

El cargo público que se había mostrado tan esquivo en los meses anteriores por fin llegó. El 26 de noviembre le llegó el nombramiento como presidente del Banco Nacional de Cuba. A cualquier ciudadano en sus cabales la presidencia de un Banco Central se le antoja como un cargo aburrido, meramente técnico y destinado a un especialista en la materia. Pues bien, en la naciente revolución cubana todo cambió. En el socialismo bullanguero y tropical que auspiciaba Fidel Castro todo tenía cabida. Los conocimientos financieros de Ernesto eran nulos, su preparación económica escasa y el interés que había demostrado en el pasado por la emisión de moneda iba a la par con sus nociones de finanzas. Hay una anécdota muy instructiva al hilo de su nombramiento. Cuentan que en una reunión informal con sus incondicionales Fidel se dirigió a ellos preguntando quién era economista. Guevara levantó la mano y le adjudicaron el Banco Nacional. Más tarde el Che reconoció que había entendido mal la pregunta, que tomó lo de economista por comunista, y claro, él sí que era comunista, eso por encima de todo. Esta anécdota es por descontado falsa y forma parte del

---

[39] Roberto Masari, *op.cit.*, p. 342.

acervo mítico de la revolución cubana. Ernesto Guevara recibió tan importante cargo por la simple y llana razón que Castro no tenía otro a quien endilgárselo. La tarea para la que Fidel se preparaba requería de un indocumentado al frente del banco emisor de moneda, de la fábrica de pesos, y nadie mejor que Guevara que, aparte de indocumentado en política era un analfabeto en materia económica, pero un fiel servidor del líder máximo. Realmente del triunvirato revolucionario a la sombra de Fidel, compuesto por el Che, Camilo Cienfuegos y Raul Castro, sólo el primero podía hacerse cargo de la materia económica. Camilo murió en un accidente de aviación, del que hablaré más adelante, a finales de año y Raúl se había quedado con el ejército. Ernesto, aunque parezca mentira, era el único en el que Fidel podía confiar. Destinado a las cosas de la economía se quitaba un rival de en medio. Despojado de cargos militares y alejado de las armas y los cuarteles, los ímpetus de Guevara quedaban más que neutralizados.

Como presidente del Banco Nacional Ernesto pasará año y pico. Sus hábitos como presidente de la institución seguían este patrón: llegaba a su despacho pasadas las doce de la mañana, vestido de verde olivo con botas de campaña y la camisa bien abierta para dar testimonio de su arrebatadora masculinidad. Trabajaba hasta entrada la madrugada. Bueno, trabajaba es un decir: echaba horas en el despacho. Allí solía reunirse con amigos y colaboradores para debatir sobre infinidad de temas. Según muchos de sus biógrafos, acostumbraba a poner los pies en la mesa en presencia de invitados y si una visita no le caía muy bien la hacía esperar una eternidad para demostrar quién era el que mandaba allí. Prolongación por otra parte del que mandaba en Cuba, que también iba ataviado de verde olivo. Un símbolo de aquella época al frente del banco son los pesos firmados por Ernesto Guevara como presidente de la entidad. Los firmaba como Che, lo que ocasionó no pocas quejas entre lo más sensato de la sociedad cubana. Algo así como si el presidente del Banco Central Europeo, el holandés Wim Duisemberg, firmase los billetes de euro con su apodo que, desconozco cuál es, pero bien podría ser Duissie. Y ante ello todos los ciudadanos de la Unión Europea aplaudiésemos enfervorizados el desvarío. Payasadas de semejante pelaje han pasado a la historia como irreverencias de eterno universitario. De eterno universitario tonto y poco respetuoso, se entiende.

Al frente del Banco emisor cubano Ernesto no hizo mucho, pero lo que hizo lo hizo mal. Una de sus primeras decisiones al frente de la institución fue bajar los sueldos a toda la plantilla. Tal decisión ocasionó que una parte considerable de los empleados decidiesen marcharse. A Ernesto le dio igual, a su subdirector le aseguró que los sustituiría por cortadores de caña o estibadores del puerto de La Habana. Ignorancia rayana con la locura. El que fue subdirector del Banco, Ernesto Betancourt, aseguró al autor a través de correo electrónico desde el exilio que:

> [...] *Encontré en el Che una ignorancia absoluta de los principios más elementales de economía, combinado con una autosuficiencia increíble.* [...][40].

Betancourt compartió oficina con Ernesto Guevara apenas unas semanas, las justas antes de su renuncia a causa del caso de Huber Matos. Pero fue tiempo suficiente para hacerse una idea de quién era el barbudo desaliñado que ocupaba el primer despacho del banco. Puede pensarse que Betancourt era un antiguo funcionario de Batista que había sobrevivido al cambio de régimen, nada de eso. Ernesto Betancourt fue el representante del Movimiento 26 de Julio en Washington D.C. Con la caída de Batista regresó a Cuba y estuvo a cargo del control de cambios, del Fondo de Estabilización de la Moneda y del Banco de Comercio Exterior, que era una entidad subsidiaria del Banco Nacional. Todo un probo funcionario de la Cuba inmediatamente posterior al fin de la dictadura. La experiencia de Betancourt junto a Guevara en el Banco Nacional es significativa de lo que supuso para la institución el paso del feliz guerrillero de Sierra Maestra. En cierta ocasión trataban entre los directivos la conveniencia de de-

---

[40] Entrevista con el autor, 23 de julio de 2003.

signar a un ingeniero para revisar una obras; a los ruegos de Betancourt el Che respondió airado:

> [...] ... *demoramos dos horas en una sesión del directorio en la que el Che se oponía a la designación de un ingeniero para inspeccionar obras financiadas por el BANDES, un banco de desarrollo dependiente del Banco Nacional, con el argumento de que era un desperdicio de talento que un ingeniero tuviera que revisar la labor de otro. Si el ingeniero que hizo la obra es un buen revolucionario, decía, nadie tiene que revisar lo que haya hecho. Traté de explicarle que aun en la URSS había comisiones de control y que, dada la naturaleza humana, ésa era una función esencial en toda labor administrativa. Pero su ignorancia de lo más elemental de cómo funcionan las cosas en el mundo real, acompañada de su arrogancia intelectual, hacían imposible el diálogo.* [...][41].

Ésa era la idea del Che de lo que debía ser un buen profesional. Si un ingeniero, un arquitecto o un biólogo no eran buenos revolucionarios no valían de nada sus cualidades y sus aptitudes. Es decir que no sólo no cultivaba la amistad de quien no pensase como él, sino que todo el que no fuese a su juicio buen revolucionario no cumplía el requisito básico para desempeñar su profesión. Pero el colmo de la ineptitud y la incompetencia al frente de sus obligaciones como presidente del Banco Nacional vino en un asunto relacionado con el Fondo Monetario Internacional. Dejemos que Betancourt, protagonista del acontecimiento, nos lo cuente:

> [...] *Mi oficina estaba a dos puertas de la del Che. Me recibió prontamente, con los melenudos de su escolta con metralletas en la parte de atrás de la oficina, como era su costumbre, y procedí a explicarle el motivo de mi indagación. Me escuchó atento, como siempre hacía, y cuando terminé mi explicación me dijo que las instrucciones eran votar negativo para «demostrar nuestro repudio a ese instrumento del imperialismo que nada había he-*

---

[41] Entrevista con el autor, 23 de julio de 2003.

cho por Cuba». Además, me dijo que Cuba se iba a retirar del FMI. Cuando le aclaré que teníamos un préstamo del FMI de 25 millones de dólares que habría que pagar en ese caso y que nuestra reservas estaban muy bajas, se sorprendió. Después de algunas aclaraciones llegó a la conclusión de que había confundido al FMI con el Banco Mundial, entidad que nunca había hecho préstamos a Cuba. Pero eso no le detuvo en lo más mínimo, me dijo: «Bueno, en todo caso, nosotros vamos a romper con todos estos órganos del imperialismo porque vamos a vincularnos a la Unión Soviética, que está veinticinco años por delante de los Estados Unidos en tecnología.» Ante semejante estupidez, decidí que era inútil seguir argumentando. [...][42].

Todo un presidente de un Banco Nacional que confundía el Fondo Monetario Internacional con el Banco Mundial. A pesar de ello consideraba a ambos órganos del imperialismo con los que Cuba tenía que romper de una vez. Bárbara ignorancia la de Guevara al frente de tan importante institución. Todos los que podían poner algo de cordura en aquella casa de locos fueron marchándose, primero por la absurda e injustificada bajada de sueldos, y después por el giro sovietizante que iría dando el régimen de Castro a lo largo de 1960 y 1961. Para cubrir los puestos vacantes se rodeó de un grupo de economistas chilenos y argentinos de tendencia marxista. Uno de ellos, Néstor Lavergne, aseguró no hace mucho que Ernesto se preocupó durante los meses al frente del Banco Nacional de seguir un curso de economía. El curso consistió esencialmente en el estudio a conciencia de *El Capital* de Karl Marx. Finanzas, ¿para qué?, pensaría nuestro Ernesto embutido en el segundo y pesadísimo tomo de la obra cumbre del padre del socialismo. Marx fue un economista de la escuela clásica bastante mediocre por cierto, muy lejos de contemporáneos suyos, como David Ricardo o Stuart Mill, pero nunca se caracterizó por su conocimiento de los mercados financieros ni por su clarividencia sobre el valor del dinero. Una lástima que Ernesto Guevara de la Serna desperdiciase su preciadísimo tiempo con ese océano de letras que

[42] Entrevista con el autor, 23 de julio de 2003.

es *El Capital,* teniendo a mano obras que le hubiesen venido que ni al pelo. Con que hubiese dedicado un par de horas al día durante una semana a los austriacos Böhm Bawerk y Von Mises la revolución cubana hubiera adquirido un sesgo radicalmente distinto. Al menos en lo económico.

El tedioso trabajo bancario dejaba tiempo a Guevara para dedicarse a otras labores más edificantes para su espíritu de guerrillero combativo. Durante todo el año de 1960 batió el récord cubano en conferencias, artículos en la revista *Verde Olivo* y recepción de títulos honorarios. Entre el 24 de marzo y el 24 de junio de aquel año firmó la nada despreciable cifra de trece artículos en profundidad para su publicación preferida. A uno por número. Muchos de esos artículos pueblan hoy las librerías de medio mundo, esperando ser descubiertos por los nuevos lectores que se acercan a la figura del comandante victorioso. Guevara hablaba sobre cualquier cosa, opinaba acerca de los temas más peregrinos, pontificaba desde su verde olivácea tribuna con desenvoltura y arrojo. Entre las perlas de su producción periodística encontramos algunas que no tienen desperdicio, como la sentida elegía que dedicó a su amigo El Patojo, aquel con el que había ejercido de fotógrafo informal en México D.F. años antes. En otro, publicado en febrero de 1961, repasaba la guerra de liberación y arremetía con saña contra sus antiguos compañeros del Segundo Frente de Escambray. De los que se habían tenido que marchar de Cuba decía textualmente:

> [...] *Nuestra conciencia se ha limpiado porque se han ido todos juntos, los que Dios hizo, hacia Miami. Muchas gracias «comevacas» del Segundo Frente.* [...][43].

Pinitos literarios cargados de mala baba al margen, lo que debió por aquellas fechas afectar de un modo determinante a Ernesto, fue el inesperado fallecimiento de su amigo Camilo Cienfuegos. Tal como vimos páginas atrás, Fidel aprovechó el verano de 1959 para ajustar cuentas dentro de la isla e ir configurando

---

[43] Revista *Verde Olivo,* 12 de febrero de 1961.

su régimen en torno a un personalismo atroz. Ernesto había permanecido durante todo ese tiempo de viaje por el mundo y poca o ninguna fue su influencia sobre aquel verano tan revuelto. La dimisión del presidente Urrutia y la entrada en vigor de la Reforma Agraria trajeron negros nubarrones sobre el país que no tardaron en descargar. Huber Matos, un significado dirigente de la lucha contra Batista, se había negado a aceptar las expropiaciones forzosas que preveía el nuevo texto legal para el agro cubano. Matos tampoco aceptaba la cada vez más preponderante estela de Raúl Castro, que extendía ya sus tentáculos por las Fuerzas Armadas. De todos era conocida la filiación comunista de Raúl y esto ni a Matos ni a muchos de los rebeldes que habían hecho la guerra en la sierra les parecía ajustado al objetivo primordial de la revolución, que no era otro que devolver la democracia a Cuba. Atrincherado en la lejana provincia de Camaguey, Huber Matos plantó cara a Fidel y a éste no le quedó más remedio que enviar a su mejor y más carismático comandante, Camilo Cienfuegos, para que Matos depusiese su actitud. A finales de octubre de 1959 Cienfuegos tomó una avioneta en La Habana. Horas después llegó a Camaguey, habló con Matos en un tono conciliador y ese mismo día tomó el camino de vuelta. Al poco de despegar la avioneta Cessna 310 bimotor desapareció. Nunca fue encontrada. A bordo se encontraban el comandante Cienfuegos y el piloto capitán Fariñas. Desde entonces mucho se ha especulado sobre la misteriosa muerte de Camilo, muy apreciado por el pueblo y único, a juicio de muchos especialistas, capaz de hacer sombra a Fidel. No es por apuntarse a teoría alguna de la conspiración, pero hay algunas coincidencias que dan que pensar. El parte oficial cubano del gobierno revolucionario indicó que la desaparición de la avioneta se debió al mal tiempo que había en la zona; sin embargo, tras consultar informes meteorológicos históricos lo curioso es que en aquella tarde sobre Cuba no existía temporal alguno sino todo lo contrario, tiempo despejado, estable y con vientos moderados. Para enmarañar más el asunto días después el ayudante personal de Camilo, Cristino Naranjo, fue asesinado en extrañas circunstancias en el Campamento Columbia de La Habana. Por si esto fuera poco el último que tuvo contacto con la aeronave de Cienfuegos, el controlador de vuelo del aeródromo de Camaguey, se suicidó de un disparo en la sien poco después del accidente. Demasiadas casualidades para un simple accidente de aviación.

Tras la trágica muerte de Cienfuegos, Huber Matos fue arrestado y llevado inmediatamente a La Habana. Allí se le impuso un auténtico proceso a la moscovita, en el que Fidel intervino en persona. Como los argumentos que esgrimía el antiguo comandante de la columna número 9 que había marchado sobre Santiago antes de la victoria eran del todo razonables Fidel montó en cólera. Se plantó ante el tribunal y sin complejos le dio a elegir entre Matos o él. Los magistrados, como era de esperar, se decantaron por el comandante en jefe. Huber Matos fue condenado a veinte años de cárcel y cumplió hasta el último día. Así era y es la justicia revolucionaria.

El trabajo en el Banco Nacional era ciertamente soporífero para Ernesto. Llegar a las doce la mañana, poner los pies en la mesa y fumarse un puro mientras charlaba con algún conmilitón de la sierra no bastaba para henchir sus anhelos de revolucionario. Como demostración viva de ese viejo axioma que dice que el aburrimiento es la mayor fuente de males del mundo, en noviembre de 1959 dio comienzo una de las peores prácticas que ha consolidado la revolución cubana; la del trabajo voluntario. Acababa de morir Camilo Cienfuegos y los titiriteros de La Habana, que no eran otros que Fidel, Raúl y Guevara, decidieron construir una escuela que llevase el nombre del glorioso revolucionario muerto en accidente aéreo. Ernesto tomó la idea con gran entusiasmo. Cada domingo volaba hasta la otra punta de la isla, donde estaba levantándose la Ciudad Escolar Camilo Cienfuegos, y arrimaba el hombro como uno más en las labores de albañilería de la obra. Junto a él se reclutó a una tropa de voluntarios de varias fábricas de calzado de la localidad de Manzanillo y unos cuantos supervivientes del ejército de Batista. En esto último la revolución cubana se aproximó hasta en las fechas con la dictadura del general Franco en España. En la montañas, no muy lejos de Madrid, el generalísimo mandó edificar un magnífico templo rematado por un ciclópeo crucifijo que se inauguró ese mismo año de 1959. La mano de obra se la proporcionaron restos del ejército republicano vencido. Castro utilizó a las «ratas batistianas» para bregar también con cal y cemento, aunque no en tan pío cometido. La construcción de la escuela llegó a buen fin unos meses después, pero dejó una triste herencia para la sociedad cubana. Desde aquel momento el mal llamado «Trabajo Voluntario» supuso una auténtica pesadilla para muchos cubanos. Ernesto lo amaba. Para él y su desvarío mental, ya muy avanzado por entonces, era un modo de desarrollar la conciencia de los trabajadores y de conquistar el socialismo. Durante los fines de semana, momento estelar de esta suerte de esclavitud, multitudes de cubanos que durante la semana laboral se dedicaban a otros menesteres se encaminaban a los puertos, a los telares de las fábricas o a las plantaciones de azúcar. Su labor era dedicar la jornada del sábado y el domingo a cargar sacos en un muelle, a cortar caña o a trabajar con las hiladoras de la industria textil. Hay gran cantidad de fotografías de Ernesto Guevara aportando su granito de arena a ese esfuerzo colectivo y no remunerado. En una de ellas, en la que el líder estaba con un saco al hombro, contó el fotógrafo más adelante que Guevara le dijo textualmente que, una vez tomase la instantánea, dejase la cámara y se uniese a los demás en el tajo. Este tipo de anécdotas son las que han hecho de Guevara ese personaje tan popular y carismático entre los jóvenes izquierdistas de las últimas cuatro décadas. Sin embargo, basta con rebuscar un poco en la historia del siglo XX para encontrarse con otra figura histórica que adoraba este tipo de encuentros con la masa trabajadora. Éste no es otro que Benito Mussolini. En los años 30, durante la famosa *Batalla del Grano,* en la que el *Duce* trató, sin éxito por cierto, de conseguir que Italia fuese autosuficiente en cereal, gustaba don Benito de retratarse arremangado encima de un tractor. Un inconfundible aroma de familia totalitaria que va del padre del fascismo al actual Hugo Chávez, pasando irremediablemente por nuestro hombre. El trabajo voluntario, aparte de un disparate en tanto que suponía una reedición del esclavismo ya abolido, fue un desastre en lo económico. Muchos cubanos no terminaron nunca de entender por qué se alargaba de aquel modo su jornada laboral ni por qué, a cambio de aquel trabajo, no recibían remuneración alguna. Las zafras de azúcar no mejoraron con la incorporación de todos aquellos voluntarios forzosos sino más bien al contrario, a mediados de los 60 Cuba producía menos azúcar que antes de la revolución. En la zafra de 1970 se recurrió en masa al guevariano Trabajo Voluntario para llegar a los diez millones de toneladas de producción y esa cifra no se alcanzó ni empleando en la caña hasta los contables de los bancos. Un despropósito más a añadir a los muchos de ese reino del sinsentido que es la Cuba de Fidel Castro.

Los que hubiesen deseado dedicarse al trabajo voluntario eran entonces el creciente número de disidentes que mes a mes iba cosechando la revolución. Conforme en 1960 el régimen da el giro definitivo hacia el comunismo a la soviética casi cualquier voz discordante con el gobierno comenzó a ser puesta ante pelotones de fusilamiento o a buen recaudo en prisiones o, y esto fue una novedad auspiciada por Ernesto, en campos de trabajos forzados. Hechos a imagen y semejanza de los gulags soviéticos o los laogai chinos. Todos los que el nuevo régimen considerase como sujetos peligrosos para la sociedad fueron internados en una constelación de campos de internamiento que, en pocos años, se extendió por toda la isla. El primero de ellos fue el de Guanahacabibes. Ernesto se confesó desde los primeros momentos un apasionado defensor de los nuevos métodos represivos. En una de las reuniones del Ministerio de Industrias Guevara hablaba en estos términos del primero gulag cubano:

> [...] *A Guanahacabibes se manda a la gente que no debe ir a la cárcel, la gente que ha cometido faltas a la moral revolucionaria de mayor o menor grado con sanciones simultáneas de privación del puesto y en otros casos no de esas sanciones sino como un tipo de reeducación mediante el trabajo. Es trabajo duro, no trabajo bestial, más bien las condiciones del trabajo son duras...* [...] [44].

[44] Jorge G. Castañeda, *op.cit.*, p. 224.

Faltar a la moral revolucionaria era, por ejemplo, ser homosexual. El argentino de sonrisa melancólica, tal como por entonces le definió Raúl Castro, no se llevó nunca bien con los homosexuales. Ya en la sierra había gritado a los cuatro vientos que no quería «*putos*» en su columna. Al llegar al poder y al calorcito de la revolución pudo dar rienda suelta a una homofobia que pondría los pelos de punta al más curtido luchador por los derechos de los gays. Años después, en 1964, la recién creada Unidad Militar de Ayuda a la Producción tomó como uno de sus cometidos primordiales la reeducación de los homosexuales. En la Cuba castrista tales comportamientos no tenían cabida. Muchos fueron despedidos de sus trabajos, especialmente los que estaban relacionados con el mundo de la cultura, el cine y el espectáculo. Otros fueron reprendidos y ridiculizados públicamente delante de sus compañeros de trabajo. En los campos se les forzaba a reconocer sus «vicios» para evitar la prisión. En los campos donde fueron internados muchos de los homosexuales disidentes con el nuevo régimen los guardias se encargaron de colocar una visible «P» en sus uniformes. La «P» significaba *pimpollo* o *puto*, según gustos. Otras características del individuo que, con el tiempo, se han hecho incompatibles con la revolución han sido por ejemplo padecer el SIDA o ser católico. El que llegaría en los años 90 a ser arzobispo de La Habana, Jaime Ortega, pasó por los campos de concentración de la Unidad Militar de Ayuda a la Producción para reeducarse en la verdadera fe liberadora, en la única en la que creía Ernesto Guevara: el socialismo.

Acercamiento a la URSS

Los méritos sobrados que estaba haciendo Cuba en casi todos los ámbitos llamaron de inmediato la atención de los vetustos líderes del Kremlin. Como la Unión Soviética no disponía de embajada en La Habana, en octubre de 1959, Alexander Alexeiev, un funcionario del KGB, se dejó caer de incógnito por la capital de Cuba. A los pocos días Ernesto le recibió en su despacho y le prometió que arreglaría un encuentro informal con Fidel Castro. Al comandante en jefe la idea le pareció estupenda y muy ajustada a sus previsiones sobre el futuro de Cuba, que pasaban más por Moscú que por Washington, más por el mausoleo de Stalin que por el Memorial de Jefferson. Alexeiev y Castro se entendieron a la perfección y quedaron en celebrar una reunión a más alto nivel. Ésta no se haría esperar. Unos meses después, en enero de 1960, aprovechando una feria industrial de la Unión Soviética en La Habana, se desplazó hasta ella su viceprimer ministro, Anastas Mikoyan. En principio el alto mandatario soviético sólo acudió a La Habana a inaugurar la feria, pero en su agenda llevaba una cita de mucha mayor importancia; reunirse en secreto con Fidel. Eligieron para el encuentro una casa de pesca que Fidel tenía en la Laguna del Tesoro, muy cerca de la más tarde popular bahía de Cochinos. Los rusos habían llegado cargados de buenas intenciones y con ganas de tantear hasta dónde estaba dispuesto a llegar Castro. Su hombre sin embargo era Ernesto. Como muestra de respeto le habían traído un regalo muy especial, un buen par de pistolas de precisión que hicieron las delicias del Che. A Raúl Castro le tocó un bonito juego de ajedrez. Los soviéticos se habían informado previamente de cuáles eran los gustos de los dos cubanos pro comunistas y, efectivamente, eran esos mismos. A uno le gustaba jugar al ajedrez y a nuestro héroe disparar. Sigo preguntándome por qué con esas aficiones declaradas su imagen continúa siendo uno de los emblemas de los pacifistas de todo Occidente. En la reunión de Laguna del Tesoro Fidel y Guevara consiguieron sacar al en principio desconfiado Mikoyan cien millones de dólares de anticipo para emprender el giro decisivo. No era mucho, pero el soviético aseguró que si las cosas iban en Cuba por el camino adecuado la ayuda de Moscú crecería de modo considerable. La reunión de Fidel con Mikoyan se mantuvo en un relativo secreto; sin embargo, las relaciones de este último con otros miembros del régimen no se ocultaron en ningún momento. En un discurso a los trabajadores de la industria textil el 7 de febrero Ernesto se disculpaba por no poder asistir a todo el acto debido a que [...] *tengo un compromiso previo con el señor Anastas Mikoyan, en cuya casa tendré el honor de almorzar hoy en compañía de algunos ministros del Gobierno.* [...][45].

Desde su puesto de director del Banco Nacional de Cuba tenía Ernesto que tramitar una de las rutinas financieras de las que dependía la buena salud del entramado económico nacional. Cuba carecía de yacimientos petrolíferos, por lo que se veía en la necesidad de importar todo el crudo que consumía. Las encargadas de hacerlo eran las compañías petroleras norteamericanas que, tras traerlo de Venezuela y distribuirlo en Cuba en pesos, procedían a efectuar el cambio en el Banco Nacional para atender a los pagos de los proveedores venezolanos. Esto a Guevara le parecía intolerable, por lo que dejó pasar los meses sin efectuar los pagos a las compañías que mantenían el mercado cubano debidamente surtido de petróleo y sus derivados. Los presidentes de Texaco y Esso empezaron a impacientarse por la tardanza en las liquidaciones, por lo que exigieron a Guevara que diese una solución. Ernesto se lo pensó unos días y contestó al representante de las petroleras que bien, que estaba dispuesto a pagar pero a cambio de que las refinerías comprasen y procesasen petróleo soviético. Los norteamericanos, es decir, las empresas, se negaron en redondo a aceptar las órdenes despóticas de un gobierno que, además, era extranjero. Una compañía privada es, o al menos debe ser, soberana para aprovisionarse de materia prima allá donde considere adecuado, debieron pensar los ingenuos presidentes de Texaco y Esso. Castro amenazó en su estilo habitual de matón barriobajero y dio un ultimátum a los petroleros norteamericanos para que cambiasen de opinión. No lo hicieron y Fidel expropió el 29 de junio de 1960 todas las refinerías de la isla, es decir, que nacionalizó el refino de petróleo. La situación se había caldeado en extremo en los meses precedentes, especialmente desde la aplicación de la Reforma Agraria y la confiscación de las grandes fincas de las multinacionales yanquis, como United Fruit o King Ranch. Hasta ahí podía aguan-

[45] Discurso a los trabajadores de la industria textil, 7 de febrero de 1960.

tar el gobierno de Washington. Como medida de castigo la Casa Blanca canceló la cuota de azúcar que anualmente adquiría en Cuba. Una medida del todo justificada, dado el trato que estaban recibiendo los inversores y el capital norteamericano en la isla. La situación bien podríamos traerla al presente. Imaginemos por un momento que el gobierno de Argentina decide de manera unilateral confiscar por la fuerza el patrimonio en aquel país de las compañías españolas Telefónica, Repsol o BBVA. La reacción de Madrid habría de pasar necesariamente por algún tipo de restricción para al menos dar la cara ante los afligidos inversores nacionales. En esta crisis del verano de 1960 es donde nace el conflicto entre Cuba y los Estados Unidos. Y, como vemos, no fue provocado por los segundos que esperaron hasta que la situación se había tornado insostenible para intervenir. No hace falta remarcar que las expropiaciones vinieron acompañadas en 1960 de la implantación fáctica de la dictadura. Se cerraron los periódicos, se cercenó la libertad de expresión y asociación, se crearon los Comités de Defensa de la Revolución, los tristemente célebres CDR, y se purgó a fondo la universidad para someterla a una rígida disciplina castrista. La libertad económica, lo vemos una vez más, va irremisiblemente unida a la libertad política. Si una desaparece la otra también. A día de hoy muchos no han terminado de aprender lección tan elemental.

El fin de la cuota americana de azúcar vino de perlas a los dirigentes cubanos. Ya podían llamar a Moscú lloriqueando con el cuento de que los yanquis malos habían dejado de comprar azúcar. Kruschev no se lo podía creer. En un abrir y cerrar de ojos, sin necesidad de disparar una sola bala ni de malquistarse con nadie, había conseguido hacerse con un país entero a poco más de cien kilómetros de las costas de Florida. Al día siguiente el premier soviético anunció que se haría cargo de la cuota americana íntegra. El verde caimán al que Ernesto hacía referencia en el *Canto a Fidel* que había compuesto en México años atrás había degenerado en una lagartija roja.

Pasado el verano, las posiciones estaban más que definidas. Sólo faltaba ir cerrando acuerdos, pero para ello algún capitoste de La Habana tenía que visitar los países del socialismo real que se encontraban al otro lado del telón de acero. El elegido fue, cómo no, Ernesto Guevara de la Serna, el comunista por excelencia del gobierno cubano. A finales de octubre dejó el Banco y tomó un avión que lo llevaría en una primera escala a Praga, en Checoslovaquia. La estancia en la capital checa fue muy fructífera, sacó al gobierno popular de los checos un crédito de veinte millones de dólares y varios acuerdos menores para la instalación en Cuba de industrias checoslovacas. Con una sonrisa y un purito para celebrarlo se dirigió a la patria del socialismo. Aterrizó en Moscú el 22 de octubre de 1960, ya en pleno otoño europeo y con los termómetros por los suelos. En Moscú los soviéticos lo trataron a cuerpo de rey y se encargaron de que en sus dos semanas largas de estancia no le faltase de nada. Le llevaron de turismo por la capital, visitó el Metro, la casa y el mausoleo de Lenin, un sovjoz y varias fábricas. La anécdota vino cuando el ingenuo guerrillero quiso hacer una ofrenda floral en la tumba de Stalin. El embajador cubano le recomendó encarecidamente que no lo hiciese, porque la figura del padrecito estaba siendo fuertemente cuestionada por el PCUS, y había sido el propio Kruschev el que estaba a la cabeza de la revisión del estalinismo dentro de la URSS. Eso a Guevara le dio igual e insistió en dejar flores al Padrecito de los Pueblos. Un año más tarde el gobierno soviético desmanteló el mausoleo de Stalin por considerarlo inapropiado. De vergüenza debería habérsele caído la cara al guerrillero después de saber esto. La estancia en Moscú coincidió con la celebración del congreso de los ochenta y un partidos comunistas de todo el mundo. Fue un congreso muy enredado, pues en aquel entonces entre rusos y chinos se tiraban los trastos a la cabeza. Ernesto no fue invitado al mismo, aunque durante su celebración se permitió decir que comulgaba punto por punto con el comunicado final. Quizá es que no tuvo la ocasión de hablar con el albanés Enver Hoxa, que abandonó la reunión dando un portazo. El cometido principal del viaje era no obstante garantizar la compra de la cosecha de azúcar de 1961. Kruschev había sido demasiado generoso meses antes asegurando que su país se haría cargo de los tres millones de toneladas de azúcar que absorbía el mercado estadounidense. Era demasiado para la URSS que, por otra parte, era el principal productor mundial de azúcar. El líder soviético consideró que lo propio es que todos los países del bloque contribuyesen al esfuerzo. Al final entre soviéticos, chinos, alemanes, vietnamitas y hasta mongoles llegaron a un acuerdo para quedarse con el azúcar que los Estados Unidos habían decidido dejar de comprar. El episodio que llenó a Ernesto de mayor orgullo patrio y personal fue el de figurar junto a las autoridades en la tribuna de la plaza roja moscovita el día del desfile conmemorativo de la Revolución de Octubre. Junto a él se alinearon en aquella ocasión tal plantel de dictadores que sólo enumerarlos pone los pelos de punta a cualquiera. El soviético Nikita Kruschev, el polaco Vladislav Gomulka, el vietnamita Ho Chi Minh y el chino Liu Shao Hi, que terminaría sus días perseguido por la Guardia Roja acusado de contrarrevolucionario. Ése era el ambiente donde se encontraba a gusto nuestro aguerrido guerrillero. Entre déspotas de todas partes del mundo. Más tarde recordaría ese momento estelar con estas palabras:

> [...] *Además tuvieron la gentileza —algo que yo, personalmente, no olvidaré nunca— de invitarme, como jefe de la Delegación Cubana, a estar en el Presidium del desfile el 7 de noviembre, un lugar donde solamente estaban presentes los jefes de Estado de los países socialistas y los miembros del Presidium del Soviet Supremo. [...] Quizá ése sea uno de los momentos más emocionantes de nuestro viaje*. [...].

Entre las arduas negociaciones del azúcar y la asistencia al desfile junto a los señores del gulag Ernesto debió terminar agotado. Por suerte sus anfitriones tenían algo de turismo reservado para él y su comitiva. Tras las importantísimas reuniones en Moscú se dirigió o, mejor dicho, le dirigieron a Leningrado para visitar el Aurora y el Ermitage. De allí a Stalingrado para visitar el solar de la batalla al que la URSS debía su supervivencia. Todo muy turístico, todo muy apañado para que Ernesto al volver a Cuba hablase de los países socialistas, y en particular de la Unión Soviética, como una tierra de promisión donde a los perros los ataban con longanizas. En la comparecencia televisiva que sucedió al final de su viaje hablaba en estos términos del olimpo socialista:

> [...] *Y, además, la fuerza, la tasa de desarrollo económico tan grande, la pujanza que demuestran, el desarrollo de todas las fuerzas del pueblo, nos hacen a nosotros estar convencidos de que el porvenir es definitivamente de todos los países que luchan, como ellos, por la paz del mundo y por la justicia, distribuida entre todos los seres humanos.* [...][46].

Definitivamente tuvo suerte Guevara de que en 1989 no se le viniese el Muro de Berlín encima; seguramente, no lo hubiera superado nunca.

Al periplo por la tierra de Solzhenitsyn le siguió un viaje a China. En Pekín le estaban esperando con la escopeta cargada y muy buenos modales. La escopeta por haber apoyado, al menos de boquilla, el comunicado del congreso de partidos comunistas en Moscú. Y los modales por el compromiso firme de Chu En-lai de comprar un millón de toneladas de azúcar. Ernesto se congratulaba de saber que los chinos consumían muy poca azúcar y eso, en su ignorancia supina, le llevó a pensar que la China sería el gran cliente de Cuba para la cuestión del azúcar. Desconocía el despistado argentino que en la China Popular no es que no se consumiese azúcar, es que no se consumía de nada. El país estaba todavía inmerso en los trágicos efectos del Gran Salto Adelante, la mayor hambruna de la historia del mundo, alentada y patrocinada por su líder máximo Mao Tse-tung. Mientras Ernesto Guevara trasteaba con Mao Tsetung, Chu En-lai y otros dirigentes del partido comunista, en China morían literalmente de hambre más de cuarenta millones de personas. Los campesinos vagaban famélicos por todo el país expuestos a caer muertos en cualquier cuneta o a perecer víctimas de las metralletas de los soldados encargados de mante-

---

[46] Comparecencia televisada acerca de la firma de acuerdos con los países socialistas, 6 de enero de 1961.

ner una paz social imposible, pero que una represión brutal hizo efectiva. En algunas provincias como la de Henan se dieron numerosos casos de canibalismo a través de permutas en las que se comerciaba con niños para comérselos. Ernesto, zascandileando de recepción en recepción, no se apercibió de la tragedia del pueblo chino; muy al contrario, al volver a Cuba se permitió transmitir a los cubanos esta idílica a la vez que falsa imagen de China:

> [...] ... *no se ve absolutamente ninguno de los síntomas de miseria que se ven en otros países del Asia que hemos tenido oportunidad de recorrer; incluso mucho más desarrollados, como el mismo Japón. Y se ve a todo el mundo comiendo, todo el mundo vestido —vestido uniformemente, es cierto, pero todo el mundo correctamente vestido—, todo el mundo con trabajo y un espíritu extraordinario.* [...][47].

Si no fuese porque detrás de esta vacua y alucinada palabrería había cuarenta y tres millones de tumbas, es decir, una cifra parecida a la de toda la población española en la actualidad, las observaciones del Che Guevara no moverían más que a una sonrisa trufada de desdén.

Estando en la prodigiosa —en muertos— China comunista nació la primera hija de Ernesto con Aleida. La madre la parió a solas en La Habana y convino en llamarla Aleida, como su madre. Ernesto no anticipó su regreso, ni siquiera lo interrumpió unos días para estar junto a su esposa en aquellos momentos. Recibió la noticia, sonrió y se preparó para el siguiente salto en su viaje. Desde Pekín se dirigió a Pyong Yang, capital de Corea del Norte. Este país le agradó en extremo muy a pesar de ser una de las más férreas y genocidas dictaduras de cuantas ha parido el socialismo en sus nueve décadas de existencia real. Para el Che, Kim Il Sung no era un infame autócrata que tenía a veinte millones de norcoreanos encerrados en su país a cal y canto,

---

[47] Comparecencia televisada acerca de la firma de acuerdos con los países socialistas, 6 de enero de 1961.

sino un «dirigente extraordinario» artífice de una increíble prosperidad.

En el mes de diciembre y con el deber cumplido en los avanzadísimos y famélicos países del Asia comunista, la comitiva del Che volvió a Europa. Hizo una breve parada en Berlín, en la parte oriental naturalmente, y mantuvo sus últimas reuniones para encontrar a los dichosos compradores del dichoso azúcar cubano. Los alemanes se comprometieron a adquirir una parte de la dulce mercancía que les ofrecía Ernesto a buen precio de revolucionario. Por buen precio se entiende pagar mucho más de lo que costaba el azúcar en el mercado internacional. En Alemania del Este, exactamente en Leipzig, conoció a Tamara Bunke Bider, una joven argentina de origen alemán muy agraciada y que, según parece, a Ernesto le gustó bastante. El gusto por lo que parece fue correspondido. La germano-argentina definiría al Che del siguiente modo:

> [...] *Del Che me saltaron a la vista, lo primero, tres cosas: tomaba océanos de mate, olía a testosterona y era arrebatadoramente buen mozo, interesante y hasta bello. Al verlo comprendí por qué tantas mujeres eran cautivadas por él al verlo...* [...].

No hay en el retrato de la encoñada alemana lugar a equívocos. Tamara terminaría sus días junto al Che en la guerrilla de Bolivia. La estancia en la ciudad que estaba a punto de levantar el muro de la vergüenza que mantendría treinta años a los alemanes separados por treinta centímetros de hormigón armado, fue corta pero placentera. Los alemanes orientales eran un modelo de eficiencia y buena gestión en el bloque comunista. La meta de cualquiera de las naciones satélites de Moscú era parecerse a Alemania, es decir, proporcionar a sus ciudadanos un automóvil Trabant y vacaciones en el mar Negro cada cinco años. En muy poco se quedaba el paraíso socialista a fuerza de rascar levemente sobre la superficie de las heroicas repúblicas populares.

El regreso a Cuba se produjo a finales de año, de aquel prodigioso 1960. Días más tarde compareció ante los cubanos por televisión para dar parte de su larguísimo periplo por los países donde el ser humano se había reencontrado consigo mismo. Días antes, y para emular los magníficos desfiles que el premier soviético daba en la Plaza Roja, Fidel Castro había convocado a la multitud para que presenciase el recién adquirido poderío bélico de la rozagante revolución cubana. Artillería pesada de la buena, de la que se hacía al otro lado del Telón de Acero, para que el vecino del norte tuviese claro quién mandaba en Cuba. Por si el saliente Eisenhower no se daba por aludido, Castro se encargó de hacérselo saber a través de un comunicado consular en que exigía que el personal de la embajada norteamericana quedase reducido a dieciocho miembros contando, claro está, el de embajador. Eisenhower, que dejaba la presidencia en manos del joven John Fitzgeral Kennedy ese mismo mes, actuó con presteza. Rompió inmediatamente las relaciones diplomáticas con la Cuba de Fidel y retiró a su embajador de La Habana. El desventurado Ike no sabía cuán grande iba a ser el error. Eso es lo que Castro buscaba con ansiedad. Una excusa para materializar el conflicto en torno a ella. Desde ese momento quedaría para la Historia que fueron los yanquis los que retiraron su cuerpo diplomático de Cuba. Razones, como hemos visto, sobraban a la Casa Blanca para tomar semejante medida.

Ernesto no tuvo gran cosa que ver en el abandono del embajador norteamericano, pero sin duda que el hecho mismo de ver cómo se alejaba de la isla le alegró en lo más profundo. Los primeros meses de 1961 fueron más de lo mismo. Despacho en el banco, cigarros con los amigos en torno a una buena charla y la preparación de su obra cumbre, de la Biblia del guevarismo. En aquellas primeras semanas del año Ernesto dio sus últimos toques a *La Guerra de Guerrillas* y lo dejó listo para la eternidad. El libro en cuestión, que ha tenido infinidad de ediciones en varias lenguas, no pasa de manualillo práctico para llevar en la mochila. Finito, muy finito y con capítulos muy cortos para ser engullidos con facilidad por los lectores ávidos de enseñazas revolucionarias. Así es *La Guerra de Guerrillas*, un libro tan delgado como las ideas que contiene. Nada del otro mundo si no fuese por la cantidad de vidas de jóvenes latinoamericanos que se ha llevado por delante. Desde su publicación a principios de la década de los 60 hasta la actualidad se cuentan por miles los que enfervorecidos por su lectura se han echado al monte a conquistar la utopía. Eso, podría argumentarse, que Ernesto no lo sabía y por tanto no podemos hacerle responsable de la ulterior sangría que ha ocasionado su manual del buen guerrillero. Sin embargo, Adolf Hitler cuando dictó *Mein Kampf* en la prisión no podía tampoco ni imaginar que su delirante texto se convertiría en libro sagrado de todos los alemanes en el decurso de unos pocos años. Y eso, obviamente, no le exculpa. *La Guerra de Guerrillas* supone la plasmación en papel de la experiencia guerrillera del Che en Cuba. Especula sobre la figura del guerrillero modelo, sobre las tácticas y estrategias de la guerrilla perfecta, e incluso se atreve a organizar la vida de los rebeldes. Entre sus páginas pueden encontrarse perlas como las dedicadas al papel de la mujer en la guerrilla. En esto se mostró muy abierto al tolerar que las féminas integrasen la vanguardia armada para, acto seguido, devolverlas a su sitio como fabulosas cocineras o tiernas enfermeras:

> [...] *La cocinera puede mejorar mucho la alimentación y, además de esto, es más fácil mantenerla en su tarea doméstica, pues uno de los problemas que se confrontan en las guerrillas es que todos los trabajos de índole civil son despreciados por los mismos que los hacen. [...] En la sanidad, la mujer presta un papel importante como enfermera, incluso médico, con ternura infinitamente superior a la del rudo compañero de armas...* [...][48].

Olvidó el bienintencionado comandante una labor también apropiada para las mujeres insurgentes. La de secretaria de los comandantes. Aleida March se quedó en el Escambray con él a título de eso mismo y a ambos les fue de perlas. Respecto a los matrimonios, Guevara no se quedaba corto, sino que anticipaba la moderna corriente de las parejas de hecho.

---

[48] Ernesto Guevara de la Serna: *La Guerra de Guerrillas;* Editorial Txalaparta, Tafalla, 2002. p. 106.

[...] ... *debe permitirse, con el simple requisito de la Ley de la Guerrilla, que las personas sin compromisos, que se quieran mutuamente, contraigan nupcias en la sierra y hagan vida marital.* [...][49].

La obra fue dedicada con sincero sentimiento a Camilo Cienfuegos, el malogrado amigo de Ernesto que dejó su vida en las alturas, pero no faltan detalles y guiños cómplices al verdadero líder, a Fidel Castro.

[...] *Fidel Castro resume en sí las altas condiciones del combatiente y el estadista, y a su visión se debe nuestro viaje, nuestra lucha y nuestro triunfo.* [...][50].

Ministro de Industrias

La vida del Che en Cuba volvía a ser tan aburrida como antes del viaje. Definitivamente, no había nacido para banquero, no era hombre de covachuela administrativa. Había en la república gente más preparada que él y, por si esto fuera poco, un alto destino le tenía reservado el camarada Fidel. Nada menos que un ministerio. La cumbre del poder. Cierto es que el ministerio tuvieron que inventárselo. La cartera de Industrias no existió en Cuba hasta febrero de 1961, en que Castro se la sacó de la manga transformando la sección industrial del INRA en todo un ministerio. La nueva senda por la que iba a discurrir la economía cubana se merecía una cartera exclusiva con dedicación a tiempo completo. Los planes para industrializar Cuba eran ambiciosos. En palabras de Ernesto, Cuba bien mirado podía en unos pocos años llegar a ser toda una potencia industrial que no dependiese del azúcar. Su obsesión pasaba por la metalurgia, muy en la línea de otros ilustres comunistas que veían en la producción de acero la quintaesencia del desarrollo. Sea como fuere, lo que pasaba por la ca-

---

49 Ernesto Guevara de la Serna, *op.cit.*, p. 107.
50 Ernesto Guevara de la Serna, *op.cit.*, p. 89.

beza de Guevara desde hacía por lo menos un año era hacer una completa revolución económica en la mayor isla del Caribe. Esa revolución vendría indefectiblemente acompañada del Estado y de las bondades de la planificación y, en un lapso de tiempo irrisorio, sacaría a Cuba del atraso multisecular en el que primero los españoles y después los yanquis la habían sumido. El problema de raíz, mirando los datos macro y microeconómicos de la Cuba de 1959, es que ese presumido atraso simplemente no existía. Veamos algunos datos que a más de uno le van a hacer reflexionar.

En el Atlas de Economía Mundial de Ginsburg publicado en aquella época Cuba aparecía en el lugar número veintidós en cuanto a prosperidad, de un total de 122 países. La renta per cápita del cubano medio era en 1959 similar a la del italiano medio, pero con una pequeña diferencia: en 1959 había doce mil solicitudes de ciudadanos italianos que querían emigrar a Cuba, mientras que no consta que existiese ningún cubano que quisiese hacer el viaje a la inversa[51]. Pero por si esto no bastase, ahí van más datos: el cubano era en 1959 el tercer consumidor de carne de América. Los cubanos disfrutaban además de un receptor de radio por cada cinco habitantes —una barbaridad para la época— y de veintiocho televisores por cada mil habitantes, cifra nada despreciable teniendo en cuenta que la televisión comercial se inauguró en Cuba en 1950, seis años antes que en España. Cuba era el tercer país de América en cantidad de automóviles, unos 270.000, y era el país americano con mayor densidad de líneas férreas, incluso mayor que los Estados Unidos. Los cubanos eran además los latinoamericanos que más electricidad consumían, prueba esta última inequívoca del bienestar general que vivía la isla. Respecto a la industria, ese presunto vacío que pretendía Guevara cubrir con su agresiva política estatal, Cuba tenía en 1958 siete plantas envasadoras de leche, noventa fábricas textiles, veintiséis factorías de quesos, una planta de fabricar cables eléctricos de cobre, cinco elaboradoras industriales de cerveza, once plan-

---

[51] Datos extraídos de Carlos Alberto Montaner y otros: *Manual del Perfecto Idiota latinoamericano y español;* Plaza y Janés, Barcelona, 1996, p. 149.

tas curtidoras de pieles y tres fábricas de cemento. La industria conservera no le iba a la zaga al resto de los sectores. Cuba disponía, al triunfar la revolución, de diez plantas que enlataban pescado y 160 fábricas de conservas, tales como tomates, frutas, carne, etc. Muchos podrán decir que bien, que estos datos son ciertos, pero que el cubano no disponía de sanidad ni de acceso a la educación. Nada más lejos de la realidad. Los grandes logros de la Revolución, es decir, la sanidad y la educación no son tales. En 1958 había en Cuba ocho universidades públicas, tres privadas y multitud de escuelas profesionales repartidas por el país. Por si el lector desconfía aún ahí va un dato definitivo: en 1958 Cuba contaba con cincuenta y ocho periódicos diarios y ciento veintiséis revistas semanales, entre ellas la famosa revista *Bohemia*, la más veterana de América. ¿Cómo puede un país lleno de analfabetos mantener tantas publicaciones funcionando? En lo tocante a la sanidad, en 1958 había en Cuba un médico por cada 980 habitantes y un dentista por cada 2.900 habitantes. Es decir, mayor proporción que en los mismísimos Estados Unidos de América. Todos estos datos son perfectamente verificables en anuarios de la época y contrastables con los pocos cubanos que aun quedan vivos y que recuerdan la Cuba anterior al castrismo[52]. La Cuba de entonces, de 1958, no era ni mucho menos un paraíso en la tierra, ni la Suiza del Caribe; pero sí que constituía la nación más prometedora al sur del río Grande. Si Castro y sus guerrilleros no hubiesen hurtado a los cubanos la posibilidad de pasar de una dictadura a una democracia estable y representativa de corte liberal, hoy Cuba sería con casi toda probabilidad uno de los países más prósperos del mundo.

Ésta fue la Cuba que se encontró Castro y éste fue el panorama económico al que Ernesto tuvo que enfrentarse nada más tomar posesión de la cartera de Industrias. Del mismo modo que gracias a Fidel Cuba pasó de tener cincuenta y ocho periódicos a uno, el *Granma*, Guevara se encargó de que la industria cubana no sólo no creciese sino que la que había sucumbiera al despropósito revolucionario.

---

[52] Datos extraídos de *Circuito Sur*.

La rutina en el Ministerio de Industrias vino a ser la misma o muy parecida a la que había llevado en el Banco Nacional. Con una pequeña y agradable diferencia: el cargo le permitía enredar más. A juicio del que durante tres años fue viceministro de Industrias, Orlando Borrego, la jornada de Ernesto era cualquier cosa menos aburrida. En una entrevista concedida a uno de los más conspicuos panegiristas del Che en el año 2002, Borrego hablaba en estos términos de las costumbres laborales en el Ministerio donde Guevara sentaba sus reales:

> [...] *... su jornada de trabajo culminaba con frecuencia a las tres de la madrugada. [...] Esa jornada de trabajo se repetía de lunes a viernes; el sábado se trabajaba todo el día y, sistemáticamente, los domingos realizábamos trabajo físico en la agricultura o en algunas industrias.* [...][53].

Una entrega total y absoluta al trabajo según puede deducirse de la orgullosa declaración de Orlando que, como buen borrego revolucionario, secundaba tan pimpante a su jefe y a sus alucinaciones colectivas. Y es que en la agenda de Ernesto Guevara, muy por encima de industrializar Cuba o elevar el nivel de vida de sus ciudadanos, estaba la obsesión de crear un hombre nuevo. Un ser humano hecho para servir al Estado. Convencido como estaba de que el socialismo podía cambiar el mundo por qué no ir un poco más allá y cambiar de paso al hombre. A China tal experimento le costó decenas de millones de muertos; con el Che Guevara como padre espiritual de la Revolución, sin duda, Cuba hubiera ido por el mismo camino. El objetivo predilecto de las ensoñaciones de Guevara era la infancia, la *arcilla maleable de la sociedad* que dijo en alguna ocasión, sobre la que podía aplicarse íntegro y sin mácula el ideario guevarista del nuevo hombre. No en vano todavía en nuestros días a los jovencitos cubanos, a los llamados pioneros, el régimen les hace repetir la consigna «Seremos como el Che», en recuerdo de aquellos años de entrega *voluntaria* a la causa del Leviatán estatal.

---

[53] Entrevista a Orlando Borrego de Isidoro Calzada, *op.cit.*, p. 410.

El enemigo del Norte

La situación internacional se complicó al poco de que Ernesto pusiese sus botas encima de la mesa del despacho del Ministerio de Industrias. A finales de enero había tomado posesión de la presidencia de los Estados Unidos John Fitzgerald Kennedy, un joven de Nueva Inglaterra. Un prometedor hijo de una acaudalada familia que había ganado las elecciones contra pronóstico delante de las cámaras de televisión al mismísimo vicepresidente Nixon. Era el primer católico en ocupar el despacho oval, además era guapo, moderno y el preferido de la sección de sociedad de los diarios. Como parte de la herencia recibida de la administración republicana, Kennedy recibió el ya entonces famoso «Problema Cubano».

Las relaciones estaban completamente deterioradas. El embajador había abandonado La Habana y Cuba se aproximaba por días al enemigo por antonomasia de los Estados Unidos, a la Unión Soviética. Agentes de la CIA habían ideado en unos meses un plan maestro para acabar con la vida de Castro y devolver la cordura a la isla y las relaciones a su sitio. Los espías norteamericanos bautizaron el plan con el nombre clave de Plan Mangosta, en sentido homenaje a los animalitos que los indios utilizan en los manglares para combatir a las cobras. Definitivamente, demasiada importancia le dieron los agentes de la inteligencia americana a Castro. El lidercito más que una gallarda y astuta cobra anteojos es una garrapata malintencionada que se ha aferrado con brío a la carótida de la república de Cuba. Y la está dejando seca. Las chapuzas de los agentes de la CIA se han sabido con posterioridad. No escatimaron en medios ni en ideas descabelladas; trataron de envenenar los puros habanos que Castro se fumaba a pares en aquella época y hasta tuvieron la feliz idea, nunca llevada a cabo, de drogar a Fidel para que acto seguido saliese por televisión desvariando y que de este modo el pueblo le perdiese el respeto.

Al margen del Plan Mangosta, cuya intención principal era acabar con la vida del comandante en jefe, los lumbreras del Pentágono parieron una expedición militar en toda regla para desestabilizar el régimen y provocar su caída. Como los Estados Unidos no estaban en guerra con Cuba y no podían invadirla a placer sin exponerse a un serio conflicto diplomático, barajaron la posibilidad de reclutar cubanos en el exilio para llevar a cabo la operación. A lo largo de 1960, y con el endurecimiento del régimen castrista, los disidentes fueron en aumento tanto en el exterior, concentrados en la ciudad de Miami, como en el interior de la isla. En Cuba se organizaron en guerrillas en la sierra del Escambray. Entre los que se habían pasado a la clandestinidad había cubanos de todas las sensibilidades políticas, pero con un denominador común; consideraban que Fidel Castro había traicionado a la revolución implantando una dictadura, cambiando una autocracia por otra. Fidel encargó la represión de estos grupos guerrilleros a su hermano Raúl que, curiosamente, había formado parte también él de la guerrilla años antes. No hubo piedad para los rebeldes. Y ahí va un ejemplo: el que fue ministro de agricultura con Castro en 1959, Humberto Sori Marín, trató de crear un foco de insurrección armada en la sierra. Al poco fue apresado y fusilado de inmediato. Junto a él caerían prácticamente todos los que se habían levantado en armas contra el impostor, que había prometido democracia a Cuba y que se había convertido en un déspota mantenido por Moscú.

El hecho de que se hubiesen organizado focos guerrilleros en el Escambray animó a los norteamericanos a pensar que un desembarco bien organizado y aprovisionado tendría posibilidades de éxito. La CIA reclutó y entrenó a un puñado de cubanos exiliados para que formasen parte del contingente de choque, de la cabeza de playa que haría estallar el conflicto. Castro se olía algo en La Habana. Estaba bien informado por los agentes que había infiltrado en el Escambray y en el exilio de Miami. No sabía dónde iba a producirse el desembarco ni con cuántos efectivos habría de combatir su ejército, pero tenía bien claro que esa misma primavera de 1961 se lo iba a jugar todo en alguna playa de la isla. A mediados de mes Fidel decretó la movilización general. El país quedaría dividido en tres regiones militares para la defensa: Raúl Castro en Oriente, Juan Almeida en el centro y Ernesto Guevara en Pinar del Río, en el extremo occidental de la isla. A su vez se puso en pie de guerra a las fuerzas armadas y se reclutó a cientos de miles de milicianos para que complementasen la labor del ejército regular. Tras unos días de angustiosa espera al final se produjo la esperada invasión. Los estrategas norteamericanos eligieron la bahía de Cochinos, en la provincia de Las Villas, en el mismo centro del país, para proceder al desembarco de la Brigada 2506. A partir de aquí todo fue un despropósito detrás de otro. Los 1.500 cubanos libres, es decir, los que desembarcaban a pecho descubierto para defenestrar a un tirano, se vieron desamparados por los que habían patrocinado la expedición. Kennedy se había echado para atrás. La exigua pero efectiva aviación cubana se cebó con los expedicionarios. En el plan de la CIA figuraba un ataque aéreo sobre los aeródromos militares de Castro para eliminar esta posibilidad, pero el presidente no dio la orden de ataque. 1.500 infortunados cubanos cuya única misión era devolver la democracia a Cuba quedaron a expensas del ejército y los milicianos de Fidel. Un completo desastre y uno de los descalabros más notables de la historia de la Agencia de Inteligencia militar estadounidense, de la temida y vilipendiada CIA. La cadena de errores fue continua. Se escogió un lugar pésimo para desembarcar, no se acabó con la fuerza aérea de Castro y, una vez los brigadistas se habían internado en la playa, no se les dio cobertura alguna. Muchos han querido buscar en Kennedy, en el añorado JFK, al responsable del desaguisado. Y parte de razón no les falta. Arthur Schlesinger, que fue asesor del presidente en esa época, apuntaba en un artículo publicado en 2001 en un diario español:

> [...] *(Kennedy) quiso bajar el nivel de ruido del proyecto de la CIA para esconder la mano de los Estados Unidos y reducir la invasión a algo que los exiliados podían haber emprendido por su cuenta.* [...] *Kennedy también estipuló que no iba a consentir el uso de fuerzas norteamericanas si la invasión fracasaba.* [...][54].

---

[54] Diario *El País,* Madrid, Arthur Schlesinger Jr.: «Bahía de Cochinos 40 años después», 8 de abril de 2001.

Los miembros de la Brigada 2506 que no fueron abatidos durante la refriega engrosaron una nutrida lista de detenidos. Exactamente 1.189. Fidel no los fusiló, hizo algo más propio de un personaje miserable: los vendió a los Estados Unidos por cincuenta y dos millones de dólares. Aquí la Administración de Washington pudo enmendar en parte la felonía y pagó religiosamente.

El episodio bélico de bahía de Cochinos, o Playa Girón, tal como se conoce en Cuba, es junto al desembarco del *Granma* y la batalla de Santa Clara uno de los magnos y celebradísimos acontecimientos de la triste Cuba actual. Se han escrito libros, artículos, se han dado conferencias, se ha repetido en infinidad de mítines... Playa Girón es para el gobierno de Fidel lo que Stalingrado fue para el de Stalin. Lo que los entusiastas de la hazaña de Playa Girón obvian es que si Castro y los expedicionarios del *Granma* se hubiesen encontrado en diciembre de 1956 con semejante dispositivo en la playa de Oriente donde desembarcaron otra suerte muy distinta les hubiese corrido. De eso estoy seguro.

El papel de Ernesto en la gesta de Playa Girón fue nulo o, como máximo, insignificante. Como responsable de la región de Pinar del Río organizó las milicias por si los yanquis malos asomaban por allí y se concentró en preparar un buen discurso, su verdadera especialidad. El día 15 de abril, poco antes de la incursión de la Brigada 2506, arengó a su tropa en un tono encendido, en que llamó a Kennedy de todo menos guapo.

[...] *Estamos frente al eco trágico de la guerra, los nuevos fascistas, los nuevos nazis del mundo, desencadenan otra vez agresiones contra países indefensos... [...] ... pero no tienen ni siquiera la trágica grandeza de aquellos generales alemanes que hundieron en el holocausto más grande que conoce la humanidad a toda Europa y que se hundieron ellos, en un final apocalíptico. Esos nuevos nazis cobardes, felones y mentirosos, dicen hace tres días por boca del más cobarde, el más felonio, el más mentiroso de todos ellos... [...] Ése es el señor Kennedy, que dice que es católico; ésa es la bestia analfabeta, que dice que va a liberar al mundo del oprobio comunista.* [...][55].

Industrializando la ruina

La nueva administración demócrata ni se inmutó tras el fiasco de la bahía de Cochinos, y no porque se hubiese olvidado del problema que representaba tener a una centena de kilómetros de Florida a los amigos de la URSS, sino porque Kennedy prefirió cambiar de estrategia. Nada de confrontaciones como en los tiempos de Eisenhower. Nada de milicias pagadas y armadas desde el Distrito de Columbia para proteger la seguridad del hemisferio. El plan maestro del joven Kennedy consistió en la llamada Alianza para el Progreso. En ella el gobierno norteamericano pretendía integrar a sus vecinos del sur en un proyecto común para evitar nuevas infiltraciones soviéticas en territorio americano. Con esa intención convocó una reunión de la Organización de Estados Americanos (OEA) en la localidad uruguaya de Punta del Este. No podía permitir el gobierno norteamericano que el ejemplo cundiese y toda Latinoamérica derivase en el delirio colectivista de Cuba. Las razones parecen claras. No interesaba a los Estados Unidos, pero tampoco a ninguno de los países del centro y sur del continente. Y no por la clásica mentira difundida mil veces de que tras esas reuniones de la OEA se escondía el aparato imperialista yanqui, sino por la constatación del hecho de que una América Latina gobernada por tipos como Castro hubiese devenido en un inmenso gulag al servicio de Moscú en muy poco tiempo. Eso que ahora, cuarenta y tantos años después, es de una evidencia palmaria entonces no lo era tanto. El comandante en jefe escogió de entre sus acólitos a Ernesto para que desempeñase la labor de representación de la República de Cuba. Ernesto, que llevaba demasiados meses sin menear el esqueleto fuera de la isla, recibió, como era de esperar, alborozado la noticia.

---

[55] Ernesto Guevara de la Serna, *Discurso a las milicias en Pinar del Río,* 15 de abril de 1961.

La delegación cubana, con Ernesto al frente, llegó a Montevideo la primera semana de agosto. La agenda del comandante era muy apretada. Volver al cono sur era regresar a sus orígenes. Desde que años antes, muchos años antes, abandonase Ecuador para dirigirse a Panamá, Guevara no había vuelto a pisar suelo sudamericano. A la capital de Uruguay acudieron en su busca Celia de la Serna y algunos amigos y familiares que hacía casi dos lustros que no veía. En Montevideo le esperaban, aparte de sus familiares más cercanos, muchos admiradores llegados desde Argentina. En 1961 Ernesto era toda una celebridad en el subcontinente y especialmente en su país natal, donde una parte de la juventud empezaba a portar con orgullo su imagen de guerrillero heroico como emblema. Pero no sólo jóvenes idealistas tenían en Guevara un referente. El revolucionario melenudo y con su inconfundible boina aglutinaba en torno a sí toda una legión de periodistas, diplomáticos y líderes políticos de varias naciones. A Uruguay se desplazó, entre otros, el chileno Salvador Allende, ya ilustre político a quien la revolución cubana ponía los ojos en blanco. El experimento chileno de inmersión en el comunismo no tardaría en llevarse a cabo, apenas una década, con las funestas consecuencias que todos conocemos. El 8 de agosto, metido de lleno en el ajetreo de la cumbre, Ernesto pronunció un discurso frente al plenario del Consejo Interamericano Económico y Social. Con tantos parabienes como había recibido estaba pletórico y dio rienda suelta a toda la palabrería revolucionaria ante el atónito público que atento le escuchaba. Este discurso se hizo famoso entonces. Hoy sin embargo muchos de sus seguidores tratan de silenciar con discreción para que ningún ojo crítico caiga sobre el encadenamiento de estupideces que salió de la boca de Guevara en aquella ocasión. Veamos algunas:

[...] *La tasa de crecimiento que se da como una cosa bellísima para toda América es 2,5 por 100 de crecimiento neto. [...] Nosotros hablamos de 10 por 100 de desarrollo sin miedo ninguno, 10 por 100 de desarrollo es la tasa que prevé Cuba para los años venideros. ¿Qué indica esto, señores delegados? Que si cada uno va por el camino que va, cuando toda América, que actualmente tiene aproximadamente una renta per cápita de 330 dólares y vea crecer su producto neto en 2,5 por 100 anual, allá por el año 1980 tendrá quinientos dólares per cápita. [...] ¿Qué piensa tener Cuba en el año 1980? Pues un ingreso neto per cápita de unos tres mil dólares, más que los Estados Unidos actualmente. Y si no nos creen, perfecto; aquí estamos para la competencia. Que se nos deje en paz, que nos dejen desarrollar y que dentro de veinte años vengamos todos de nuevo...* [...][56].

No se ría por favor. No se ría porque detrás del extravío guevarista hay millones de cubanos que las están pasando verdaderamente canutas. En la Conferencia de Uruguay los delegados se traían entre manos la futura integración económica de América, de todo el continente americano. Loable intención nunca llevada a cabo que Ernesto denunció desde la tribuna de oradores:

[...] *Nosotros denunciamos los peligros de la integración económica de la América Latina, porque conocemos los ejemplos de Europa, y además, América Latina ha conocido en su propia sangre lo que costó para ella la integración económica de Europa.* [...].

Misterio. ¿Se refería Guevara a la fundación de la Comunidad Económica Europea en Roma apenas unos años antes, o por el contrario hablaba de la expansión europea posterior al descubrimiento de América? Hay opiniones para todos los gustos, pero sea como fuere el hecho es que gracias a los buenos oficios del libre cambio Europa occidental ha conocido una prosperidad hasta nunca alcanzada. Los europeos de principios del siglo XXI gozamos de una renta por habitante que haría palidecer en su delirio al matarife de La Cabaña. Además, disponemos de una di-

[56] Discurso en la quinta sesión plenaria del Consejo Interamericano Económico y Social, Punta del Este, Uruguay, 8 de agosto de 1961. Artículos, discursos y conferencias. Departamento de Versiones Taquigráficas del Gobierno Revolucionario, La Habana.

visa común, el euro, un Parlamento elegido por sufragio universal en Estrasburgo, fronteras inexistentes para personas, capitales y bienes, y un proyecto de colaboración internacional en paz que ha alejado definitivamente el fantasma de la guerra de las antiguas tierras de Europa. Si este ejemplo es un peligro, desde aquí solicito que alguna lumbrera de La Habana se tome el trabajo de aclarárnoslo. Si el Che se refería al proceso expansivo de la economía europea que siguió al viaje de Colón, pues no deja de ser igualmente disparatado. En el siglo XVI América se integró al mercado mundial y entró a formar parte del concierto de las naciones. Cierto que ello supuso la desaparición de culturas antiguas, pero cuando los romanos llegaron a España en la Península Ibérica dejaron de hablarse las lenguas celtíberas y se tomó el latín como lengua común. Latín que hoy seguimos hablando y escribiendo en su forma castellana. Los españoles de hoy día no echamos la culpa al alcalde de la ciudad eterna sino más bien, al contrario, agradecemos que hace más de dos mil años un puñado de legionarios incorporara esta tierra a la civilización romana, indudablemente superior a la de los carpetanos de la meseta. Lo tomemos por donde lo tomemos el discurso de Guevara hace aguas por todas partes.

Lo que parece fuera de toda duda es que en 1961 la Cuba revolucionaria utilizaba el éxito económico como arma principal de persuasión. Lejos quedaban las privaciones y la ruina que aflige a los cubanos del presente. En una entrevista que Aleida Guevara March, la hija mayor de Ernesto, concedió al argentino Néstor Kohan, al interrogar por los valores de la revolución Kohan hablaba en estos términos:

> [...] *Calidad de vida no es consumir más, ni tener más dinero, sino que calidad de vida es dignidad, patriotismo, autoestima.* [...][57].

Bella dignidad la del joven habanero que tiene que jugarse la vida en una balsa para huir de la isla. Bárbara autoestima la de la

[57] Entrevista a Aleida Guevara March por Néstor Kohan, *Rebelión*.

cubana de diecisiete años que ha de prostituirse en el Malecón con maduros turistas españoles. Claro que Aleida Guevara, como hija de su padre, jamás se ha visto en ninguna de las dos situaciones referidas anteriormente y todo en su vida ha sido dignidad, patriotismo y autoestima.

El discurso de Punta del Este, que fue generoso, casi tanto como los del padrino Fidel. Incluía cierta dosis de apaño y componenda con los Estados Unidos. Ernesto habló en tono conciliador con los vecinos del norte y hasta insinuó intenciones de arreglar lo deshecho en Playa Girón. Con esa idea prometió que Cuba jamás intervendría en ningún otro país de América para provocar la revolución.

> [...] *Lo que sí damos es garantía de que no se moverá un fusil de Cuba, de que no se moverá una sola arma de Cuba para ir a luchar a ningún otro país de América*. [...].

Mentira monumental. No sólo se han movido fusiles, aviones y miles de soldados desde Cuba para promocionar la revolución por todo el orbe con posterioridad a esta conferencia, sino que desde años antes el propio Guevara venía auspiciando movimientos rebeldes en la República Dominicana, Panamá y Haití. Los internacionalistas cubanos se han convertido desde entonces en la más voluntariosa fuerza de intervención rápida del totalitarismo comunista. Y si no que se lo pregunten a los angoleños, a los congoleses, a los colombianos, a los etíopes, a los venezolanos, a los nicaragüenses... No ha habido rincón del planeta que se haya librado de los largos tentáculos de La Habana. El propio Che moriría años más tarde en Bolivia empuñando un fusil, el mismo suponemos que había prometido no mover durante la Conferencia de Punta del Este.

Después de quedarse a gusto en la sesión plenaria del Consejo Interamericano, Ernesto planeó su viaje de vuelta a Cuba. Pero éste no iba a ser directo. Pactó una entrevista en secreto con el presidente de Argentina, con Arturo Frondizi. Llegó a Buenos Aires el 18 de agosto, tomó un automóvil hasta la residencia de Frondizi, se entrevistó con él en el más absoluto secreto y, tras una visita de cortesía a su tía Maria Luisa, regresó a Montevideo. Aquella fugaz visita a su Argentina natal en pleno invierno austral sería la última. Nunca más el Che Guevara volvería a pisar suelo argentino. Había dejado su país en 1953; en agosto de 1961, Argentina y Ernesto eran ya extraños el uno para el otro, completos desconocidos. La entrevista de Frondizi terminaría trascendiendo, meses después Argentina rompería relaciones con la Cuba de Castro, y en marzo de 1962 el propio Frondizi cayó. De Montevideo Guevara viajó a Brasil. En su capital recién inaugurada le esperaba el presidente, Janio Quadros, que, indudablemente víctima de la alucinación, condecoró a Ernesto con la Gran Orden del Cruzeiro del Sur. El gobernador del Estado de Guanabara consideró que galardonar al guerrillero era del todo intolerable. Días después Quadros, en un enrarecido ambiente político, presentó su dimisión. Todo un récord: de dos presidentes que había visitado Ernesto los dos corrieron la misma suerte en el plazo de muy poco tiempo. Bien podría el revolucionario haber alargado su viaje hasta España y rendir visita al general Franco. Con un poco de suerte en fecha tan temprana como 1961 hubiese finalizado la dictadura franquista.

De Brasil Ernesto viajó directamente a La Habana. En Cuba le esperaba su Ministerio, el lugar donde conseguir esa fantasía económica que orgulloso había presentado a los delegados latinoamericanos en Punta del Este. En manos de Ernesto se concentraba un conglomerado público que abarcaba nada menos que 287 empresas, la industria azucarera, las compañías suministradoras de telefonía y electricidad, la minería y una miríada de factorías de todo tipo, desde las constructoras hasta las envasadoras de refrescos. La economía cubana tenía un nombre: Ernesto Guevara de la Serna. Y un plan: el plan cuatrienal presentado a bombo y platillo en 1961 y que tenía por objeto convertir a Cuba en una de las grandes economías del planeta. Planteamiento semejante había tenido el Partido Comunista de la URSS tres décadas antes. En 1925 el congreso del PCUS lanzó un ambicioso programa de industrialización; forzosa, por supuesto. Todo en realidad, los programas soviético y cubano separados por treinta y cinco años de historia, se sustentaban sobre uno de los axiomas más célebres del marxismo-leninismo: aquel que afirma que el socialismo se edifica sobre unos cimientos industriales, sobre una sociedad industrial con su proletariado de base. Ernesto, que se había empollado a conciencia las teorías de Lenin, sabía esto y no es extraño que casi en cada discurso que daba en aquella época hiciese una y otra vez referencia a la necesaria industrialización de Cuba:

> [...] *En materia industrial, transformación de Cuba en el país más industrial de América Latina en relación con su población, como lo indican los datos siguientes: a) Primer lugar en América Latina en la producción per cápita de acero, cemento, energía eléctrica y, exceptuando Venezuela, refinación de petróleo; primer lugar en América Latina en tractores, rayón, calzado, tejidos; segundo lugar en el mundo en producción de níquel metálico* [...].

El primer plan cuatrienal preveía un crecimiento del 15 por 100 anual para la economía. Los planes eran tan grandilocuentes como jactanciosos. En el magín privilegiado de Ernesto todo aparecía del color de rosa. La varita mágica de la planificación podía elevar el nivel de vida de los cubanos, distribuir equitativamente la riqueza y proporcionar a la república un lugar de prestigio en el concierto de las naciones. Todo en uno, todo a la vez. Para costear semejante programa de industrialización el gobierno cubano requería fondos, mucho dinero del que, naturalmente, no disponía. El comodín que los líderes de la revolución creían tener seguro era el de la ayuda soviética. ¿Acaso Mikoyan no les había adelantado cien millones de dólares con sólo apretar un poquito? ¿Acaso el Pacto de Varsovia en pleno no se había comprometido a absorber toda la producción cubana de azúcar casi sin rechistar? El gobierno de Fidel, y en particular el Ministerio regentado por Guevara, pensaron que la Unión Soviética era una suerte de rey mago llegado de Oriente y dispuesto a satisfacer todos sus deseos. Si hacía falta una refinería de petróleo se pedía y a otra cosa, si el ministro consideraba que Cuba estaba muy necesitada de nuevas centrales eléctricas se cursaba la petición a Moscú y, sentaditos a la sombra, esperaban a que los técnicos rusos se presentasen en el aeropuerto de La Habana para iniciar la tarea. El proyecto de industrialización de Cuba apadrinado por el Che Guevara era no sólo un dislate en lo económico sino también una irresponsabilidad absoluta en lo financiero.

Para dar ejemplo Ernesto tenía una agenda completísima de trabajo. Reuniones interminables en la sede del Ministerio combinadas con visitas continuas a las fábricas. Se presentaba por sorpresa en cualquier centro de producción y ponía todo patas arriba si era necesario. En 1963, tras una visita de rutina a una planta de motocicletas en Santiago, observó que los empleados utilizaban el producto final, es decir, las motos, para usos privados. Ofuscado por tal comportamiento volvió a La Habana y desde su despacho dirigió a todos los empleados una sentida carta de amonestación:

> [...] *Los obreros responsables de la producción de cualquier artículo no tienen derecho sobre ellos. Ni los panaderos tienen derecho a más pan, ni los obreros del cemento a más sacos de cemento; ustedes tampoco a motocicletas.* [...][58].

Ni el patrón más exigente lo hubiese dejado más claro. Lo que los apesadumbrados operarios no se habían dado cuenta aún es que las motos eran del Estado y sería éste y nadie más quien asignase el usufructo de cualquiera de ellas. En la carta se despide con un escueto «Patria o Muerte. Venceremos», que da que pensar. ¿A qué viene en una carta de todo un ministro a los empleados de una fábrica eso de Patria o Muerte? Es como si el ministro de Industria español dirige una misiva a los empleados de una empresa pública, Astilleros Españoles por ejemplo, y se despide con un «Viva el Rey, Constitución o Muerte». Seguramente pensarían que el ministro se ha vuelto loco y los sindicatos y partidos de izquierda pondrían el grito en el cielo. Y con razón. Lo de «Venceremos» bien podría haberlo sustituido

---

[58] Ernesto Guevara de la Serna, carta a la Ensambladora de Motocicletas Unidad 0-1 E-C Automotriz, 31 de mayo de 1963.

por un «Hemos Vencido» para ajustarse más a la doliente realidad del obrero cubano.

Uno de los derechos básicos de cualquier trabajador en cualquier país es el de la huelga. Si las condiciones de trabajo así lo justifican nadie puede en su sano juicio negar a los trabajadores de cualquier latitud el derecho a no presentarse por la mañana en su puesto a modo de protesta. Viene siendo así desde el siglo XIX y es de presumir que en la Cuba revolucionaria, una república de trabajadores, este derecho se mantendría y se vería potenciado por las más altas instancias del Estado. Pues no. En Cuba el derecho de huelga fue suprimido con la llegada al poder de los guerrilleros. Y así sigue. En una alocución por televisión en junio de 1961 Ernesto Guevara dejaba claro qué podían esperar los trabajadores del nuevo régimen:

> [...] *Los trabajadores cubanos tienen que irse acostumbrando a vivir en un régimen de colectivismo y de ninguna manera pueden ir a la huelga.* [...].

A muchos de los revoltosos que menudean por la manifestaciones y las huelgas en Occidente enarbolando banderas con la efigie del Che Guevara no vendría mal que alguien les recordase este particular.

La planificación de la economía siguió a pasos agigantados durante los años en los que Guevara rigió los destinos del Ministerio de Industrias. El país sin embargo fue empobreciéndose con la misma rapidez. La principal riqueza de la isla, que era el azúcar, fue a menos. En la zafra de 1961 se cosecharon casi siete millones de toneladas de azúcar, en 1962 la cifra descendió hasta algo menos de cinco millones. Al año siguiente el descalabro fue monumental. La zafra de 1963 fue desastrosa. Tan sólo 3.800.000 toneladas métricas de azúcar de caña. Una ruina a la que muy pronto le buscaron explicación en una inoportuna sequía. La sequía por supuesto que existió en aquella temporada, sin embargo la parte del león de la catástrofe azucarera se la llevó el experimento socialista que estaba llevando a cabo Guevara desde el Ministerio. La obsesión por industrializar Cuba a cualquier precio y la insistencia en buscar cultivos alternativos al azúcar fueron las verdaderas responsables de la magra cosecha azucarera de 1963. Ernesto se empeñó en que Cuba dependía demasiado del azúcar y dio inicio a una política de diversificación agrícola, que se demostró letal para el campo. Antiguas fincas en las que venía cultivándose caña desde tiempos inmemoriales se roturaron de nuevo para ensayar nuevos cultivos, como el arroz o el tabaco. Pero esto no era todo. La injerencia en el factor trabajo, es decir, en la mano de obra, desorganizó la faenas agrícolas de tal modo que más de la mitad de la cosecha de frutas se quedó en la rama. Todo estaba estatalizado. Desde la recogida hasta el transporte, pasando por la distribución. Un país que no conocía el hambre, que se codeaba en 1959 con los más desarrollados de América Latina, tuvo que recurrir en marzo de 1962 al racionamiento. Sí, a las cartillas de racionamiento. Igualito que en Europa en los años posteriores a la guerra mundial.

Entre tanto, mientras los cubanos tenían que atenerse a las estrecheces de una cartilla para adquirir productos básicos de la dieta diaria como la leche o los huevos, Ernesto dio comienzo a unas complejas prospecciones en Sierra Maestra para explotar los yacimientos de níquel. Quería el guerrillero argentino hacer de Cuba una potencia siderúrgica. Parece de locos pero así fue hace menos de cuarenta años. En una charla en la Universidad de La Habana se lo dejaba meridiano a los estudiantes que se reunieron a la convocatoria:

> [...] *Nosotros, de un plumazo liberamos nuestro petróleo, se convirtió en cubano; dimos el paso fundamental para liberar nuestra minería, y convertirla en cubana; iniciamos un proceso de desarrollo que abarca seis ramas importantísimas y básicas de la producción, como son: la química pesada, la química orgánica a partir de los hidrocarburos de la caña de azúcar, la minería, los combustibles, la metalurgia en general y particularmente la siderurgia...* [...][59].

[59] «El papel de la Universidad en el desarrollo económico de Cuba», charla en la Universidad de La Habana, 2 de marzo de 1960.

Los cubanos podían presumir de tener toda una industria siderúrgica nacional en ciernes pero cada vez carecía de lo más elemental. Por ejemplo, de pasta dentífrica. En el mes de agosto de 1961, en la Reunión Nacional de Producción, se lamentaba Ernesto de lo deficiente que estaba siendo el abastecimiento de ciertos productos. Entre ellos la pasta de dientes, tan necesaria por las mañanas después del desayuno:

> [...] *Entonces llegó la materia prima, un sulfato bicálcico fuera de las especificaciones necesarias, para hacer la pasta de dientes... Los compañeros técnicos de esas empresas han hecho una pasta de dientes... tan buena como la anterior, limpia igual, pero después de un tiempo de guardarla se pone dura.* [...][60].

Y es que cuando al mercado se le hurta la misión de asignar recursos pasan estas cosas. Hubiera hecho bien Ernesto en informarse, en su primer periplo por los países del socialismo real, en lugar de montar un numerito con el embajador por dejar flores a Stalin en su mausoleo moscovita.

Uno de los grandes problemas a los que se enfrentó, amén de los consabidos por la planificación, fue la falta de mano de obra cualificada. Entre 1960 y 1962 más de doscientos mil cubanos altamente cualificados abandonaron el país. Y no era para menos. Ante un gobierno cuya divisa principal era la coacción sistemática, la única defensa del ciudadano es votar con los pies, es decir, irse. Y eso hicieron decenas de miles de profesionales de todas las ramas. Médicos, ingenieros, arquitectos, obreros especializados, una sangría humana de proporciones descomunales. La revolución tenía que hacerse además sin cuadros. El propio Ernesto se quejaba amargamente en más de una ocasión del triste destino de sus reformas sin los técnicos adecuados.

> [...] ... *nos falta el brazo ejecutor que es el técnico —y conste que no digo ni siquiera el técnico revolucionario, que sería el*

---

[60] Discurso en la primera reunión nacional de producción, 27 de agosto de 1961.

ideal—, simplemente el técnico, de cualquier categoría y estructura mental que tenga, por muchas trabas ideológicas, por muchas rémoras del pasado que pudiera tener. Ni siquiera ese técnico a secas que sería como una tierna losa en el camino de la Revolución, ni siquiera eso tenemos. [...][61].

Para el responsable del Banco Nacional de Cuba, que es el cargo oficial que desempeñaba Guevara cuando ofreció esta charla a los alumnos de la Universidad de La Habana, un simple técnico que pensase por su cuenta padecía de «rémoras del pasado» y «trabas ideológicas». Que cada lector se haga su propia composición del lugar que para el Che Guevara ocupaba la conciencia individual.

Los soviéticos y otros países de la Europa del Este enviaron asesores a Cuba para ayudar en la impresionante faena en la que se había sumergido el país. Junto a ellos, los gobiernos de los países hermanos en el socialismo no repararon en gastos para dotar a Cuba de materias primas y la maquinaria imprescindible. Sin embargo, fue inútil. De todo el mundo es conocida la pésima calidad de los bienes industriales producidos en el bloque comunista. De hecho, no hay más que comparar un automóvil Trabant y un BMW para darse cuenta de ello. Ambos estaban diseñados y fabricados por alemanes a apenas unos kilómetros de distancia, pero entre los dos había un abismo difícilmente sorteable en cuanto a avances técnicos y calidad del producto final. Los envíos desde Europa se retrasaban o traían piezas defectuosas que de poco o nada servían a la hora de ser ensambladas en las recién instaladas fábricas cubanas. Un ejemplo viviente de este desbarajuste industrial es el parque automovilístico que hoy en día exhiben las ciudades cubanas. Una gran parte del mismo está formado por coches de fabricación norteamericana de los años 50. Y siguen circulando. La mayor parte de los Lada soviéticos hace tiempo que dejaron de prestar sus servicios por las calles y carreteras de la isla. El hecho es que ciertas tecnologías estaban mu-

---

[61] «El papel de la Universidad en el desarrollo económico de Cuba», charla en la Universidad de La Habana, 2 de marzo de 1960.

cho más avanzadas en la Cuba de 1959 que en la todopoderosa Unión Soviética. Por ejemplo, la televisión. Cuba había sido en 1958 el segundo país del mundo, después de los Estados Unidos, en transmitir la señal televisiva en color por el canal 12. Con el triunfo de la Revolución la emisiones se cortaron y los equipos fueron llevados a la URSS para que los técnicos soviéticos estudiasen la innovadora técnica norteamericana. La televisión cubana reemprendió las emisiones en color a finales de 1975, cuando todo el mundo libre disfrutaba de esta técnica y en los comercios de Occidente los receptores a color eran el producto estrella.

Los resultados del ambicioso programa auspiciado desde el Ministerio de Industrias no tardaron en recogerse. Los dos primeros años de revolución, entre 1959 y 1961, fueron de una relativa y ficticia prosperidad. El gobierno revolucionario dilapidó los recursos del país inaugurando proyectos de envergadura destinados a proporcionar sanidad y educación gratuita a todos los ciudadanos. El consumo durante este bienio se disparó. Los cubanos disponían de una renta artificialmente hinchada, que no tardó en pasar su inevitable factura. La producción agraria se hundió de manera alarmante. Entre 1961 y 1963 el producto agrícola cayó un 23 por 100 debido en gran parte a las deprimentes cosechas azucareras. El Producto Interior Bruto de la isla, lejos de crecer un 10 por 100 anual como había anunciado triunfante el Che en su comparecencia ante el Consejo Interamericano, decreció en 1963 un 1,5 por 100.

Afortunadamente, Ernesto se dio por aludido. Supo hacer autocrítica de la propia gestión al frente del Ministerio y reconocer errores de bulto que habían cometido en el plan cuatrienal. Esto dice mucho a favor suyo, especialmente cuando lo habitual entre los dirigentes comunistas es echar la culpa al empedrado por no saber bailar. Pero su análisis a posteriori no fue al centro del problema, esto es, a la planificación centralizada. Podría haber repensado toda la estrategia económica y haber dicho: «Señores, esto no funciona, lo mejor será que devolvamos los medios de producción a sus legítimos propietarios y dejemos que sea el mercado el que asigne los recursos conforme a la regla de la oferta y la demanda». Pero no lo hizo. Empezó a buscar explicaciones a cada cual más peregrina, eludiendo el tema principal, y es que en una economía socialista el cálculo económico desaparece y la ruina está asegurada. Para el lector lego en economía bueno es recordar que el Cálculo Económico consiste en el uso racional de los recursos y el capital. Exactamente lo que Guevara ignoró al frente de su Ministerio. El austriaco Ludwig von Mises lo había dejado meridianamente claro en los años 30 en su obra monumental *Socialismo*, pero como Ernesto se dedicó a perder el tiempo con *El Capital* en lugar de dotarse de una verdadera formación económica, los cubanos hubieron de pagarlo con la cartilla de racionamiento en la mano.

La escasez, como la demagogia y el fanatismo, han sobrevivido por desgracia al Che Guevara. Un cubano medio de, por ejemplo, 1997, trigésimo aniversario de la muerte del guerrillero heroico, disponía después de aguantar una respetable cola en la tienda de abastos de la siguiente cuota alimenticia:

— Cinco libras de arroz y una de frijoles al mes.
— Cuatro onzas de carne dos veces al año.
— Cuatro onzas a la semana de pasta de soja o pasta de harina de trigo.
— Cuatro huevos al mes.

Y eso es todo. Sí, señores de los múltiples comités de apoyo a la causa revolucionaria que hay repartidos por el mundo occidental. Por suerte para los desdichados habitantes de la isla el mercado negro, es decir libre, subsiste a pesar de la infinidad de controles que le impone el régimen. Gracias a él los cubanos no se mueren literalmente de hambre. Y esto en un país que nunca tuvo necesidad de importar alimentos. El clima es excepcional, en la isla crece de todo y a buen ritmo. Para los españoles fue una bendición durante siglos recalar en la prodigiosa perla del Caribe: frutas tropicales, ron de caña, palmeras tapizando las playas.... Sin evocar tiempos pretéritos de navíos a vela que surcaban el Atlántico rumbo a Sevilla, en 1958 el censo ganadero de Cuba arrojaba un total de cinco millones y medio de reses vacunas, sorprendente cifra sólo comparable a la de la propia Cuba, que por entonces rondaba seis millones y pico de habitantes. Casi a una vaca por persona. En esto no hay embargo norteamericano que valga, pues los cubanos nunca precisaron antes del experimento socialista de comprar comida más allá de sus costas.

La triste herencia de la política guevarista se hace aún más lacerante si nos remontamos cuatro décadas en el tiempo y tomamos cualquiera de sus discursos de época, que fueron muchos y en casi todos decía lo mismo, hábito que el comandante en jefe mantiene aún en toda su pureza para fastidio de muchos y solaz de unos pocos. En uno celebrado en la inauguración de una planta de sulfometales arengaba a la masa recordando que con su revolución se ventilaba nada menos que el porvenir de los hijos de Cuba, los mismos que hoy trabajan para los hoteleros españoles en Varadero, recibiendo su sueldo en pesos que carecen de todo valor:

> [...] *Nosotros somos el presente que estamos construyendo el porvenir para nuestros hijos, y siempre debemos ver hacia delante, hacia el porvenir, y destruir hasta el más mínimo resto del pasado.* [...][62].

El porvenir se transmuta cada día en una falta de todo, desde el derecho a opinar lo que a uno le plazca al simple acto de llevarse un pedazo de pan a la boca. El porvenir del que hablaba Guevara en aquella planta industrial es estomagante, cruel y, para colmo, cargado de ironía. Porque tras la retórica hueca de la Revolución se escondía un anhelo liberticida que por más que se intente ocultar sale a luz a la primera que alguien en cualquier lugar del mundo se toma el trabajo de examinar los documentos fundadores de la revolución cubana, los discursos de sus líderes y la retahíla de artículos y estudios que sus cabezas pensantes han dejado para la historia.

---

[62] Ernesto Guevara de la Serna, discurso en la inauguración de la planta de sulfometales Patricio Lumumba, 29 de octubre de 1961.

La frustrada invasión en la bahía de Cochinos en abril de 1961 fue la antesala de la verdadera crisis cubana. La polarización en bloques opuestos diametralmente era la tónica que presidía entonces en las relaciones internacionales, por lo que esta crisis en el espacio de muy pocos días se convirtió en mundial, acaso universal, teniendo en cuenta lo que se ventiló en aquellos célebres trece días de octubre que supusieron por méritos propios el punto álgido de tensión entre los dos bloques protagonistas de la «guerra fría».

El mundo en vilo: la crisis de octubre

Las cuatro décadas de «guerra fría» que padeció el mundo entero tras la rendición de Japón se basaron esencialmente en el statu quo emanado de la guerra mundial y los acuerdos de Postdam. Si uno no movía ficha el otro tampoco lo haría. Todas las guerras y conflictos en los que los Estados Unidos se vio envuelto desde 1950 hasta la retirada de Vietnam fueron estrictamente defensivos en aras de mantener su área de influencia. En Corea los norteamericanos promovieron una alianza para repeler a los norcoreanos que habían invadido la parte sur de la península. En Vietnam se produjo idéntica situación. En conflictos localizados como los de Oriente Medio o América Latina, Estados Unidos penduló entre la inhibición y la intervención moderada a través de sus servicios de inteligencia. Jamás, en ninguno de los cuarenta años de tensión, distensión y vuelta a empezar el gobierno norteamericano metió sus narices en el área de influencia soviética. Y ocasiones no le faltaron. En 1956 los húngaros se levantaron pidiendo democracia y Washington calló, en 1968 Checoslovaquia le tomó el relevo y la postura del presidente Johnson fue la misma: silencio y a mirar a otro lado. La Unión Soviética no actuó del mismo modo. Desde el mismo momento en que quedó constituido el bloque del este en torno al Pacto de Varsovia pocos fueron los países del Tercer Mundo que se libraron de la intervención directa del Kremlin. Si bien los soviéticos respetaron la frontera europea, el Telón de Acero que dijo Churchill reforzado por miles de kilómetros de alambrada, no se anduvieron con chiquitas en otros continentes. Apoyaron a los norcoreanos, a los norvietnamitas y a una pléyade de guerrillas y gobiernos tercermundistas que inundaron de sangre y oprobio todo el mundo subdesarrollado. La guerra de Afganistán, ya en los años 80, fue el capítulo crepuscular de un totalitarismo como el soviético, que no entendía más lenguaje que el de la expansión sin tasa.

En diciembre de 1961 Fidel Castro declaró ante el mundo por televisión algo que ya todos sabían, esto es, que era comunista, marxista-leninista por más señas, y que seguiría profesando tal ideología hasta el día de su muerte. La última carta que faltaba dejar sobre la mesa ya estaba en juego. A los Estados Unidos y al mundo libre, al de las democracias representativas partidarias de los mercados libres, les había salido un incómodo grano en el trasero. Incómodo y peligroso, a poco más de cien kilómetros de las costas de Norteamérica. Algo así como si en los años 60 Rumania se hubiese pasado con armas y bagajes al bloque occidental dejando a los soviéticos con un palmo de narices. Huelga recordar que Moscú jamás hubiese permitido semejante eventualidad, porque pertenecer al club de países socialistas era como ingresar en una secta o en una banda terrorista. El que entraba no podía salir, era un viaje de ida. Los húngaros y checos comprobaron en sus propias carnes las consecuencias que les ocasionó pedir el billete de vuelta.

A principios de la década de los 60 la obsesión de los dirigentes del Kremlin era lograr la paridad nuclear con los norteamericanos. Ponerse en igualdad de condiciones por si estallaba el conflicto. Washington no sólo había desarrollado la primera bomba atómica, sino que llevaba varias cabezas de ventaja a los rusos en desarrollo y número de mísiles balísticos. Tanto Turquía como Alemania Occidental estaban dotadas de un modesto pero persuasor arsenal nuclear. Esto a la gerontocracia soviética le alteraba la tensión arterial. La lógica del comunismo era extenderse pero ante semejante rival era poco menos que imposible lograr ese objetivo. Las naciones de Europa occidental además marchaban muy bien económicamente, eran los años del milagro alemán, del milagro italiano, del crecimiento continuo, de aquella prosperidad para todos que preconizase años antes el injustamente olvidado Ludwig Erhard. Ante tal panorama, las opciones de hacerse con la parte atlántica del continente se complicaban sobremanera para Moscú. Los partidos comunistas, vanguardia natural de la Revolución, eran minoritarios, con la única excepción del italiano, y se llevaban bien con las democracias liberales. La vieja táctica del golpe desde dentro que tan buenos réditos había dado al otro lado del Elba se esfumaba dramáticamente. En estas Nikita Kruschev vio la posibilidad de meter el miedo en el cuerpo al recién elegido presidente Kennedy. Si colocaba plataformas de lanzamiento de misiles en Cuba el equilibrio de poderes tendería a igualarse y a los yanquis no les quedaría más remedio que aceptar el órdago. A juicio del historiador Paul Johnson, ésta fue una maniobra absurda y peligrosa y con el tiempo sería la desencadenante de la caída en desgracia de Kruschev en el Presidium del Soviet Supremo.

En junio de 1962 un tal Petrov, ingeniero soviético a cargo del programa nuclear, se entrevistó con Fidel para proponerle la idea de instalar mísiles en la isla. Fidel aceptó a la primera. No cuesta mucho imaginar su sonrisa de canalla debajo de la barba. Con el apoyo nuclear soviético garantizaba no sólo su política de enemistad a ultranza con los Estados Unidos sino que se afianzaba definitivamente en el poder. Las armas rusas bien podrían convertirse en su mejor guardia pretoriana. En numerosas ocasiones tanto Castro como el Che y otros líderes cubanos habían hecho referencia al paraguas nuclear que Cuba poseía gracias a la alianza con la Unión Soviética. Y como muestra, más de un año antes, con motivo de la expedición a bahía de Cochinos, Guevara expresaba lo siguiente en un discurso:

> [...] *Pero relacionado con Cuba son fuertes en armas y también lo saben; saben que no pueden atacar directamente, saben que además de astronautas, hay cohetes con carga atómica que se pueden poner en cualquier lado.* [...][63].

[63] Ernesto Guevara de la Serna, discurso a las milicias en Pinar del Río, 15 de abril de 1961.

Mucho optimismo el de Ernesto. En abril de 1961, fecha en que pronunció este discurso, los soviéticos estaban lejos de poner mísiles nucleares en cualquier lado. La superioridad norteamericana era absoluta y los rusos lo sabían. Guevara, que se dejaba llevar fácilmente por la pasión, evidentemente no. Por fortuna los norteamericanos siempre llevaron la delantera en la cuestión nuclear, si no hubiese sido así hoy el mundo sería un inmenso y desértico gulag. Mirándolo con cierta perspectiva a tres lustros de la caída del Muro, de menuda nos hemos librado.

Con la anuencia del comandante en jefe, Raúl Castro se desplazó a Moscú para ultimar los detalles de la operación. En la Unión Soviética le recibió el mariscal Malinovski, que se encargó personalmente de dar al cubano el trabajo hecho. En total se enviarían a Cuba cuarenta y dos mísiles y una tropa formada por 42.000 efectivos. Todo en el más absoluto secreto. Los norteamericanos tenían destacada una parte importante de su ejército en Europa, pero era del dominio público. Una década antes, cuando Eisenhower negoció con el general Franco la instalación de bases en España, a nadie se le ocultó la intención última de los norteamericanos. Raúl Castro revisó el convenio y solicitó a su hermano que enviase una delegación a Moscú para entrevistarse con Kruschev y cerrar el asunto. Fidel escogió de entre sus hombres de confianza a Emilio Aragonés y a Ernesto Guevara. Ambos tomaron el avión de Moscú en agosto. Pero el premier soviético no les estaba esperando. Se había ido de vacaciones a la costa del mar Negro. Ésa era la importancia que tenía la Cuba socialista para los capos de Moscú. A falta de Kruschev, los atribulados isleños se dirigieron a uno de los jerarcas del régimen, Leonidas Breznev, que estaba llamado todavía sin saberlo a ser el sucesor del gran jefe. Breznev se deshizo con cajas destempladas de los emisarios de Castro y los envió a Yalta, localidad balneario de la costa ucraniana donde Nikita Kruschev apuraba sus vacaciones estivales. El ruso los recibió de buen grado y, ante la idea de Ernesto de convertir el convenio en un acuerdo militar en toda regla, Kruschev replicó que no era necesario, que si los norteamericanos se enteraban de los manejos y en consecuencia se molestaban enviaría de inmediato la flota del Báltico al Caribe para apaciguar los ánimos. ¡Vaya idea del apaciguamiento que tenía el líder soviético!

Guevara volvió a La Habana en septiembre persuadido del buen hacer de sus padrinos y de lo inevitable que era convertir a Cuba en una inmensa plataforma de misiles nucleares. El verde caimán del que hablaba Ernesto refiriéndose a Cuba años antes era ya una lagartija roja y además radiactiva. Bonito designio el que los revolucionarios trazaban para Cuba. De ser la perla del Caribe, la joya de la corona, a convertirse en una simple plataforma de mortíferos cohetes regentada por un matón barbudo al servicio del más letal totalitarismo que ha conocido la especie humana.

Muy a pesar del sigilo con el que se estaba llevando a cabo la operación, los norteamericanos se dieron por enterados de la trama. Cierto que no sabían a ciencia cierta lo que soviéticos y cubanos se traían entre manos, pero algo sospechaban. La Casa Blanca ordenó que se intensificaran los vuelos de espionaje sobre la isla. Estas misiones eran efectuadas por unas aeronaves especiales llamadas U-2, que volaban a una altitud prodigiosa que permitía tomar fotos detalladas de la isla. El día 14 de octubre los servicios secretos, tras un concienzudo análisis de las fotografías, concluyeron que los soviéticos estaban ultimando las instalaciones militares. Nadie se había enterado, la operación se había mantenido en el secreto más absoluto desde que Guevara visitase Yalta a finales de agosto. Entre tanto a los rusos les había dado tiempo de desplazar hasta la isla caribeña nada menos que [...] *cuarenta y cinco cabezas nucleares, treinta y seis cabezas para misiles de crucero, doce cabezas para los cohetes Luna, incluidos posteriormente en el programa, y seis bombas atómicas para los aviones Iliushin 28, de acuerdo con lo previsto.* [...][64]. Junto a ellos 40.000 soldados soviéticos que habían llegado de incógnito a Cuba. Muchos creen que desde la crisis de la bahía de Cochinos los Estados Unidos no quitaron ojo de Cuba y estaban en permanente estado de alerta para asfixiarla a la primera de cambio. Nada más lejos de la realidad.

---

[64] Volker Skierka, *op.cit.*, p. 180.

Tal era la despreocupación de los yanquis que la URSS le coló delante de sus narices todo un arsenal nuclear y 42.000 hombres armados en poco más de un mes. Desde el verano habían arribado a los puertos cubanos 114 barcos cargados de armas, pertrechos y hombres. A primeros de octubre el presidente títere de Cuba, un tal Osvaldo Dorticós, que venía a ser algo así como la grabadora de Fidel vestida de traje y corbata, visitó la Asamblea General de las Naciones Unidas y aseguró que Cuba estaba en condiciones de defenderse ante cualquier ataque. Fidel Castro tampoco dejaba de presumir públicamente de su recién adquirida armadura, muy a pesar del carácter secreto de la operación.

Cuando el gabinete presidencial, el célebre Consejo Nacional de Seguridad, examinó con detenimiento el trabajo llevado a cabo por la Fuerza Aérea, mandó incrementar los vuelos de reconocimiento y plantarse ante los soviéticos. En el escritorio del presidente se amontonaban varios planes de acción. A saber: 1. Bombardear inmediatamente las instalaciones antes de que éstas estuviesen operativas. 2. Combinar un ataque aéreo sobre Cuba con una invasión militar que depusiese a Castro. 3. Un bloqueo naval de la isla que cerrase el paso a los mercantes soviéticos que estaban cruzando el Atlántico, y 4. Abrir negociaciones con Moscú para que retirase de grado las plataformas y las cabezas nucleares. Los generales del Pentágono eran partidarios de la primera o la segunda, es decir, acabar con el problema de raíz. Esto sin embargo podría ocasionar que se desatasen hostilidades en Alemania. Y ganar Cuba para perder Berlín no era solución para el presidente Kennedy. Los berlineses libres nunca terminarán de agradecérselo. La última de las opciones, la cuarta, no merecía siquiera la consideración del gabinete. Nadie en Washington se creía a los soviéticos. Llevaban el embajador ruso y el propio Kruschev varias semanas mintiendo como bellacos ante las más que razonables dudas de la Administración norteamericana. Nada hacía pensar que las intenciones del premier soviético fueran dignas de crédito. Por eliminación, quedó la tercera vía, la del bloqueo. Si ésta fallaba, si los navíos soviéticos decidían saltarse a la torera los controles de la armada yanqui siempre quedaba recurrir al bombardeo o directamente a la invasión de la isla.

El presidente Kennedy compareció por televisión para informar a sus conciudadanos y al mundo de la gravedad de la situación. Igual que soviéticos y cubanos, que habían mantenido en secreto toda la operación. El 24 de octubre se inició el bloqueo naval, la famosa cuarentena de la isla de Cuba. Todo el ejército norteamericano entró en estado Defcon-2, el previo a la guerra. El Estado Mayor dispuso a todos los bombarderos B-52, más de quinientos a la sazón, en estado de máxima alerta con las bodegas cargadas y preparados para el despegue inmediato. Por si eso no bastaba, otras noventa fortalezas volantes iniciaron un viaje circular por encima del Atlántico para entrar en combate a la primera orden de la Casa Blanca. Todas las bases en el extranjero fueron puestas en alerta y los misiles balísticos de carga nuclear *Atlas*, *Titan* y *Minuteman* fueron activados para proceder a su lanzamiento. De auténtico infarto. A las pocas horas de iniciada la cuarentena los cargueros soviéticos cambiaron el rumbo dando marcha atrás. Todo un éxito.

Entre tanto en La Habana Fidel Castro insistía en su peculiar teoría de la invasión inminente. Castro, que ha mostrado siempre unas dotes excelentes para soltar discursos infumables y fusilar disidentes, nunca se ha caracterizado por su ojo clínico en política internacional. En plena crisis de los misiles, cuando Kennedy había descartado cualquier acción ofensiva contra Cuba, siguió insistiendo una y otra vez en la idea que los norteamericanos iban a invadir su coto privado. Y así se lo hizo saber a Kruschev. En una carta dirigida al premier soviético decía textualmente:

> [...] *Si ellos llegan a realizar un hecho tan brutal y violador de la ley y la moral universal, como invadir Cuba, ése sería el momento de eliminar para siempre semejante peligro, en acto de la más legítima defensa, por dura y terrible que fuese la solución, porque no habría otra.* [...][65].

---

[65] Volker Skierka, *op.cit.*, p. 186.

Es decir, que antes de que los yanquis llevasen a cabo «su plan» había que desencadenar un conflicto termonuclear de espantosas consecuencias para todo el género humano. Así es Fidel Castro, con tal de salvar su ranchito poco le importa si la humanidad se despeña por el precipicio de la guerra mundial. Por suerte para los que entonces poblaban el planeta y para los que vinimos en las décadas siguientes, Kruschev se tomó en serio la determinación norteamericana y se avino a negociar. No sin antes sufrir un susto de última hora. La defensa de Cuba había quedado dividida como en la crisis de bahía Cochinos en varias áreas de mando, al frente de las cuales se situaron comandantes de probada fidelidad al régimen. En la zona de Pinar del Río volvió Guevara a fungir como responsable de defensa en espera de que los norteamericanos se decidiesen a invadir la isla. En ese delirio, en ese sentirse los últimos de Filipinas, que se apoderó de la sociedad cubana, no se les ocurrió otra cosa a sus máximos dirigentes que ordenar el ataque indiscriminado de cualquier aeronave enemiga, es decir, norteamericana, que sobrevolase cielo cubano. Y así ocurrió que el día 27, cuando Kruschev y Kennedy estaban acercando posiciones para llegar al fin de la crisis: un avión de reconocimiento fue derribado cerca de Banes, en el oriente cubano. La machada postrera de Castro por fortuna no deshizo las negociaciones entre Washington y Moscú. El día 28 se dio por concluida la crisis a dos bandas. Nadie se acordó de Fidel Castro, ni del Che Guevara, ni de ninguno de los más conspicuos representantes del gobierno cubano. El líder máximo se enteró por la radio de los acuerdos soviético-americanos y montó en cólera. Él, que había jugado durante unos días a estratega de altos vuelos, no recibió notificación oficial ni oficiosa de sus queridos camaradas soviéticos.

Ante el desplante a Castro le salieron verdaderas culebras por la boca; «¡Pendejo!, ¡Cabrón!, ¡Hijo de puta!», fueron algunas de las lindezas que Fidel dedicó no a Kennedy sino a su admirado Nikita Kruschev. Los días posteriores al cierre de la crisis no fueron menos humillantes para el barbudo de La Habana y su cohorte de fusiladores sumarios. Extendió un pliego de reclamaciones ante los Estados Unidos, entre las que se incluía la devolución de la base de Guantánamo. En Washington ni se lo tomaron en cuenta. Las Naciones Unidas enviaron a su secretario general, Sithu U Thant, para que iniciase la supervisión que conllevaba el desmantelamiento completo de las instalaciones soviéticas, incluido en los acuerdos Kennedy-Kruschev. Castro recibió la llegada de tan ilustre visitante motejándolo de lacayo del imperialismo. Acto seguido, se negó en redondo a que los inspectores de la ONU entrasen en territorio cubano. Quizá pensaba que si mostraba una posición de fuerza iban a tomarle en serio en las cancillerías donde se despachaban los asuntos de interés global, pero ni con ésas. Soviéticos y norteamericanos convinieron ante la testarudez del lidercito cubano en llevar a cabo las inspecciones en alta mar, según los buques abandonaban los puertos cubanos. Ante tal cúmulo de desaires por parte de su aliado, Castro hizo lo único que sabía hacer: utilizar su poder omnímodo en la isla para poner a los cubanos en contra de la URSS. Por La Habana empezaron a popularizarse coplas como aquella que decía: «Nikita, mariquita, lo que se da no se quita.» En eso había quedado la arrogante política internacional de la Revolución, en una vulgar pataleta de niño pequeño.

Tal como había sucedido con ocasión de la expedición de los exiliados en la primavera de 1961, el papel de Ernesto Guevara fue insignificante. De hecho, en los días álgidos de la crisis, entre el 16 y el 28 de octubre, el Che ni siquiera se entrevistó con el líder máximo. Su papel en la epopeya de los misiles se había limitado a la fugaz visita a la Unión Soviética en el verano de 1962. Tras el acuerdo de Kennedy y Kruschev, que dio por finalizada la crisis, la opinión de Ernesto podemos imaginárnosla: quedó fuertemente desengañado y vio cómo sus esperanzas de asestar el certero golpe al imperialismo se diluían en la *real politik* de la «guerra fría». En el diario británico *Daily Worker* Guevara afirmaba sin empacho unos días después de concluida la crisis:

[...] *Si los cohetes hubieran permanecido en Cuba, los hubiéramos utilizado todos, dirigiéndolos contra el corazón de Esta-*

dos Unidos, incluyendo Nueva York, en nuestra defensa contra la agresión. Pero como no los tenemos, lucharemos con lo que tenemos... [...][66].

Este tipo de manifestaciones del Che a favor de la guerra abierta o, mejor dicho, del holocausto nuclear sin ambages no han pasado a la biografía del guerrillero heroico por no se sabe bien qué extrañas razones. Lo que parece fuera de toda duda es que a finales de 1962 Ernesto andaba bastante traumatizado por el desenlace del triste episodio de los misiles. En la misma entrevista el comandante concluía:

> [...] *Algunos en Europa dicen que se ha ganado una gran victoria. Pero nosotros decimos que si bien la guerra se ha evitado, eso no significa que se ha asegurado la paz. Y preguntamos si a cambio de una ganancia menor sólo hemos prolongado la agonía. Hasta ahora, lo único que ha sucedido es que se ha evitado el enfrentamiento.* [...].

Palabrería hueca muy al estilo Fidel Castro. Todo un clásico de la Revolución cubana. Hablar mucho y no decir nada o, lo que es peor, contradecirse abiertamente en el mismo párrafo. Porque, repasando el texto, si se ha evitado la guerra cómo es posible que no se haya asegurado la paz. Pregunta del millón que quizá desde la Cátedra Ernesto Guevara de la Universidad Popular de las Madres de Plaza de Mayo nos la puedan responder. El hecho que parece de una claridad meridiana es que durante la crisis de octubre, durante los días aciagos que pusieron al mundo al borde del colapso nuclear, los únicos que estaban por la labor de apretar el botón del desastre eran los miembros del gobierno de Castro. Bárbara cuadrilla de irresponsables que para desgracia de los cubanos y del mundo entero siguen aún mandando y dirigiendo desde su privilegiada poltrona al sol del Caribe.

---

[66] Jorge G. Castañeda, *op.cit.*, p. 286.

Tiempo de desengaño

La crisis de octubre dejó un poso amargo en el ejecutivo castrista. La Unión Soviética no se había inmolado en su delirio y eso, para Fidel y sus hombres, era simplemente algo intolerable. Las relaciones con Moscú se enfriaron durante el invierno de 1962. Los cubanos se sentían traicionados por la falta de determinación de sus aliados en el socialismo y el pragmatismo con el que se había dado salida a la crisis. Del mismo modo que la experiencia de Playa Girón había dejado el prestigio de Kennedy por los suelos, la crisis de los misiles elevó el ascendente internacional del presidente hasta límites insospechados. Su firmeza frente al órdago ruso había llevado al joven Kennedy al olimpo de los elegidos, a ser el paladín de la paz en tiempos tan difíciles como los que se acababan de vivir. Eso para el resentido Castro era muy difícil de llevar. Durante meses dio rienda suelta a las críticas abiertas a la Unión Soviética y no escatimó insultos y vilipendios para el premier Kruschev. Guevara no era ajeno a ese ambiente. Como estandarte de la línea dura del régimen se sentía si cabe aún más traicionado que sus conmilitones. Su ignorancia en asuntos de política internacional le había llevado a considerar la posibilidad de que por Cuba se desatase un conflicto sin cuartel entre las dos grandes potencias. En su obnubilación guerrillera desconocía que el equilibrio nuclear estaba a favor de los norteamericanos, que en una hipotética contienda el campo socialista tenía todas las de perder. A principios de los años 60 la superioridad de Occidente era, por fortuna, absoluta en el aspecto militar. El bloque occidental era además mucho más rico y estaba más poblado. Cuba podría constituir una esperanzadora tendencia, un exotismo tropical que presagiase un futuro más halagüeño para la causa de la esclavitud en nombre de Marx, pero no era ni de lejos un interés tan cardinal como para que el Kremlin se enredase en una conflagración nuclear.

Las esperanzas y anhelos de Ernesto empezaron entonces, en aquel invierno de 1962, a desligarse de Moscú. Empezó a ver cómo la redención de la humanidad no pasaba por la Plaza Roja.

Su visión era más romántica y arrebatadora. Guerrilla, acción, pueblos en armas rebelándose contra la oligarquía e instaurando revoluciones populares. El nuevo socialismo habría ineluctablemente de llegar a través de experiencias liberadoras como la cubana. En *La Guerra de Guerrillas* había teorizado sobre el tema, en los numerosos artículos que dedicaba a su revista *Verde Olivo* hacía referencia una y otra vez al milagro cubano. ¿Por qué no exportar de un modo definitivo la guerrilla de Sierra Maestra a todo el orbe? ¿Por qué no convertirse en el adalid de los desheredados de la tierra con un fusil al hombro?

Los primeros meses de 1963 fueron duros en lo económico para Cuba. Comenzaban a sentirse las funestas consecuencias de las colectivizaciones llevadas a cabo en el bienio anterior. La política de industrialización forzada y forzosa de la isla se estaba revelando como un craso error que estaba costando carísimo. Carestía, racionamiento, recursos mal asignados, mercados negros, falta de provisiones, en definitiva, el rosario de consecuencias negativas que a corto plazo trae la planificación socialista. Es cierto que Lenin y Stalin habían conseguido industrializar Rusia a machamartillo, pero con un coste en vidas humanas que Cuba, con sus poco más de seis millones de habitantes, no podía permitirse. Además faltaban las materias primas. Por más que quiera, la isla de Cuba no puede ser autosuficiente en una economía moderna. Carece de petróleo, de yacimientos de hierro y de otros metales no menos importantes para la industria, como el estaño, el cinc o la bauxita. Podían importarse pero las reservas de divisas del Banco Nacional de Cuba, el mismo que había dirigido Ernesto años antes, estaban exhaustas. No había un solo dólar en las arcas del Estado. Y sin dólares la economía no funciona. Ni en la Cuba socialista ni en ningún otro lugar del mundo. Por mucho voluntarismo que Ernesto le pusiese en las jornadas de trabajo voluntario, donde nada hay nada puede obtenerse. De poco valía el entusiasmo desmedido en los muelles del puerto levantando sacos si el país a duras penas podía alimentar a todos sus habitantes.

Fidel no era ajeno a los crecientes problemas económicos, a la ruina a la que la errática política industrial del Che estaba llevando a Cuba. Había dos posibles soluciones: intentar el acercamiento a los Estados Unidos para que levantase el embargo comercial y la otra retratarse ante la Unión Soviética para que sostuviese a la revolución. La primera fue desechada de inmediato. Abrir la economía suponía ciertas concesiones que Fidel no estaba en condiciones de admitir. Para que los norteamericanos anulasen el embargo era imprescindible desandar un camino que a Castro no convenía en absoluto y que pasaba por reconocer de nuevo la propiedad privada. Si los cubanos podían ser propietarios, significaba que podían enriquecerse y esto es la mayor pesadilla para un régimen comunista. Un ciudadano que dispone de propiedades es un peligro para su tiranía. El paraíso socialista sólo es posible con una ciudadanía inerme y desarmada que lo espere todo del Estado. Volver a Moscú era otra de las opciones con las que contaba Castro en primavera. El premier Kruschev se había hasta tomado la molestia de invitar al comandante en jefe a visitar la patria del socialismo. Castro se hizo de desear durante una temporada y al final aceptó. Pelillos a la mar. Que meses antes había tachado de «culero» al premier soviético nada importaba, que una de las diversiones populares más extendidas en La Habana era entretenerse con coplas sobre la falta de hombría de los soviéticos era pura anécdota. A finales de abril de 1963 Fidel Castro emprendió un larguísimo viaje a la URSS. Guevara se quedaba en Cuba. Ciertamente que con su radicalismo y su misticismo revolucionario lo único que podía conseguir era dar al traste con la reconciliación. El viaje de Fidel no era, obviamente, turístico. Durante los casi dos meses de periplo por las repúblicas soviéticas el líder cubano negoció importantes acuerdos en los que se despacharon asuntos de importancia para el todavía ministro de Industrias. Nadie consultó a Ernesto ni por teléfono. En su oficina de la plaza de la Revolución el Che iba enterándose de la firma de unos acuerdos en los que él no había dicho ni una palabra. El divorcio entre Castro y el Che, entre el comandante Guevara y la Revolución cubana estaba a punto de formalizarse.

El regreso de Castro se produjo ya entrado el verano y la lectura del mismo era desalentadora para la obra de Ernesto al frente de su Ministerio. Castro había certificado en Rusia el fin de la fantasía industrializadora de su ministro del ramo. Moscú se había mostrado atenta con Fidel, con su revolución, y dispuesta a contribuir en el mantenimiento del régimen. Pero a cambio de que Cuba entrase por la puerta grande en el bloque del Este, en la división del trabajo del campo socialista. En ésta peculiar planificación internacional de la producción que se llevaba, o al menos intentaba llevar, a cabo desde organismos como el CAME[67] a Cuba le tocaba, como no podía ser de otra manera, producir azúcar para sus socios. Todo el castillo que Ernesto había venido construyendo desde 1960 se venía abajo. Casi en cada discurso, en cada artículo, recordaba una y otra vez que el gran problema de Cuba era la monoproducción de azúcar, la dependencia fatal que la economía cubana tenía del dulce elemento. Según la teoría guevarista, Cuba poseía una economía de tipo colonial y estaba condenada por el imperialismo a producir azúcar en cantidades industriales y pagado a precios de mercado. Los españoles habían hecho de la isla un gran ingenio azucarero y la república independiente no había corregido el rumbo. Iba a ser él el que reorientase la historia económica de Cuba en torno a un ambicioso proyecto de industrialización. Pues bien, en apenas dos meses todo se vino abajo. Cuba iba a producir azúcar, cuanto más mejor, para sus socios del campo socialista. El sino de Cuba vino marcado en esas mismas fechas por la decisión del gobierno rumano al negarse a atender las solicitudes soviéticas de incremento en la producción de remolacha azucarera.

Días después del retorno del líder máximo Guevara dejó La Habana para dirigirse a Argel. En julio los argelinos celebraban el primer aniversario del acuerdo de Évian, artífice de su independencia de Francia. A la independencia le había sucedido el gobierno de tendencia socialista de Ahmed Ben Bella, que ya en tiempos de la guerra contra los franceses había recibido ayuda

---

[67] CAME, Consejo de Ayuda Mutua Económica: institución fundada en 1949 como reacción a la OECE y al Plan Marshall. Cuba pasó a ser miembro efectivo del CAME en 1972.

cubana. En diciembre de 1961 Castro había enviado un barco cargado de armas a Marruecos para surtir a las guerrillas argelinas. Ben Bella no olvidaba los buenos oficios de su amigo antillano y recibió a la delegación cubana colmándola de honores. En Argelia Ernesto dio alguna charla, participó en un Seminario de Planificación y recorrió el país de norte a sur. La relación con el dirigente argelino era francamente buena. Ernesto y Ben Bella conectaron a la primera, tanto que el guerrillero argentino se interesó por los problemas fronterizos que a la sazón Argelia padecía con su vecino marroquí. La independencia de Marruecos era también relativamente reciente. Se había producido en 1956 gracias a un acuerdo a tres partes: entre las potencias coloniales, Francia y España, y el rey alauita. Con la recién lograda soberanía plena de los argelinos los conflictos no se hicieron esperar. Las escaramuzas dieron comienzo en septiembre en la zona de Hassi Beida y pronto se extendieron a los arenales de Tinduf. Castro se conmovió ante las cuitas de su aliado magrebí y no dudó en enviar un contingente de soldados y armas para echar una mano a Ben Bella. El dispositivo cubano incluyó más de 2.000 hombres al mando del antiguo comandante de Sierra Maestra Efigenio Ameijeiras, cincuenta carros T-55 y varios cazas de fabricación soviética MiG-17. Mientras los cubanos tenían que hacer la compra con una cartilla de racionamiento, su gobierno no escatimaba en medios para intervenir en una refriega fronteriza en el lejano desierto del Sahara. A eso Fidel Castro lo ha bautizado como Internacionalismo. Ésta del otoño de 1963 fue la primera de un amplísimo abanico de intervenciones de Castro en África. Ante el empuje de los carros cubanos y el buen hacer de sus oficiales, los marroquíes se vieron impelidos a solicitar un armisticio. Una victoria concluyente que daría alas a los delirios castristas en el continente negro.

En La Habana, sin embargo, la aventura africana era todavía observada con cierto recelo y con el respeto debido a un continente tan lejano, desconocido y de proporciones tan descomunales. Tanto Fidel como Ernesto creían firmemente en la baza latinoamericana. Exportar la revolución a países hermanos, hijos del tronco común español, que hablasen el mismo idioma y sintiesen la política de modo semejante. Para Ernesto, que, aunque había recibido en 1959 la nacionalidad cubana, nunca había dejado de ser argentino, los proyectos pasaban inevitablemente por su patria natal. Las circunstancias además ayudaban a la intentona. En 1962 la República de Cuba había sido expulsada de la OEA, el foro que reunía a todas las naciones de América. La política argentina era un vaivén continuo de golpes y contragolpes, quizá ya suficientemente maduro, para albergar en su seno una guerrilla revolucionaria. Desde años antes se había venido adiestrando en Cuba a argentinos que llegaban a La Habana con el caramelo de la revolución en los labios. El héroe de muchos de ellos era su compatriota Ernesto Guevara. Un hombre hecho a sí mismo que había viajado por el continente y había triunfado junto a los barbudos en la legendaria revolución cubana. Ernesto eligió a su viejo amigo y compañero Jorge Ricardo Masetti para encabezar la guerrilla argentina. Masetti había años atrás realizado una entrevista en profundidad al guerrillero en la Sierra Maestra y tras el triunfo de la Revolución se había quedado a residir en Cuba. A mediados de 1963, coincidiendo con el viaje de Ernesto a la Argelia de Ben Bella, el primer contingente revolucionario se desplazó desde La Habana a Bolivia, haciéndose pasar por una delegación comercial argelina. Desde Bolivia pasaron a Argentina, de donde nunca volverían. Masetti se estrelló contra un muro que le costó la vida. Siempre quedará la duda razonable de si el Che pretendía en algún momento llegar a integrarse en la guerrilla. Por los indicios parece ser que sí. Por un lado Ernesto nunca renegó de la posibilidad de llegar a triunfar en Argentina como lo había hecho en Cuba, por otro el nombre de guerra del que se dotó Masetti al entrar en Argentina da mucho que pensar. Jorge Ricardo se hizo llamar comandante Segundo, de lo que se deduce que el comandante Primero estaba aún por llegar. Castañeda argumenta muy acertadamente las razones por las que cree que Guevara no sólo estaba detrás de Masetti en la preparación de la guerrilla sino también era el gran tapado de la misma. Según el biógrafo mexicano Ernesto, [...] *poseía el propósito categórico de enrolarse en la guerrilla argentina entre finales de 1963 y princi-*

pios del año siguiente [...][68], si no es muy difícil explicarse el cúmulo de casualidades que se dieron en torno a esta intentona que fue finalmente marcada por la tragedia.

La fracasada operación guerrillera en la tierra que le vio nacer no hizo excesiva mella en el ánimo guerrillero de Ernesto. Más bien al contrario. La querella ideológica entre chinos y soviéticos hizo que las posturas del Che se radicalizasen aún más hacia la acción y la lucha directa. La coexistencia pacífica que por aquellos años se preconizaba desde las cancillerías soviéticas era vista por Ernesto a finales de 1964 del siguiente modo:

> [...] *Como marxistas, hemos mantenido que la coexistencia pacífica entre naciones no engloba la coexistencia entre explotadores y explotados, entre opresores y oprimidos.* [...][69].

El giro de la política cubana hacia una dependencia absoluta de la URSS era visto desde el despacho de Guevara en el Ministerio de Industrias con preocupación y desesperanza. No era sólo el hecho de que Castro se hubiera decantado claramente por las tesis soviéticas de división internacionalista del trabajo que condenaban a Cuba a la monoproducción azucarera. Las ideas de Guevara iban mucho más lejos. Se sentía fuertemente defraudado por la Unión Soviética en tanto que ésta no estaba dispuesta ni en broma a secundar su soñada revolución mundial mediante la guerra de guerrillas. La crisis de los misiles había sido el primer capítulo de una letanía que no tardaría en ampliarse. Durante todo 1963 y 1964, conforme Cuba iba cerrando filas en torno a Moscú, Ernesto se revolvía como gato panza arriba enfrascado en sus teorías sobre la Ley del Valor y el socialismo, sobre la acción directa como único medio para derribar el imperialismo y sobre la cuestión de los estímulos en la producción planificada. A su vuelta de Argelia su opinión respecto a los países socialista de la órbita moscovita iba de mal

---

[68] Jorge G. Castañeda, *op.cit.*, p. 306.

[69] Ernesto Guevara de la Serna, discurso ante la Asamblea General de las Naciones Unidas, 11 de diciembre de 1964.

en peor. Consideraba que la crisis económica crónica que padecían se debía a no haber aplicado el programa marxista-leninista en toda su amplitud. En una reunión en el Ministerio decía ante sus consejeros:

[...] *Entonces tenemos que ya hay una serie de países que están todos cambiando el rumbo, ¿frente a qué? Frente a una realidad que no se puede desconocer, y es que, a pesar de que no se diga, el bloque occidental de países está avanzando a ritmos superiores al bloque de la democracia popular.* [...][70].

Se refería evidentemente a los países europeos al otro lado del telón. Según él, tanto Polonia como Alemania oriental o Checoslovaquia estaban viajando hacia el capitalismo. Bella presunción que ya les hubiese gustado fuese cierta a los polacos, a los checos o a los alemanes. Lo que sucedía más allá de la alambrada que dividía Europa era que en ciertos países se estaban adoptando criterios racionales en la producción, porque el marxismo espartano que predicaba Guevara conducía de modo inexorable a la ruina más absoluta en un plazo de tiempo récord. En otra de sus charlas maestras sobre lo divino y lo humano que daba en el Ministerio para suplicio de los que tenían que aguantar sus desvaríos hacía este análisis de las causas del problema agrario soviético:

[...] *Los problemas agrícolas que la Unión Soviética tiene hoy, de algún lado vienen... Algo anda mal... A mí se me ocurre, también instintivamente, que eso tiene que ver con la organización de los koljoses y los sovjoses, la descentralización, o el estímulo material, la autogestión financiera, además algunos problemas, naturalmente, como tienen ellos las tierras particulares para los koljosianos; en fin, el poco cuidado que se le ha dado al desarrollo de los estímulos morales sobre todo en el campo...* [...] *Cada día hay más indicios de que el sistema que parte de la base de países socialistas ya debe cambiar.* [...][71].

---

[70] Jorge G. Castañeda, *op.cit.*, p. 329.
[71] Jorge G. Castañeda, *op.cit.*, p. 313.

Instintivamente. En efecto, Ernesto Guevara se acercaba a los problemas instintivamente, y así le fue a la economía cubana durante su estadía en el Ministerio de Industrias. La monomanía del ministro Guevara era conseguir que los obreros de cualquier ramo se motivasen mediante lo que el llamaba «Estímulos morales», es decir, construir la Revolución, poner los ojos en blanco ante un discurso de siete horas del líder máximo o doblar el espinazo de gratis durante todo el fin de semana para llegar a los objetivos de producción marcados por un señor que fumaba Cohíbas vestido de verde olivo. Eso era el estímulo moral. Lo contrario eran los «estímulos materiales», esto es, cobrar por trabajar o recibir algún tipo de remuneración en especie. Para la estrecha y fanática visión del Che el gran problema del socialismo soviético estribaba en que a los trabajadores no se les sabía motivar. A un operario de un alto horno no había que incentivarle con unas vacaciones en Bulgaria sino con una insignia dorada para la solapa y un buen discurso sobre el Hombre Nuevo y la construcción del socialismo. El verdadero socialismo, el fetén, el que llevaba al futuro era aquel en el que la moneda y los intercambios monetarios desapareciesen. Todo pasaría a ser uno. Daba igual que una fábrica de zapatos fuese ruinosa e ineficaz, lo importante es que no se autogestionase, es decir, que no presentase cuentas y que entregase los zapatos a un organismo centralizado. Bastan un par de horas para sumergirse en sus escritos y apercibirse que, en el fondo, a Ernesto Guevara no le gustaba la economía. Primero porque no entendía cómo funcionaba y segundo porque no disponía de la capacidad suficiente como para darse cuenta que dos y dos son cuatro, en el mundo socialista, en el capitalista y en las lunas de Júpiter. Reconoció públicamente en varias ocasiones que la política económica practicada en Cuba desde los inicios de la revolución había fracasado. Sin embargo, y para asombro de los que nos acercamos a su obra cuarenta años después, Guevara no buscó el origen en la planificación sino en los defectos de la misma. Algo por otra parte muy habitual en los socialistas de todos los tiempos. Una vez han parido el engendro la culpa es de cualquiera menos de los padres del mismo.

A lo largo de 1964 el desencanto de Ernesto con la línea moscovita fue creciendo casi a la misma velocidad que iba perdiendo importancia dentro del ya personalísimo régimen de Castro. A principios de 1964, en el mes de enero, Fidel viajó de nuevo a la URSS. El motivo de esta segunda visita en menos de un año era la confirmación de lo pactado meses antes, es decir, la consagración de Cuba como productor azucarero y la integración definitiva de la república en la miríada de democracias populares acaudillada por la Unión Soviética. En el Kremlin sin embargo no pintaban demasiado bien las cosas. La era kruscheviana tocaba a su fin. Entre bambalinas y con intriga palaciega incluida algunos jerarcas del régimen estaban haciendo la cama al todavía premier Kruschev. La razón última de todo el gatuperio era indudablemente la disputa chino-soviética, que por entonces estaba en su apogeo. Muy a pesar de los esfuerzos del Partido y de su máximo dirigente, los chinos no terminaban de pasar por el aro que había dispuesto Moscú al efecto. La diatriba entre chinos y soviéticos, que partió en dos el movimiento comunista internacional, vino a durar hasta la muerte de Mao Tse-tung, aunque ya después de los desmanes de la Revolución Cultural fue atemperándose ligeramente. Los chinos acusaban a la URSS de intentar someter el movimiento revolucionario a los dictados e intereses de los jerarcas del Kremlin. Pero no se quedaban ahí, para los discípulos intelectuales de Mao Tse-tung la Unión Soviética había dejado de lado su misión de foco irradiador de la revolución mundial. Por resumirlo en unas pocas líneas, para los ideólogos chinos de los años 60 la URSS había entrado en una pendiente que la conducía sin remedio al capitalismo. Empezaron poniendo en cuestión a Stalin en el célebre XX Congreso del PCUS, continuaron cediendo ante los imperialistas en la crisis del Caribe y era previsible que el partido degenerase hasta llegar al fascismo. A cambio desde Pekín se proponía una línea más expeditiva y pura, acorde con las doctrinas de Marx y Lenin y, por supuesto, intransigente hasta el paroxismo con los imperialistas. Tal ideario se plasmó en lo que se dio en llamar marxismo-leninismo-pensamiento Mao Tsetung; un engendro que encandiló a buena parte de la juventud occidental y que todavía en los años 90 seguía teniendo algunos seguidores despistados. Los postulados chinos se ajustaban como un guante a la visión fantasiosa y violenta que el Che Guevara tenía sobre el devenir político del Tercer Mundo. Si Mao era el profeta del nuevo socialismo, el Che bien podía convertirse en su espada. La deriva intelectual de Ernesto a lo largo de 1963 así lo confirma. Desengañado con la Unión Soviética tras la crisis de los misiles y ahíto de críticas por la pésima gestión que había rendido al frente de su ministerio, sólo le quedó una huida hacia delante que, en apenas tres años, le llevaría a la muerte.

A los rusos no les hacía ninguna gracia que les llevasen la contraria, y mucho menos en aquellos años de cruda disputa ideológica. Todo el campo socialista se tambaleó entre unos y otros, entre Moscú y Pekín, por lo que todas y cada una de las repúblicas adscritas al socialismo real hubieron de retratarse para dejar claro de qué lado estaban. La Unión Soviética se valió de su status de gran potencia y del especial ascendente que tenía sobre las naciones europeas ocupadas por el ejército rojo. En el viejo continente, con las excepciones de Rumania y Albania, todos los países cerraron filas en torno a Moscú. Rumania, más de boquilla que otra cosa, procuró mantenerse equidistante entre ambos. Albania, cual Quijote del socialismo, se alineó sin fisuras con la China Popular en una de las alianzas más extrañas de cuantas se han dado en toda la historia de la diplomacia. El hermético y tiránico régimen de Enver Hoxa llegó a romper relaciones diplomáticas con la URSS para entregarse en cuerpo y alma a Pekín. Los albaneses de hoy día todavía están pagando, y lo que les queda, la factura de cuarenta años de comunismo ciego y desorejado. Cuba fue puesta así mismo en el tirador y Fidel Castro no falló en el blanco. Puestos a bailar, lo hizo con la más guapa y la más bonita, que en aquella reyerta de matones totalitarios era sin duda la Unión Soviética.

Ernesto, cada vez más crítico con los soviéticos, fue viendo cómo paulatinamente iba siendo apartado del poder. Castro prefirió, a pesar del claro posicionamiento ideológico de su pupilo de Sierra Maestra, mantenerlo en el cargo de ministro, pero sin dejar que gobernase demasiado. En julio se creó una cartera específica para el azúcar, desligándolo del Ministerio de Industrias. A su frente Fidel situó a Orlando Borrego, un colaborador habitual de Guevara. Quedarse sin el azúcar era como quedarse sin nada. Todos los proyectos de industrialización habían quedado o parados o ralentizados al máximo. La prioridad absoluta para el gobierno era la zafra, cuantas más toneladas mejor para la economía de la isla y para la recién estrenada política comercial de Castro. La industria convencional, la misma por la que el Che había suspirado durante años, hacía aguas por los cuatro costados. Los envíos de maquinaria, equipos y componentes prometidos por los rusos no llegaban, o si lo hacían era tarde y mal, con piezas defectuosas, insuficientes o de una calidad deplorable. Las pocas fábricas que se habían puesto en funcionamiento eran ineficaces y no producían del modo que deberían hacerlo. Un drama para el que el guerrillero no veía solución. Curioso porque, sin saberlo, la tenía muy cerca en el tiempo. Antes de la Revolución, cuando en Cuba los mercados eran libres, nadie tenía problema en abastecerse de casi nada. Ni a las empresas les faltaban provisiones para su funcionamiento ni a los cubanos una cuchilla para afeitarse por las mañanas. Por lo visto, el ministro de industrias no hizo tan sencilla reflexión, y si la hizo, ni la dejó por escrito ni se la confesó a nadie.

El papel que Castro había reservado para el Che no sólo se limitaba a ser una comparsa con boina y uniforme en los desfiles, el líder sabía de la potencia mediática de su ministro, especialmente en Occidente. Para 1964 le reservó una nutrida agenda de viajes por el extranjero para representar a la Revolución. En el mes de marzo Guevara dejó La Habana para participar en la Conferencia de Naciones Unidas sobre Comercio y Desarrollo que se celebró en Ginebra. La delegación cubana se alojó en una casita junto al lago Leman. Durante toda la estancia en Suiza dicen que a Ernesto podía vérsele caminando a solas a orillas del lago ensimismado en sus pensamientos. Es posible, pero difícil de creer. El dispositivo de seguridad que acompañaba, y acompaña, a los líderes cubanos era espectacular. El exilio de

Miami pagaba la cabeza de Ernesto Guevara con la nada desdeñable cifra de veinte mil dólares. ¡Cómo para andar dando paseos a solas por una capital europea! En Ginebra, dentro de la agenda de intervenciones de la Conferencia, Ernesto dio un discurso. Desde el Consejo Interamericano de Punta del Este no se había vuelto a dejar ver por un gran foro internacional, por lo que aprovechó la circunstancia y echó el resto frente a los delegados. Nada nuevo salvo que, claro, en 1964 ya no podía ir con la trola del vertiginoso crecimiento económico de Cuba, ni presumiendo de su revolución liberadora. Para nadie que no estuviese ciego era un secreto que los barbudos habían convertido a Cuba en una dictadura comunista de donde no se podía salir, y que para colmo de males se las estaban viendo negras en el plano económico. La intervención del Che en la Conferencia se centró en torno a lo injusto que era el mundo, que si los explotados, que si los explotadores, que los términos de intercambio no eran los adecuados, que si los pueblos estaban deseando liberarse, etc. Más o menos el discurso que ese subproducto del marxismo conocido como izquierda tercermundista viene repitiendo desde hace cuatro décadas. Tras la perorata en el Palacio de las Naciones hizo una corta escapada a Argel para visitar a su ya amigo Ahmed Ben Bella y participar en el Primer Congreso del Frente de Liberación Nacional. En África empezaba a sentirse Ernesto como en su propia casa. El continente era un hervidero político en los primeros 60. Todo estaba por hacer, las jóvenes naciones africanas que acababan de sacudirse el yugo colonial estaban listas para probar nuevas experiencias liberadoras, y para esos menesteres nadie como el guerrillero heroico, siempre sediento de excitantes y románticas aventuras. La vuelta a Cuba la hizo vía París, donde se encontró con el economista Charles Bettelheim. Juntos, según cuentan, tomaron un café en el Barrio Latino. Entrañable.

La vida en La Habana era sin embargo muy aburrida. Y eso a pesar de que en el lapso de unos meses fue padre de dos hermosos retoños. Uno legítimo Celia Guevara March, nacida en el verano de 1963, y otro ilegítimo, Omar Pérez, nacido en marzo de 1964 de una relación extramatrimonial con una bella habanera de nombre Lilia Rosa. El destino de ambos fue divergente. Mientras Celia junto a su madre y hermanos se convirtió en una buena revolucionaria digna de la mejor tradición castrista, el desdichado Omar, que no pudo ni gozar del privilegio de llevar consigo el apellido paterno, llegó a estar recluido en un campo de trabajo, magna institución de reforma de las conciencias que había inaugurado su padre. Resulta cuando menos curioso comprobar cuán diferente fue la vida que llevaron los vástagos del Che dependiendo de quién fuese su madre. Omar, que se dedicó a la poesía, purgó sus penas en un campo. Hilda, Hildita, la que se parecía a Mao Tse-tung, llevó una vida miserable vilipendiada y apartada por su madrastra hasta su muerte, en los años 90. Los hijos de Aleida March, sin embargo, fueron todo un modelo a seguir. La mayor, Aleida, da conferencias, escribe artículos y recibe galardones en nombre de su padre. Fue internacionalista en Nicaragua y hoy todavía se la puede ver concediendo entrevistas e inaugurando monumentos al Che en los más peregrinos rincones del planeta. Es más, la primogénita del Che, que llama tío a Fidel Castro, se ha convertido en una conspicua militante antiglobalización, de esas que menudean por los periódicos de Occidente prediciendo el final inminente del neoliberalismo. En una entrevista concedida a Néstor Kohan recientemente, afirmaba:

> [...] *En ese sentido está bien claro que solamente unidos, nosotros, podemos elevar el nivel de vida de nuestros pueblos y hacer cambios importantes en nuestros pueblos. Si no hay unidad, no hay fuerza. Y eso lo ha demostrado la historia.* [...][72].

Lo único que ha demostrado la Historia es que los regímenes en los que no sube bajo ninguna circunstancia el nivel de vida son los regímenes comunistas y liberticidas como el de su tío Fidel. Quizá la voluntariosa Aleida Guevara no se haya percatado de la jugada, pero allá en la isla donde nació la gente se tira al mar encima de un neumático para poder ofrecer algo de dignidad a sus hijos.

---

[72] Néstor Kohan, entrevista a Aleida Guevara March, *Rebelión*.

Alumbramientos de esposa y amante al margen, el hecho innegable es que la vida de Ernesto en Cuba a su vuelta de Ginebra no fue especialmente movida. Los nuevos acuerdos firmados por Fidel a sus espaldas le habían dejado poco radio de acción política y la jerarquía iba apartándole de los puestos de cabeza. Como muestra tenemos los discursos y artículos que firmó en aquellos meses, que fueron muchos. En mayo se desplazó hasta Las Villas para inaugurar una planta mecánica, días después soltó un discurso en el Ministerio que, por su interés público, fue transcrito años más tarde en el diario *Granma* para solaz de sus lectores. Un día más tarde viajó hasta la isla de Pinos, en el sur, para inaugurar otra planta, ésta de caolín, materia prima, según él, fundamental para la economía y la industria cubana. Ese mismo mes de mayo le reservó una nueva oportunidad de encuentro con los empleados de la industria en la inauguración de una fábrica de bujías en Sagua la Grande, factoría construida con capital y técnicos checoslovacos en todo un ejemplo vivo de internacionalismo proletario del bueno. En el discurso, que es lo que de verdad se le daba bien a Ernesto, recordó a sus futuros trabajadores que la planta:

> [...] *ha sido hecha, si no naturalmente con toda la eficiencia necesaria, con todo nuestro amor, para darles a los obreros un centro de trabajo donde todo invite a trabajar y a defenderlo, donde el trabajo sea cada vez más una agradable necesidad, un deber social que se cumple con alegría.* [...][73].

Sustituyamos la eficiencia por amor y ya si se fabrican tres bujías o cien tanto da, lo importante es convencerse de que el trabajo es una agradable necesidad. Una frase semejante en boca de Henry Ford o cualquier magnate de la industria norteamericana y Ernesto hubiese empleado media hora en hacer sangre sobre la alienación capitalista. Y es que en estos discursos a los que Ernesto se entregaba con fruición de colegial es donde daba lo

[73] Ernesto Guevara de la Serna, discurso en la inauguración de la fábrica de bujías de Sagua la Grande, 17 de mayo de 1964.

mejor de sí mismo. En el que dedicó a los operarios de la planta de caolín hizo una curiosa apología de la nueva sociedad que estaba construyendo la Revolución cubana:

> [...] *La sociedad en la cual todos podrán disponer de una cantidad infinita de bienes de consumo; la sociedad en la cual el trabajo tendrá características distintas, y cada vez será más agradable, estará más alejado de los sufrimientos físicos que todavía hoy debe tener el obrero en determinados trabajos.* [...][74].

¿Cantidad infinita de bienes de consumo? ¿Trabajo agradable alejado de los sufrimientos físicos? Francamente, desconozco en qué planeta vivía el Che en 1964, pero ese discurso se lo estaba dando a unos individuos que para ir a comprar necesitaban una cartilla de racionamiento. Lo del trabajo agradable mejor ni tocarlo a la vista del lamentable espectáculo que ofrece hoy el Malecón de La Habana.

En el verano de 1964, como ya he apuntado con anterioridad, Fidel privó a su otrora comandante predilecto de las competencias sobre el azúcar. El Ministerio de Ernesto se quedaba de este modo en el esqueleto. Sus anhelos por ende viajaban lejos. Poco a poco iba descubriendo su verdadera vocación, y ésta quedaba muy lejos de los trámites administrativos de la Cuba socialista. Entre traer el socialismo y construirlo Ernesto había brillado tan sólo en la primera de las facetas. En la segunda había demostrado una ineptitud oceánica, tanto en la etapa al frente del Banco Nacional como en los años en que fungió de flamante ministro de Industrias de su majestad habanera. En el mes de julio se celebró en la capital una miniconferencia afroasiática de esas que tanto se estilaban en aquella época. ¿Qué diablos vendrían a hacer en Cuba, país caribeño, los dirigentes y delegaciones de países africanos y asiáticos?, es como si al comisario jefe de la Unión Europea le diese por convocar una cumbre comunitaria en Bangla Desh. Miste-

---

[74] Ernesto Guevara de la Serna, discurso en la inauguración de la Planta Beneficiadora de Caolín, isla de Pinos, 10 de mayo de 1964.

rioso pero no tanto. La política de Castro iba con el tiempo enfocándose hacia el Tercer Mundo. El líder máximo creyó haber encontrado su lugar en el mundo entre las naciones africanas y asiáticas recién descolonizadas. Parece claro que cualquier parecido entre Cuba y el Congo Belga, por ejemplo, es pura coincidencia. Pero a Castro y a los jerarcas de su régimen no se lo parecía así. Ciñéndose a la lectura, marxista naturalmente, que los cubanos hicieron del proceso descolonizador de los 60, los países de África estaban a las puertas mismas de revoluciones redentoras en las que el imperialismo iba irremediablemente a morder el polvo. Los conflictos como el de Vietnam iban a multiplicarse como los panes y los peces, en lo que sería la tumba final del capitalismo. El Che Guevara no era ajeno a todo el ajetreo. En un discurso, cómo no, pronunciado en el Ministerio de Industrias decía lo siguiente en aquel mismo verano:

> [...] *Y hoy las tropas norteamericanas deben ir al Congo. ¿A qué? A meterse en otro Vietnam; a sufrir, irremisiblemente, otra derrota, no importa cuánto tiempo pase, pero la derrota llegará.* [...][75].

Ni que recordar tiene que el Congo se convirtió en otro Vietnam, pero para el Che Guevara. Y en cuanto a las tropas norteamericanas a las que hacía referencia el ministro no se dejaron ni ver por el país centroafricano. Muy al contrario, fueron los propios congoleses apoyados por belgas y norteamericanos, los que protagonizaron el conflicto que empezó y terminó siendo de índole civil.

En el mes de noviembre Fidel llamó a Ernesto para encargarle un nuevo viaje de representación. A la URSS y con motivo de la conmemoración anual de la Revolución de Octubre. No era cualquier cosa aquel viaje. Días antes, en el mes de octubre, se había producido el desalojo definitivo de Kruschev

---

[75] Ernesto Guevara de la Serna, discurso en el Ministerio de Industrias, citado por Juan F. Benemelis: *Castro, subversión y terrorismo en África*; Editorial San Martín, Madrid, 1988, p. 138.

del Kremlin. Su lugar lo había ocupado una troika compuesta por Breznev, Kosiguin y Podgorny, en la que pronto descollaría el primero y se haría con el poder incontestable hasta su muerte, tres lustros más tarde. No se despacharía en Moscú nada de importancia, pero era imprescindible acudir con la artillería pesada. En tiempos del bloque soviético era costumbre que con motivo del aniversario de la Revolución rusa líderes de todo el mundo socialista se desplazasen a Moscú para rendir pleitesía a los amos. No es con intención de hacer un paralelismo, pero aún estoy por ver el día que el rey de España y los presidentes de Italia, Alemania o Francia viajen a Washington a fotografiarse junto al presidente yanqui en el desfile del 4 de julio. El pretendido Imperio Americano no es tal, o al menos en las formas. Los actos en conmemoración de los acontecimientos de octubre de 1917 fueron meramente protocolarios, Ernesto, vestido de riguroso verde olivo, saludó cortésmente a los nuevos señores del socialismo soviético y con las mismas regresó a La Habana.

No habría de pasar mucho tiempo antes de que al afligido, y aburrido, ministro de Industrias le diesen nuevo destino. Se había convocado a la sazón la XIX Asamblea de las Naciones Unidas en Nueva York. Por la ciudad del Hudson habían desfilado ya los dos grandes prohombres de la Revolución cubana. Fidel lo había hecho antes y después de su ascenso al poder, y lo seguiría haciendo de tanto en tanto para darse baños de internacionalismo fetén con la bandera de la ONU como fondo. Dorticós había visitado Nueva York poco antes de la crisis de octubre para advertir de lo bien defendida que se encontraba la isla y de lo poderosos que eran sus nuevos padrinos. Ernesto llegó a la que ya entonces era capital del mundo en la segunda semana de diciembre. Emprendía, aun sin saberlo, un viaje que vendría a cambiar de un modo irremediable su destino. El día 11 se dirigió a la Asamblea en pleno. Subió decidido a la tribuna de oradores y se dispuso para soltar el que probablemente sea su discurso internacional más recordado y celebrado. Releyéndolo hoy, cuarenta años más tarde, no deja de tener su gracia y cierto regusto antiguo. Para la gente de mi generación, la que vino al mundo en los años 70 y vio en plena pubertad cómo la tramoya del comunismo se pudría por dentro, volver los ojos a aquella época heroica no tiene precio. Ese mismo año entraron a formar parte de la Organización tres nuevas naciones: Zambia, Malawi y Malta, que recibieron la calurosa bienvenida del ministro cubano. Acto seguido comenzó la perorata sobre la complicada situación de África, lo malos que eran los imperialistas y lo imprescindible de la coexistencia pacífica entre las naciones de la Tierra. Aquí a Ernesto empezaron a patinarle las neuronas. Primero la defendió ardorosamente con las siguientes palabras:

> [...] *De todos los problemas candentes que deben tratarse en esta Asamblea, uno de los que para nosotros tiene particular significación y cuya definición creemos debe hacerse en forma que no deje dudas a nadie, es el de la coexistencia pacífica entre estados de diferentes regímenes económico-sociales.* [...].

Poco después, apenas un párrafo, el dedicado a la guerra de Vietnam, se enmendó la plana a sí mismo y dijo:

> [...] *Como marxistas, hemos mantenido que la coexistencia pacífica entre naciones no engloba la coexistencia entre explotadores y explotados, entre opresores y oprimidos.* [...].

En resumen, que la coexistencia debe promoverse entre países que adopten diferentes sistemas económicos pero he aquí el problema. Para los marxistas todo lo que no es socialismo es explotación, ergo el primer enunciado queda inválido. De manera que lo que Guevara defendía realmente era la coexistencia pacífica entre naciones socialistas. Quizá era un guiño a soviéticos y chinos para que no llegasen literalmente a las manos en sus disputas ideológicas. Podría ser aunque es improbable. El Che sabía perfectamente lo que decía y cómo, ni entonces ni ahora, puede llegar uno a la ONU y desgañitarse pidiendo la guerra nuclear, pues se enredó en ese fregado cuya contradicción salta a la primera lectura.

Para demostrar que era un hombre versado en geopolítica que se pasaba el día meneando la zapatilla de avión en avión, dio una charla magistral sobre la verdadera situación en los lugares más dispares del planeta: el Congo, Puerto Rico, el África portuguesa y varios países de América Latina. Su sapiencia era enciclopédica, así se lo hizo ver a los delegados de todo el mundo en un poco cortés abuso de la paciencia ajena. No trató la problemática interna en las relaciones de producción en el principado de Sylvania simplemente porque este reino no existía, si no todos y cada uno de los representantes de las naciones allí congregados se hubiesen enterado hasta del más mínimo detalle de este imaginario principado. El plato fuerte sin embargo lo dejó para la cosa del armamento, que le tenía sin dormir desde que los rusos dejasen a su revolución en la estacada. En diciembre de 1964 la crisis de los misiles estaba aún muy reciente en la memoria de todos, por lo que se dejó la piel tratando el tema de las armas nucleares. En esto realizó el mismo ejercicio, idéntica prestidigitación verbal que con lo de la coexistencia pacífica. Muy moderado, arguyó ante la Asamblea:

> [...] *Nosotros consideramos que es necesaria esta conferencia con el objetivo de lograr la destrucción total de las armas termonucleares y, como primera medida, la prohibición total de las pruebas*. [...][76].

Enternecedor si no fuera porque tal aseveración venía de un individuo que apenas dos años antes había asegurado que, si Cuba dispusiese de cohetes nucleares, los hubiera lanzado inmediatamente contra los Estados Unidos, y en especial contra la ciudad en la que estaba pronunciando ese discurso. Para que los rusos, que estaban presentes observando complacidos cómo su vivaracho pupilo se retorcía de gusto desvariando a placer, no pensasen que se había vuelto un blandengue entregado a los yanquis, corrigió el rumbo con presteza:

[76] Ernesto Guevara de la Serna, discurso en la Asamblea General de las Naciones Unidas, 11 de diciembre de 1964, publicado en el periódico *Revolución* el día 12 de diciembre de 1964.

[...] *Pretendieron los norteamericanos, además, que las Naciones Unidas inspeccionaran nuestro territorio, a lo que nos negamos enfáticamente, ya que Cuba no reconoce el derecho de los Estados Unidos, ni de nadie en el mundo, a determinar el tipo de armas que pueda tener dentro de sus fronteras. [...] Y Cuba reafirma, una vez más, el derecho a tener en su territorio las armas que le conviniere y su negativa a reconocer el derecho de ninguna potencia de la tierra, por potente que sea, a violar nuestro suelo, aguas jurisdiccionales incluidas.* [...].

De modo que había que ir hacía el desarme. Desarme total y absoluto patrocinado desde las Naciones Unidas. Evidentemente en ese desarme no entraba Cuba, que poseía una especie de derecho divino para disponer de cuantas armas desease y del tipo que creyese oportuno. Una de cal y otra de arena. Tirar la piedra, esconder la mano y volver a tirar la piedra, el aroma de la revolución cubana es inconfundible. Su estilo es de charlatán de feria, de esos que hacen gracia al principio, pero que al poco terminan repitiéndose y cansando con sus payasadas. Casi medio siglo de sí pero no, no pero sí, es demasiado hasta para el más paciente auditorio.

El discurso se prolongó más de lo debido, pero es que Ernesto tenía muchas y muy importantes cosas que transmitir a ese mundo absorto que lo contemplaba en su triunfo. Para cerrar la arenga hizo una definición de Cuba que bien podría incluirse en la próxima antología de la mentira:

[...] *Cuba, señores delegados, libre y soberana, sin cadenas que la aten a nadie, sin inversiones extranjeras en su territorio, sin procónsules que orienten su política, puede hablar con la frente alta en esta Asamblea y demostrar la justeza de la frase con la que la bautizaran: «Territorio Libre de América»* [...].

Mentira, mentira y mentira. Difícil dar con tanta trola junta en tan pocas líneas. País sin cadenas, pero que no deja salir libremente a sus ciudadanos. Nación que no era objeto de inversiones extranjeras cuando llevaba cuatro años mendigando créditos y subvenciones por todos los países socialistas. Gobierno franco, sin procónsules que orientasen su política en un momento de obsequiosidad sin límites para con sus amos soviéticos. Libre y soberana. Supongo que se referiría a Fidel Castro y erró el género al pronunciarlo. Lo de Territorio Libre de América desconozco a quién se debe, pero después de bautizar a la Cuba socialista con semejante título debió quedarse herniado de por vida.

Como había tocado tantos países y de tan mala manera, los representantes de algunos de ellos se dieron por aludidos y replicaron agriamente al comandante. Ernesto ejerció su derecho y los despachó uno a uno. A fin de cuentas estos delegados podían considerarse afortunados. En Cuba llevar la contraria al ministro se pagaba con la vida, en las Naciones Unidas simplemente con media hora de tostón. De toda la réplica guevariana, plagada por otra parte de los clásicos lugares de la revolución, hay un momento que es sublime. Refiriéndose a las continuas bravatas que el representante de Panamá acusaba a los líderes cubanos:

> [...] *No hemos echado nunca bravatas, porque no las echamos, señor representante de Panamá...* [...] *No echamos bravatas en Playa Girón; no echamos bravatas cuando la Crisis de Octubre, cuando todo el pueblo estuvo frente al hongo atómico con el cual los norteamericanos amenazaban nuestra isla, y todo el pueblo marchó a las trincheras, marchó a las fábricas, para aumentar la producción.* [...][77].

Si por bravata Ernesto Guevara no entendía llamar «hijo de puta» y «culero» al premier soviético. Si para el guerrillero heroico no era una bravata impedir el acceso a los inspectores de la ONU. Si una bravata en definitiva no es decir a un periodista que si Cuba tuviera armas nucleares las pondría sin dudarlo en el centro de Nueva York. Quizá la Real Academia de la lengua española deba

---

[77] Ernesto Guevara de la Serna, intervención en la Asamblea General de las Naciones Unidas en uso del derecho a réplica, 11 de diciembre de 1964, en *Ha sonado la hora postrera del colonialismo.* Ministerio de Relaciones Exteriores de Cuba.

reunirse de urgencia para reubicar semánticamente el término bravata en el diccionario.

La estancia en la ciudad de los rascacielos se prolongó durante una semana. En este tiempo Ernesto tuvo que soportar cómo cubanos exiliados y norteamericanos de nacimiento se manifestaron contra su presencia en la ciudad. No estaba acostumbrado a ese tipo de recibimientos tan hostiles. Desde que triunfase la revolución y el antaño mochilero argentino empezase a viajar en primera clase, casi todos sus desplazamientos los había hecho a naciones del Tercer Mundo o del pesebre socialista. Ver que ciudadanos libres se manifestaban libremente contra él sin que la policía la emprendiese a tiros debió causarle una ingrata impresión. Tanta que el día 14 concedió una entrevista a tres para el programa televisado *Face the Nation.* Los afortunados en ponerse al otro lado del héroe de Santa Clara fueron Tad Szulc, del *New York Times*; Richard C. Hottelet y Paul Niven, ambos de la CBS. Los reporteros bombardearon a preguntas al Che durante todo el programa sobre actualidad, Cuba y las relaciones del régimen con los Estados Unidos. Ya al terminar, justo en el momento en que el presentador daba por concluido el espacio y pasaba a la publicidad, Paul Niven lanzó una carga de profundidad de la que Ernesto no pudo salir por sí mismo, le salvó la campana:

> [...]
> *Paul Niven: Comandante, ¿puedo preguntarle qué porcentaje del pueblo de Cuba respalda la Revolución?*
> *Ernesto Guevara: Bueno...*
> *Paul Niven: Tenemos diez segundos.*
> *Ernesto Guevara: Es muy difícil en diez segundos. En este momento no tenemos elecciones, pero una gran mayoría del pueblo cubano respalda a este gobierno.*
> [...]

Ni en diez segundos ni en diez años. Los capitostes de La Habana nunca han sabido a ciencia cierta cuánta gente apoya a su gobierno revolucionario. Sencillamente porque nunca se lo han preguntado mediante unas elecciones libres.

El 18 de diciembre de 1964 Ernesto abandonó Nueva York. Sería la última vez que pisase el suelo de su enemigo por antonomasia. Los norteamericanos, los neoyorquinos en particular, no le habían dado el recibimiento que él esperaba. Su odio hacia los Estados Unidos era furibundo. A pesar de la cortesía con la que había tratado días antes a los periodistas de la cadena CBS, no sentía más que desprecio y resentimiento hacía esa nación y sus habitantes. Sólo estuvo a lo largo de toda su vida dos veces en el mayor país de Norteamérica. La primera cuando era aún estudiante. Hizo, como ya he referido en páginas anteriores, una escala en Miami en su viaje de regreso a Buenos Aires. La segunda y última se produjo en la semana previa a Navidad de 1964, más de una década después. En Estados Unidos se concentraba para el Che todo lo pérfido y depravado que residía en el alma humana. Tal simplificación en una persona medianamente inteligente como era Ernesto se debía única y exclusivamente a ignorancia salpicada de fanatismo. No conocía los documentos fundacionales de la Unión, y si los conocía no se tomó trabajo de leerlos, y si se tomó ese trabajo no le cundió en absoluto. Repudiaba todos y cada uno de los puntos sobre los que había nacido la patria de Washington, Franklin y Jefferson, la patria espiritual en definitiva de todos los hombres libres de la Tierra. La idea de que todos los seres humanos somos creados iguales y tenemos derecho a la búsqueda de la felicidad debía resbalarle como una gota de agua sobre un cristal. Para el cada día más resentido y rencoroso Ernesto la salvación de la humanidad dependía de la eliminación física de todo lo que oliese a norteamericano, de todo aquello que dio lugar a la sociedad más próspera, libre y desarrollada del planeta. Y no es una opinión; en un discurso en Santiago de Cuba, apenas un par de semanas antes de pronunciar su discurso en la ONU, se refirió a los Estados Unidos en estos términos:

[...] *Debemos aprender esta lección, aprender la lección sobre el aborrecimiento absolutamente necesario del imperialismo, porque ante ese tipo de hiena no hay más solución que el aborreci-*

miento, no hay más salida que el exterminio... Debemos acatar esa lección de odio...[...][78].

¿Joseph Goebbels ante un nutrido auditorio de las juventudes hitlerianas en Nuremberg? ¿Acaso Adolf Hitler arengando a la masa en Munich contra el sionismo internacional? No, Ernesto Guevara de la Serna, el guerrillero más famoso de la historia de la humanidad, la quintaesencia y divisa de la tolerancia, la paz y la libertad, en plena lección de odio ante unos simples y estupefactos obreros en Santiago de Cuba.

Al terminar su visita a Nueva York Ernesto no regresó de vuelta a Cuba. Muy a pesar de que tenía una numerosa familia esperándole y se acercaban las fechas de Navidad y Año Nuevo, la pasión mística de la que ya estaba prendido el argentino le hizo iniciar un largo viaje de más de tres meses. De los Estados Unidos voló directamente a Argel. Allí le esperaba con los brazos abiertos su amigo Ben Bella. Las escapadas a Argelia eran impagables. En una visita anterior había recibido una curiosa carta enviada desde Marruecos. Una española de nombre María Rosario Guevara, sabiendo que su ídolo paraba por el país vecino, le escribió una sentida carta interesándose por el lugar de España del que habían salido sus antepasados. Ernesto se tomó su tiempo y, una vez en La Habana, respondió con caballerosidad y gracejo a la admiradora del otro lado del Atlántico. Guevara confirmó a María Rosario que dudaba que fueran parientes y no pudo certificar el lugar exacto de España donde habían venido al mundo sus antepasados más remotos. Todo un detalle. Si la desventurada María Rosario se hubiese dirigido a Isidoro Calzada, biógrafo amén de genealogista privilegiado de los Guevara, todas sus dudas se hubieran visto disipadas en un santiamén. Desde que el Che se elevase a los altares de la religión socialista, muchos se han interesado por encontrar parentesco con el guerrillero en una extraordinaria suerte de realeza revolucionaria. En Argelia, aparte de los gratos momentos junto a Ben Bella, el Che organizó su

---

[78] Ernesto Guevara de la Serna, discurso en el Conglomerado Industrial, 30 de noviembre, en Jorge G. Castañeda, *op.cit.*, p. 334.

tournée completa por el continente africano. Castro estaba interesado en conocer al detalle la problemática del continente y los designios de sus líderes. Ben Bella tenía muy claro cuál era el papel que la Historia le había adjudicado en la emancipación de África, y para Ernesto la aventura africana que empezaba a dibujarse en el horizonte era la fuga hacia delante perfecta. Méritos había hecho y de fuerzas andaba sobrado.

Los años más vibrantes de la Revolución cubana, y de la vida del Che, fueron los comprendidos entre la gloriosa entrada de Fidel Castro en La Habana a primeros de enero de 1959 y el definitivo alineamiento con la Unión Soviética, cinco años después. En este lustro prodigioso Ernesto Guevara perfiló los trazos de revolucionario y hombre de Estado que pasarían con desigual fortuna a sus múltiples biografías. Desde que declarase vencida la ciudad de Santa Clara en diciembre de 1958 hasta las solitarias Navidades de Argel de 1964 habían transcurrido seis intensos años. Se habían quemado todas las etapas del hombre y estaba encendiéndose la espita del mito. El balance no puede ser más desastroso. Como jefe de la fortaleza de la Cabaña se distinguió como un carnicero sin escrúpulos. Como presidente del Banco Nacional de Cuba fue una calamidad, y por último en su papel de ministro sembró la economía cubana de minas que no tardaron en estallar bajo la suela de todos y cada uno de los habitantes de la isla. Paupérrima cosecha que sin embargo no le invitó a reflexionar. Al contrario, pretendió enmendar sus desatinos en Cuba, dando comienzo a una carrera frenética hacia el olimpo de los dioses de la Revolución. Y doy fe que lo ha conseguido.

Capítulo V

OCASO DEL HOMBRE, AMANECER DEL MITO

El odio como factor de lucha; el odio intransigente al enemigo, que impulsa más allá de las limitaciones naturales del ser humano y lo convierte en una efectiva, violenta, selectiva y fría máquina de matar.

África en el objetivo

Ahmed Ben Bella, el amigo argelino del Che, no era una hermanita de la Caridad. Ni mucho menos. Coincidiendo con la guerra que libraron los patriotas argelinos y el gobierno francés enrocado en un colonialismo *demodé*, Ben Bella se hizo con el poder. Pero no para instaurar una democracia representativa de corte occidental. Una vez firmados los acuerdos fundacionales de la actual República de Argelia, la nación norteafricana devino una dictadura férrea y corrupta en manos de Ben Bella y su camarilla. El nuevo hombre fuerte disolvió de inmediato todos los partidos políticos y organizaciones que habían contribuido a luchar contra los franceses. Suprimió la libertad de expresión y sometió a la prensa libre a un cerco del que le fue difícil, por no decir imposible, escapar. Entre los galardones que jalonan la biografía del político argelino figura con letras de oro el premio Lenin a la Paz, que los soviéticos le concedieron durante su breve mandato. Ben Bella es además el primero de una serie de nefastos mandatarios argelinos que han llevado al país magrebí, en sus cuarenta años de existencia como nación soberana, a una situación miserable y marcada por la violencia y la coacción sistemática. Las atrocidades cometidas durante los años 90 por el FIS, el Frente Islámico de Salvación, sólo pueden explicarse a través del prisma socializante y colectivista que en mala hora inauguró Ahmed Ben Bella a principios de los años 60. El que ignora al individuo como centro del quehacer político, el que ningunea al libre mercado como garante de la prosperidad, se ve abocado sin remedio al triste destino que Argelia y Cuba han compartido en los últimos decenios. En Argelia incluso si cabe más sangriento. Frescas están en la memoria de todos las imágenes de las degollinas perpetradas por islamistas hace muy pocos años. El gobierno tercermundista, demagogo y dictatorial de Ben Bella está en el origen y es causa primera de todo ello, le pese a quien le pese.

La estancia de Ernesto en Argelia, donde recibió el nuevo año, fue muy fructífera. Ambos, Ben Bella y él, tenían una similar perspectiva de los problemas del África descolonizado. Bajo su peculiar punto de vista el continente negro era una olla en ebullición que habría de ser aprovechada por el más avisado. En 1965 prácticamente todas las nuevas naciones africanas acababan de nacer. Las únicas excepciones las constituían las colonias portuguesas, entre las que figuraban dos de cierta envergadura, Angola y Mozambique, algunos restos del antiguo Imperio Francés y la presencia española en Guinea Ecuatorial y el Sahara Occidental. El resto o iban a la deriva desangradas en reyertas tribales o habían sucumbido a las férreas dictaduras de los prohombres de la liberación. En compañía de estos líderes del África recién emancipada es donde Ernesto se sentía como en su casa. Parecía no importarle que tanto Ben Bella como el guineano Sekou Touré o el ghanés Kwane Nkrumah fuesen unos déspotas impresentables que tenían tiranizados a sus respectivos pueblos. La visión del Che iba más allá de los políticos que la coyuntura colonial había dejado en África. Para Guevara el continente estaba ávido de experiencias revolucionarias, de nuevas y redivivas Sierras Maestras donde conquistar la utopía. De sobra es conocido que a principios de 1965 el conocimiento que el ministro de Industrias cubano tenía de la realidad africana era poco menos que accidental, pero eso no fue óbice para que se metiese hasta el cuezo en una aventura de la que casi no sale con vida. Guevara, como todos los marxistas de todas las épocas, creía disponer de una suerte de vademécum que le proporcionaba explicaciones para todo. Para cerciorarse de esto no hay más que volver sobre los escritos y discursos del Che a cuenta de los problemas geoestratégicos del mundo. Interpretaba la realidad a su manera, equivocadamente por cierto, y lo peor es que pensaba, es más, estaba convencido, que el suyo era un análisis científico sin posibilidad de error. Semejante temeridad y prepotencia le terminaría llevándole a la tumba en la lejana Bolivia, pero eso, en aquellas Navidades argelinas, aún no lo sabía.

El día 26 de diciembre Ernesto se despidió de su amigo Ahmed para dirigirse a Bamako, capital de Malí. Entre ambos habían trazado en los días precedentes un ambicioso programa de viaje para tantear a los principales capitostes del África recién descolonizada. El primer jalón pasaba por Malí, un paupérrimo país recién nacido en la misma frontera del desierto del Sahara. Malí sigue hoy, a principios del siglo XXI, sumido en la pobreza más absoluta y no me cabe la menor duda que a ello ha contribuido el hecho de escoger el camino equivocado tras su independencia de Francia. Los dirigentes maleños, sin embargo, no hicieron ni caso al enviado cubano, o acaso deberíamos decir argelino, que llegaba a su primer destino ansioso de hacer alta política. En Bamako no se encontraba Modibo Keita, el presidente de la república, y los mandarines del régimen ni se dignaron recibir al ministro, que debió quedarse estupefacto ante la actitud desafiante de los africanos. Inexplicable el hecho de que en Ginebra o Nueva York las naciones civilizadas del mundo se rendían a sus pies, mientras que ese remoto rincón de África sus jefezuelos ni se molestaban en interrumpir sus vacaciones navideñas para mantener una charla con el ya legendario guerrillero. Con el nuevo año, el mismo día 1 de enero, dejó Bamako para volar hasta la República Popular del Congo, es decir, el antiguo Congo Brazzaville. Los centroafricanos fueron más generosos con el Che, acordaron el envío de un grupo de cubanos para adiestrar tropas nativas y le presentaron al angoleño Agostinho Neto, revolucionario en ciernes que rebuscaba entre los africanos liberados apoyo para su causa nacional contra los portugueses. La estancia en el Congo Brazzaville se demoró otra semana y de ahí partió para Guinea. En Conakry le esperaba uno de los mitos vivos de la emancipación africana, Sekou Touré. Las relaciones entre Guinea y Cuba habían experimentado tiranteces debido al alejamiento de Touré con respecto a Moscú. El titiritero guineano fue dando tumbos durante años. De un periodo alineado con la Unión Soviética pasó a otro de aproximación a los Estados Unidos, y de ahí al acercamiento a las tesis chinas. Sólo en África podían darse casos de funambulismo político como el del líder guineano. De Guinea dio el salto en frenético trasiego de aviones al siguiente destino de su particular tournée africana, Ghana. La nación del golfo de Guinea era aún una de las más prestigiosas de todo el continente y acaso del mundo subdesarrollado. Su presidente, el inefable y despótico Kwame Nkrumah, era modelo y referente de autócratas tercermundistas. Nkrumah no sólo destruyó económica, moral y políticamente a la balbuciente ex colonia británica, sino que se hizo llamar pomposamente por sus súbditos como *Osagyefo*, «El Redentor». Y lo peor de todo es que terminó creyéndoselo. Se paseaba por las conferencias internacionales, desde Bandung a Addis Abeba, proclamando a los cuatro vientos una fe casi mística en la africanidad. En uno de sus delirios de grandeza llegó a decir que:

[...] *Todos los africanos saben que represento a África y que hablo en su nombre. Por tanto, un africano no puede tener una opinión que discrepe de la mía.* [...][79].

Por fortuna, en su país no fue una sino muchas las voces que discreparon de su providencialismo bananero. Una de ellas terminó derrocándole en un golpe en febrero de 1966. Apenas trece meses después de la visita del Che Guevara. Uno más a su lista de dignatarios caídos tras recibir el revolucionario saludo del Che. En Ghana se lo pasó de lo lindo. Charló amigablemente con el dictador y tuvo la oportunidad de conocer a Laurent Desire Kabila, guerrillero congolés que meses más tarde le ocasionaría más de un dolor de cabeza. De Acra partió rumbo a las pequeñas repúblicas de Togo y Benin. Tras entrevistarse con el presidente Sousou Migan Apithy, emprendió el camino de regreso a Argel. Había pasado menos de un mes y el Che había visitado la friolera de siete países. Interminables horas de vuelo, nuevas caras,

[79] Kwame Nkrumah, en Paul Johnson, *op.cit.*, p. 629.

diferentes idiomas. Todo un continente y su realidad se abría como un abanico multicolor ante él.

En Argel, sin embargo, no pasó mucho tiempo. Debía volver a Cuba a informar a Castro y estar de regreso en la capital argelina a finales de mes para asistir a una Conferencia Afroasiática de Solidaridad, la clásica pérdida de tiempo en la que solían pavonearse los líderes del Tercer Mundo. Pero no lo hizo, no regresó a casa, sino que se dirigió a París. En la capital del Sena se encontró con dos cubanos: Osmany Cienfuegos, hermano de Camilo, y Emilio Aragonés. El trío voló hasta Pekín vía Pakistán. El viaje estaba inscrito dentro de la frustrada mediación cubana entre la URSS y China. Mao Tse-tung se negó a recibirlos, arguyendo con desdén que [...] *lo de Cuba era una manifestación nacionalista pequeño-burguesa* [...][80], por lo que no le merecía el más mínimo interés. En su lugar, Deng Xiao Ping abrió una absurda mesa de negociación donde los enviados de Fidel entonaron su mantra y los chinos el suyo. Un genuino diálogo de besugos totalitarios que, como era de esperar, no condujo a parte alguna. El Che, no obstante, tenía su propia agenda. Para entonces estaba ya persuadido de que su destino pasaba irremediablemente por África. Ernesto sabía que a la sazón el continente negro era una de las puntas de lanza de la política exterior del presidente Mao. Bueno era acercarse a los chinos al menos para garantizar el apoyo a cualquiera de las iniciativas que Ernesto tomase en tierras africanas. Sacó un envío de armas a los chinos y poco más. La vuelta la realizó por El Cairo, donde sostuvo una nueva reunión con Nasser. De Egipto voló a Dar es Salam, capital de Tanzania, con objeto de inspeccionar el terreno y darse a conocer ante el presidente tanzano, Julius Nyerere. El viaje a Tanzania, sin embargo, tenía otro cometido no tan político: visitar las bases militares de la guerrilla congoleña en la frontera del lago Tanganica. No tardaría mucho Ernesto en volver por aquellos pagos, aunque en muy diferente situación personal y política. A finales de febrero se encontraba de nuevo en Argel listo para dar el salto definitivo al vacío.

---

[80] Mario Monje a Jorge G. Castañeda, en Jorge G. Castañeda, *op.cit.*, p. 349.

En la Conferencia Afroasiática de Solidaridad no se ventilaba nada de importancia; de hecho, Ernesto asistió a ella como mero observador cubano. Sin embargo, el discurso que pronunció aquel 27 de febrero de 1965 marcaría su destino como casi ningún otro a lo largo de su dilatada y discursera vida pública. Arremetió contra los soviéticos en tres tandas. Tres andanadas de profundidad que sentenciaron su sino y le hicieron sobrepasar la línea de no retorno. Atacó el sistema de comercio en el bloque socialista, hizo una indecente comparación entre la Unión Soviética y los países occidentales, y adujo que las armas en el campo socialista no podían ser una mercancía.

[...] *No debe hablarse más de desarrollar un comercio de beneficio mutuo basado en los precios que la Ley del Valor opone a los países atrasados... [...] Si establecemos este tipo de relación entre los dos grupos de naciones, debemos convenir en que los países socialistas son, en cierta medida, cómplices de la explotación imperial... [...] Las armas no pueden ser mercancía en nuestros mundos; deben entregarse sin costo alguno y en las cantidades necesarias y posibles a los pueblos que las demandan para disparar contra el enemigo común.* [...][81].

Parece claro que la fiebre fanática a Guevara se le había disparado tres o cuatro grados durante aquel discurso. No tiene desperdicio. Según él, los países del bloque soviético se basaban en sus intercambios en la Ley del Valor, entendida por Guevara en comprar algo y pagarlo. A cualquiera que no sea un ignorante en materia económica asertos semejantes no le producen más que risa y desprecio. Las relaciones económicas en los países socialistas giraban en torno a monedas ficticias, no convertibles, casi como de Monopoly que no valían nada, absolutamente nada en el mercado internacional de divisas. El respaldo del rublo o del marco de la RDA era nulo y su crédito internacional se reducía a cero. De ahí la hambruna de dólares, marcos de los buenos o libras es-

[81] Ernesto Guevara de la Serna, discurso en el Segundo Seminario Económico de Solidaridad Afroasiática, 27 de enero de 1965.

terlinas, que siempre padeció la economía soviética para abastecerse fuera de sus fronteras. Lo de establecer complicidad entre Moscú y Occidente sonaba más a broma de mal gusto. Para los soviéticos y especialmente para los occidentales. Bonita la complicidad de los berlineses libres que vivían sitiados en su propia ciudad. Por último, lo de las armas era un toque de atención al Kremlin por la mala jugada en la crisis de los misiles que Ernesto no había acabado de perdonar. Las armas, a juicio del Che, se fabricaban, por ejemplo, en Checoslovaquia y de ahí habrían de ser distribuidas *gratis et amore* a lo largo y ancho de todo el orbe para surtir a los guerrilleros que pugnaban contra la primera democracia del mundo y que constituía el enemigo común de los pueblos. Francamente, Ernesto nunca superó la etapa heroica de Sierra Maestra, en la que podía hacer y deshacer a su antojo en su campamento. Imaginó siempre que el mundo entero era como su campamento serrano, y así le fue.

En Argel había hecho estallar la bomba. El racimo de sandeces que pronunció en su discurso sabía que le iba a costar caro, pero no porque fuesen sandeces sino porque él consideraba que estaba en lo cierto. Aunque parezca mentira, Ernesto Guevara de la Serna pensaba estas cosas y estaba completamente convencido de ellas. El día 15 de marzo regresó a La Habana. En el aeropuerto le esperaban, de muy mal café, Fidel Castro, su hermano Raúl y el presidente Dorticós. No hubo rueda de prensa, ni declaraciones, ni siquiera una reunión formal para dar puntual informe al gobierno del largo periplo por el extranjero. Pasó tres días en casa reponiéndose con su bella esposa y aprovechando para conocer cara a cara a su hijo Ernesto, nacido un par de días antes de que él diese su famoso discurso. Al tercer día se dirigió al encuentro de Fidel para ajustar cuentas. Ambos se tenían ganas. Este episodio, el del encuentro de Castro y el Che a la vuelta de este último de Argelia, es uno de los más ocultos y misteriosos de la historia reciente de Cuba. Según parece, se encerraron los dos prohombres durante cuarenta horas para ventilar diferencias. Dos días me parece mucho para una simple discusión, pero conociendo la locuacidad de ambos y el fanatismo compartido quizá hasta dejaron asuntos en el tintero. Y lo digo porque según algunas fuentes el Che se despidió de este modo de su interlocutor:

> [...] *Bueno, a mí la única alternativa que me queda es irme de aquí para el carajo y, por favor, si me pueden dar alguna ayuda en lo que me propongo hacer, la quiero de inmediato, y si no, me lo dicen también para ver quién me la puede brindar. Fidel le dijo: «No, no, en eso no hay problema»* [...][82].

Y no había problema porque Ernesto Guevara era ya un cadáver político. Si físicamente desaparecería dos años más tarde en la pequeña escuela boliviana de La Higuera, en lo político el discurso de Argel y su posterior enfrentamiento con Castro hicieron las veces de sentencia de muerte sin apelación posible. Se ha hablado en múltiples ocasiones de si el Che tuvo o no posibilidad de quedarse en Cuba. Probablemente sí. A Fidel, un personaje con semejante gancho publicitario le venía de perlas de cara a pasearlo como un mono de feria por los foros internacionales. Pero para ello Ernesto debía doblar el espinazo, pedir disculpas a los rusos y olvidarse de sus fantasías revolucionarias. No lo hizo, porque realmente creía en su cometido. Estaba fuertemente persuadido de sus postulados y del papel que le había asignado la Historia. En México, diez años antes, había suscrito un pacto con Fidel, en virtud del cual éste nunca se interpondría cuando Ernesto decidiese dejar la causa de Cuba e incorporarse a una nueva aventura. Ese momento había llegado.

El Congo, la guerrilla del fin del mundo

La ayuda que presumiblemente Guevara había pedido a Fidel en la célebre discusión de las cuarenta horas no se hizo esperar. Casi sin darse un respiro comenzó la labor de reclutamiento de la tropa que le acompañaría a su primera guerrilla más allá del océano. Encomendó a Rafael del Pino la selección de un contin-

---

[82] Jorge G. Castañeda, *op.cit.*, p. 363.

gente exclusivamente negro en la base de Holguín. Sólo cubanos de raza negra, cuanto más negra mejor. Es cuando menos revelador este punto. Uno de los clásicos puntales de la demagogia antiyanqui del castrismo ha sido siempre la acusación a los Estados Unidos de utilizar a su población negra como carne de cañón en la guerras. Viendo la leva de negros para cubrir la campaña del Congo, no puede uno sino sonreír.

Con la tropa reclutada y algo de entrenamiento se dispuso unos días más tarde a abandonar de nuevo la isla. El día 2 de abril, tres semanas después de su llegada, partió rumbo a una ciudad desconocida. No informó a nadie, ni siquiera a su familia en Buenos Aires. Tan sólo Fidel y unos pocos elegidos en la cúpula del poder habanero sabían del destino último del Che. Al calor del secreto oficial nacería toda una intriga internacional que vendría a durar meses. La versión oficial era que el Che se había ido a la provincia de Oriente a cortar caña. De todos era sabido que era un gran aficionado a trabajar sin cobrar y los meses pasados en el extranjero le habían ocasionado un retraso considerable en su cuenta particular de Trabajo Voluntario. Como coartada durante unos días no estaba mal, pero la gente comenzó a sospechar. ¿Dónde estaba el Che Guevara? Fue la pregunta de moda durante semanas en toda Cuba y en la mayor parte de cancillerías extranjeras. Unos decían que se había ido a luchar a la República Dominicana, otros que se encontraba en México, país que le había visto partir para la revolución. Algunos, los más dados a las teorías estrambóticas, aseguraban que se encontraba en un psiquiátrico. Sea como fuere, el hecho es que en aquellos días en que medio mundo se preguntaba por el paradero del guerrillero argentino Fidel ni se inmutó. Dejó correr la situación a su antojo. Aun defenestrado, Guevara seguía siéndole de utilidad.

Antes de partir había dejado una carta de despedida a Fidel. No puso fecha para que el líder máximo la leyese cuando creyera conveniente. Probablemente la misiva date del primero de abril, un día antes de su partida. Castro la guardó consigo en el cajón de su escritorio y no la hizo pública hasta bastantes meses después. La carta de despedida del Che es quizá el documento debido a Guevara que más veces ha sido reproducido ya en papel, ya en casetes y hasta en discos compactos para regocijo de la parroquia de guevaristas iletrados, que son legión. La carta no hay por dónde cogerla. Pasa revista a toda la epopeya revolucionaria y alaba el papel de Castro al frente de Cuba:

[...] *Mi única falta de alguna gravedad es no haber confiado más en ti desde los primeros momentos de la Sierra Maestra, y no haber comprendido con suficiente celeridad tus cualidades de conductor y de revolucionario.* [...][83].

De modo que la carnicería de La Cabaña o la ruina casi absoluta no eran faltas de gravedad. Edificante apreciación la del Che. La memoria de los revolucionarios, especialmente si son cubanos, es floja. Pero no se queda ahí, poco antes de despedirse continúa enalteciendo al líder.

[...] ... *que si me llega la hora definitiva bajo otros cielos, mi último pensamiento será para este pueblo y especialmente para ti; que te doy las gracias por tus enseñanzas y tu ejemplo, al que trataré de ser fiel hasta las últimas consecuencias de mis actos.* [...].

Hay un aroma totalitario tal en esta carta que trae a la cabeza las confesiones de Kamenev y Zinoviev durante los juicios a los que fueron sometidos en las purgas de Stalin. Desconozco lo que pasó por la cabeza de Ernesto Guevara momentos antes de recibir el tiro de gracia en La Higuera, pero por su promesa previa parece que no dedicó ese último pensamiento a su esposa Aleida, a su madre Celia o a cualquiera de sus hijos, sino al faraón de La Habana. Todo un detalle que inexplicablemente pasa siempre desapercibido. En su artículo *El Socialismo y el Hombre en Cuba*, escrito por esas fechas, decía que el guerrillero está guiado por un profundo sentimiento de amor. Un amor tan grande que, en el momento de la muerte, en lugar

---

[83] Ernesto Guevara de la Serna, carta de despedida a Fidel Castro, 1 de abril de 1965.

de llevar el pensamiento hacia la madre, la esposa amada o los hijos, lo dirige a un tirano de una república bananera. Nunca llegaremos a saber a ciencia cierta si esta carta fue redactada en su totalidad por el Che. A fin de cuentas, Castro la guardó durante meses y bien pudo haberla modelado a su antojo para darse más importancia. Hay incluso hasta quien asegura que Ernesto jamás escribió esta carta y fue una hechura de Fidel para darse bombo.

En la carta Guevara renunciaba a su cargo de ministro, a su grado de comandante e incluso a la nacionalidad cubana. De lo primero y lo segundo fue desposeído por turnos. No hubo destitución oficial en el Ministerio de Industrias; de hecho, cuando fue leída la carta, el día 5 de octubre, la cartera estaba ocupada desde junio por Arturo Guzmán. El pueblo cubano, naturalmente, no fue informado del particular. El grado de comandante del ejército cubano no volvería a utilizarlo de manera oficial, aunque durante dos años seguidos lideró movimientos armados en dos países diferentes con apoyo de La Habana.

Al Che le llevó más de dos semanas llegar hasta su destino, la capital de Tanzania. El objeto era burlar a los soviéticos y a la CIA. Los americanos estaban interesados en saber por dónde paraba el guerrillero, pero no tanto como para seguirle por medio mundo. Los rusos sin embargo le conocían de primera mano. Castro se lo había soplado al embajador Alexeiev. Parece claro que Ernesto, de avión en avión, volando por media Europa de Bruselas a París, de allí a Madrid para evitar ser descubierto por los soviéticos, desconocía los apaños de su antiguo jefe.

El día 19 de abril llegó a Dar es Salam junto a sus dos comandantes de apoyo: José María Martínez Tamayo y Víctor Dreke. Este último había estado organizando los entrenamientos desde el mes de febrero en Cuba, mucho antes de que Guevara decidiese organizar la expedición al Congo, y era el mejor conocedor de la tropa cubana expatriada. Días más tarde, fue llegando con cuenta gotas el resto del contingente cubano. Eran unos cien hombres. A su frente Ernesto Che Guevara, que tomaría el nombre clave de «Tatu», tres en idioma suahili. La aventura había comenzado.

La estrategia dibujada en La Habana no dejaba lugar a dudas. El estallido del conflicto en el Congo sería una de las fichas maestras del plan de Castro para asestar un severo golpe a su archienemigo. Los norteamericanos acababan de embarcarse en Vietnam haciendo público y notorio su apoyo a la agredida república vietnamita del sur. En América Latina los avances de Castro eran evidentes. Recientemente, gracias a una conferencia en La Habana, había conseguido aglutinar de un plumazo a lo más florido del comunismo al sur del río Grande. África era para el Che. El Congo sería la Bolivia americana. Un país en el mismo corazón del continente, accesible desde casi cualquier punto y, lo más importante, descabezado, convulso y con un gobierno sostenido a duras penas por los belgas. Realmente suena a chiste pero en 1965 Fidel Castro estaba completamente seducido por esa idea de liderar el Tercer Mundo, de convertirse en el factor cardinal de la vasta comunidad de naciones afroasiáticas. A la vista está que no ha conseguido nada. En Asia su presunción se tradujo en un baño de sangre infame. Las matanzas del Vietcong o el genocidio sin nombre de los Jemeres Rojos una década más tarde dan inequívoca fe de ello. La política americana apenas llegó a un golpismo guerrillero que ha costado millares de vidas, reacciones violentas y la perpetuación de la miseria. En África el Che y su orgullo se dieron de bruces contra la realidad de que el mundo es como es, y no como uno quiere verlo. Si Ernesto Guevara hubiese aprendido esta sencilla lección se hubiera ahorrado un serio disgusto personal.

La campaña del Che Guevara en el Congo duró aproximadamente ocho meses y desde el principio al final fue un auténtico desastre. Los revolucionarios cubanos hicieron su entrada en el país por el lago Tanganica. Atrás, en la segura Tanzania del presidente Nyerere, dejaban la base de Ujiji, desde donde operaba Laurent Desire Kabila. La primera campaña, la de primavera, fue calamitosa para los recién llegados. De entrada, el Congo no era, ni mucho menos, la Cuba de Batista. La guerrilla además no se enfrentaba contra un ejército desmoralizado y con pocas o ninguna gana de combatir. El gobierno de Moisés Tshombé había requerido los servicios de un mercenario sudafricano, Mike Hoare, para organizar la lucha contra insurgente. La milicia de Hoare, el llamado Quinto Comando, estaba formada por soldados congoleses bien adiestrados y por una heterogénea masa de buscadores de fortuna de varios países europeos. Esta composición multinacional le permitió, por ejemplo, interceptar las comunicaciones de la guerrilla guevarista gracias a los oficios del oficial de radio, que era español.

Durante los meses de mayo y junio de 1965 Hoare, advertido de la presencia en el país de guerrilleros venidos de Cuba, emprendió un resuelto ataque destinado a hacer retroceder hacia el lago a los grupos rebeldes. Guevara pronto se apercibió que no tenía a un enemigo cualquiera enfrente. Instó a los jefes guerrilleros locales a buscar la unidad para hacer frente común contra el sudafricano. Fue un fracaso. La disidencia congolesa era tan anárquica y desordenada como su propia patria. Por un lado estaban fuertemente divididos en baronías tribales, y por otro eran demasiados los frentes que tenían abiertos como para pretender una unidad de objetivos. No ahorraría invectivas Guevara para sus nuevos compañeros de viaje. Y no era para menos. El presunto jefe del ejército popular congolés ni siquiera se dignaba aparecer por el teatro de operaciones. Kabila vivía mejor en Tanzania, realizando puntuales y esporádicas visitas al frente. En la guerra los voluntarios congoleses no se caracterizaban ni por su puntería, ni por su arrojo; a la primera que se veían en peligro se batían en retirada de un modo desordenado y vergonzante. Por si lo anterior fuese poco, los hábitos privados de los guerrilleros congoleses exasperaban a Ernesto. Se emborrachaban con frecuencia y el campamento solía estar lleno de mujeres que distraían a la tropa. El catálogo de despropósitos no se quedaba ahí; uno de los jefes de la guerrilla rebelde, Nicholas Olenga, acostumbraba pasearse en un flamante Mercedes Benz de color blanco junto a la línea de frente por puro placer. Un tanto curiosa debía ser la estampa del guerrillero negro dentro del Mercedes blanco circulando por un camino embarrado del África profunda. A los africanos no había manera de meterlos en cintura. Ernesto ni siquiera se entendía con la mayor parte de ellos. Los cubanos se habían presentado en el centro de África sin conocer los dialectos tribales de la zona. Ninguno de ellos hablaba suahili, lengua de los combatientes simbas, y tan sólo Guevara era capaz de hacerse entender en francés con alguno de los jefes.

Los primeros meses fueron de aburrimiento absoluto. Nadie sabía, ni siquiera el presidente de Tanzania, que el Che se encontraba guerreando en el Congo. Para proteger a los rebeldes, y ya de paso protegerse a sí mismo, Kabila recluyó a los cubanos en el campamento. Pero de poco valió. Pronto los hombres de Hoare, que no eran unos aficionados, detectaron la presencia de los isleños y actuaron en consecuencia. A finales de junio se desataron las hostilidades entre los dos mercenarios blancos, el argentino y el sudafricano, el latino y el anglosajón. El duelo entre Hoare y Guevara vendría a ser algo así como un remedo austral y a destiempo de la rivalidad inmemorial entre españoles y británicos. Un puñado de cubanos al mando de Víctor Dreke intentó apoderarse de la posición de Front de Force, infructuosamente. De nada sirvió la valentía mostrada por la tropa isleña. El ejército nacional congolés, asistido por oficiales belgas, y los hombres de Hoare resistieron el envite y regaron los alrededores de la aldea con la primera sangre cubana derramada en el Congo. Ernesto no podía más, urgió a Kabila a reunirse con él. Desde que Ernesto llegase a África en el mes de abril Kabila había estado jugando al ratón y al gato con él. Lo había ninguneado de un modo vergonzoso para los admiradores del guerrillero. Kabila se hizo de rogar de lo lindo. En una carta enviada por el Che a su supuesto homólogo congolés le decía:

> [...] *Le pido un favor: deme permiso para ir a Front de Force sin otro título que el de comisario político de mis camaradas, completamente a las órdenes del camarada Mundandi.* [...][84].

Ernesto Guevara, el Che, el guerrillero más famoso de la Historia, a las órdenes de un tal Mundandi. La campaña del Congo

---

[84] Ernesto Guevara de la Serna, carta a Laurent Desiré Kabila, junio de 1965.

ha sido tradicionalmente uno de los episodios de la vida del Che más ocultados en sus biografías. Y a sus hagiógrafos razón no les falta. Nadie, a excepción de Fidel, había tratado con tal desprecio al guerrillero hasta que éste conoció a Kabila. Indudablemente que el viejo refrán de «Todo tonto encuentra siempre otro tonto que le admira» se ajusta como un guante a esta extraña relación entre Kabila y Guevara.

Por fin, y dejando a un lado los desplantes, ambos líderes guerrilleros se encontraron a mediados de julio para establecer una acción conjunta que resultaría estéril. Kabila no entendía el elaborado planteamiento bélico del Che que carecía de una estrategia definida. Mike Hoare, sin embargo, sí que la tenía. Sobre un mapa de la zona en conflicto localizó los asentamientos y plazas dominados por los rebeldes y trazó el plan maestro para ahogar la insurrección en el fondo del mismo lago Tanganica. Los rebeldes se habían hecho fuertes en los pueblos de Baraka y Fizi, por lo que los hombres del Quinto Comando pusieron sitio al primero de ellos. El Che se encontraba allí. Hoare pidió refuerzos a Leopoldville y una escuadrilla aérea. Paradojas del destino: la dotación aérea enviada por el gobierno congolés estaba formada por cubanos. Antiguos componentes de la Brigada 2506 que se habían convertido en soldados de fortuna dispuestos a guerrear sin tregua contra el castrismo. De este modo tan inopinadamente caprichoso cubanos de ambos bandos volvieron a verse las caras en una remota tierra a miles de kilómetros de Cuba. La batalla de Baraka fue acaso la de mayor envergadura de todo la campaña congolesa y se saldó con una derrota sin paliativos de los guerrilleros. Hoare planificó un ataque por tierra y por el lago, armando para esto último una pequeña escuadra de lanchas artilladas. La resistencia de los cubanos fue meritoria. El propio Mike Hoare lo reconocería más tarde de este modo:

[...] *... el enemigo era muy diferente de todo lo que me había encontrado hasta ahora. Estaban equipados, empleaban tácticas militares y respondían a señales. Obviamente, estaban dirigidos por oficiales entrenados.* [...] *... con regularidad cronome-*

trada estaban concebidos sus ataques frontales, que eran notables por su ausencia de ruidos y disparos, usuales entre los simbas. Al quinto día, el patrón se alteró. Una oleada de rebeldes atacó desde el recinto de Contonco, gritando «Mai Mulele» ya avanzando por la carretera en una masa sólida... me di cuenta que tal reversión sólo podía significar una cosa: los cubanos se habían ido... [...][85].

No andaba desencaminado el guerrero de alquiler. Los cubanos se replegaron hacia Fizi, donde Ernesto situó su cuartel general. Pero no tardaría en caer esta posición. El Che, a la desesperada, salió del pueblo y miró el modo de tender una emboscada a los hombres de Hoare. Se había decantado por la táctica guerrillera al uso. Tampoco funcionó. Los cubanos estaban con la moral por los suelos. Recluido en su tienda, afectado por el asma y una mezcla letal de dolencias tropicales, Ernesto veía cómo una parte importante de su tropa revolucionaria, muchos de ellos se habían alistado voluntarios para ir al Congo, desfallecía y mostraba su intención de volver a Cuba. ¿Qué diablos hacemos aquí? Se preguntarían muchos. Guevara se había hartado de repetir en mil comparecencias y discursos el apotegma guerrillero que las revoluciones no se exportaban, que nacían en el seno de los pueblos. La guerrilla era el catalizador de ese ansia popular. Pero en el Congo nada de nada. Ni anhelos revolucionarios en el pueblo ni intenciones liberadoras en la vanguardia guerrillera. Toda su teoría expuesta en la *Guerra de Guerrillas* se venía abajo, se deshacía como un azucarillo.

La situación estaba empezando a ser angustiosa. Sólo quedaba resistir y morir o largarse pitando de aquel enjambre furioso. Para el Che, más dogmático e inflexible que nunca, sólo era digna de consideración la primera opción. Escaseaban las provisiones y los soldados cubanos apenas podían reponer su indumentaria. En cierta ocasión uno de los cubanos le solicitó que pidiese botas nuevas a los congoleños. Ernesto no lo pensó un momento, miró con cierto desdén a su interlocutor y le es-

---

[85] Mike Hoare, citado en Juan F. Benemelis, *op.cit.*, pp. 194-195.

petó de muy malas maneras: «*Los negros andan descalzos, los cubanos también tienen que hacerlo.*» Delirante y tragicómico el miserable escenario en el que presumiblemente iba a nacer el Vietnam africano.

Lo que no esperaba el Che es que la coyuntura internacional cambiase tan repentinamente. En el mes de julio su amigo Ben Bella había sido depuesto en Argel. Una intriga había acabado con su personalísima dictadura para dejar el poder en manos de Houari Boumedian. El nuevo amo de Argelia consideraba que perder el tiempo y el dinero en el remoto lago Tanganica era absurdo, por lo que interrumpió de golpe todo el programa de ayudas a los rebeldes. Para la nomenclatura argelina era prioritario el mundo árabe y su guerra larvada con Israel. Echar a los judíos al mar estaba muy por encima de construir el socialismo en África. En el Congo tampoco pintaban mejor las cosas. Al calor de una reunión rutinaria de la Organización de Estados Africanos, Moisés Tshombé cayó. Su lugar lo ocupó por un breve espacio de tiempo Kabasuvu, que se comprometió en firme con la OEA en pacificar el país, invitando a los cubanos a marcharse. Cierto que la guerrilla de Pierre Mulele continuaba, pero ésta se encontraba en el otro lado del inmenso Congo, muy lejos de las cada vez más inestables bases cubanas. No quedaba otra elección. En La Habana lo sabían, Fidel había seguido con regularidad la campaña a través de emisarios que iban y venían desde Cuba a la región de los lagos. Sacar al Che del Congo se convirtió en prioridad, pero no era tan sencillo. Ernesto se había enterado en octubre de que Fidel había leído en público su carta de despedida. Juró en arameo al saberlo, pues eso equivalía a quemar el único puente de salvación que le quedaba. ¿Con qué cara iba ahora a regresar a Cuba el Guerrillero Heroico? Obviamente no era de recibo abandonar Cuba por la puerta grande para volver a entrar en ella por la de servicio. Ernesto no quería saber nada de ello. Los enviados de Castro, especialmente Aragonés y Fernández Mell, insistieron una y otra vez al comandante pero era inútil. Guevara les hizo saber su intención de unirse a la guerrilla de Mulele atravesando el Congo a pie, y si eso no era posible, quedarse junto al lago para resistir a sangre y fuego la inminente entrada de los soldados leales al gobierno de Leopoldville. Finalmente, Guevara hubo de aceptar. Tomaron una lancha rápida y con lo poco que les quedaba partieron hacia la orilla segura del lago. El año 1965 se despedía y la aventura africana del Che había terminado. El año que estuvo en ninguna parte tocaba a su fin.

El balance de la intentona guerrillera en el corazón de África no podía ser peor. El propio Guevara lo definió sin ambages como un desastre sin atenuantes para, acto seguido, arremeter contra todos y contra todo para explicarlo. Ni sus intuiciones habían funcionado, ni el conocimiento de África que creía tener era el adecuado, ni la lectura de la realidad que había hecho era la correcta. Pensó que la antigua colonia belga iba a ser la mecha que encendiese todo el continente. Y se equivocó. Estaba persuadido de la idea de que los pueblos tienden a liberarse en cuanto ven a cuatro guerrilleros pegando tiros en el monte. Y se equivocó. Por último creyó ver en el África postcolonial una suerte de Camelot revolucionario que cambiaría en muy poco tiempo la faz del mundo. Y se equivocó. Toda su construcción teórica de la guerrilla mundial se vino abajo en los meses del Congo pero como si nada, Guevara inasequible al desaliento siguió insistiendo en el error. Y lo peor es que ya no tenía vuelta atrás.

El año del olvido

El clima de Dar es Salam es cálido, de una humedad pesada que cala hasta en los huesos. Encerrado en la embajada cubana en Tanzania pasó Ernesto varias semanas lamiéndose las heridas. No quiso recibir a nadie, ni hacer vida pública, ni siquiera se interesó por reverdecer viejas amistades africanas. El santuario donde permaneció recluido todo ese tiempo se transformó en su celda de castigo para purgar los pecados cometidos en el Congo. Apuntó con meticulosidad en su cuaderno de notas haciendo balance de la batalla congoleña:

[...] *He salido con más fe que nunca en la lucha guerrillera, pero hemos fracasado. Mi responsabilidad es grande; no olvidaré la derrota ni sus más preciosas enseñanzas.* [...].

La preciosa enseñanza consistía básicamente en ir de revés en revés y salir a los ocho meses con el rabo entre las piernas. Pero tan elemental apreciación no pasó por la cabeza del argentino. Identificó los errores y los concentró en otros, en los soldados cubanos que querían regresar a casa, en el poco compromiso de los aldeanos o, con mayor frecuencia, en los cuadros africanos con los que le había tocado compartir trinchera. Es indiscutible que los congoleños estaban lejos del soldado perfecto pero el error de Guevara no fue tanto luchar a su lado, pues no le quedó más remedio, sino el hecho de ignorar asunto tan capital a la hora de integrarse en un ejército metido en plena conflagración armada. Sobreestimó a los africanos y su capacidad de combate y ahí el yerro fue suyo y de nadie más.

Sumido en sus pensamientos, prácticamente a solas consumió dos largos meses. Hasta Dar es Salam voló Aleida March con objeto de hacerle recapacitar para que volviese a Cuba con ella y con sus hijos. Pero Ernesto no quería ni oír hablar de ello. La sola idea de regresar a la isla le ponía enfermo. Fidel había hecho polvo su retirada tras la lectura de esa carta que en mala hora había escrito. Sólo le quedaba una salida: ir a Argentina y organizar allí una guerrilla para conquistar el poder al modo cubano. Argentina era su ilusión, su meta última. Ya lo había intentado años antes a través de la malograda guerrilla de Masetti y la idea no se le podía ir de la cabeza. El problema es que su patria natal no estaba para revoluciones. Ni siquiera el Partido Comunista de Argentina simpatizaba con la lucha armada. Su líder, Víctor Codovilla, era reacio a las tesis del Che y no quería saber nada de levantamientos guerrilleros dentro del país. No había mucho más de dónde rascar, pero Dar es Salam no era el lugar apropiado para que se entregase a sus reflexiones. El servicio secreto cubano buscó un mejor escondrijo para el guerrillero. Lugares en los que el Che Guevara pasase desapercibido no eran, por desgracia, muchos, por lo que los agentes cubanos escogieron un frío país del este de Europa. A principios de marzo recogió las pocas cosas que llevaba consigo y se marchó a Checoslovaquia. En Praga los cubanos se encargaron de ocultar la presencia del ex ministro en un apartamento a las afueras de la capital. En el mes de marzo el invierno arrecia en Centroeuropa, los checos no son un prodigio de alegría y jovialidad y, por si todo esto fuera poco, el secreto de la operación debía ser tal que los movimientos de Guevara quedaron constreñidos a las cercanías del apartamento. Los meses en Checoslovaquia son, a juicio de un ilustre biógrafo suyo, los peores de su vida. Aleida viajó de nuevo a su encuentro pero sus gestiones para traerlo de vuelta a la isla tampoco fructificaron esta vez. Y no lo hicieron posiblemente porque Ernesto ya tenía un recambio guerrillero en la cabeza. Desde los días de Tanzania venía pensando en Bolivia como un centro neurálgico perfecto para iniciar la insurrección armada en Argentina y en otras partes del subcontinente. La idea era tan atractiva que envió a dos de sus fieles, Harry Villegas y Martínez Tamayo, que le habían acompañado en el Congo a inspeccionar in situ la situación en Bolivia.

En Praga volvió a cruzarse con Tamara Bunke, la germano-argentina que había conocido años atrás. Mucho se ha hablado sobre la relación sentimental que el Che y Tamara trabaron entonces. Tamara era una mujer joven, atractiva y muy ideologizada, la compañera perfecta para un hombre que vivía por y para sus ideas. Guevara vivía en Praga custodiado por un agente cubano, Ulises Estrada; éste había sido durante un tiempo amante de Tamara y coincidiendo con la llegada de la alemana a Praga Ernesto ordenó a Ulises que regresase a Cuba. El infeliz era de raza negra y, a juicio del comandante, eso era demasiado llamativo en una circunstancia como la que ambos se encontraban, es decir, en secreto y a espaldas del gobierno checo. Algo pesaría el hecho de que Estrada fuese negro no hay duda, pero que tuviese que volver a Cuba era la excusa perfecta para quitarse un competidor en el corazón de Tamara. Algunos apuntan a que en la capital checa se produjo una agria disputa matrimonial entre Ernesto y Aleida a cuenta de la presencia de Tamara. Son rumores, pero no dejan de tener su base. El matrimonio con Aleida estaba, si no roto, sí seriamente perjudicado. En todo el año 1965 la pareja apenas había convivido tres semanas. En 1966 tampoco pasarían mucho tiempo juntos, el justo que le dejaron los entrenamientos antes de partir para Bolivia y las dos visitas que Aleida le rindió cuando se encontraba en Praga y Tanzania. El camino que había emprendido Guevara en diciembre de 1964, su huida hacia delante, no era en absoluto compatible con la vida familiar y eso él debía saberlo a la perfección. La otra parte de su familia, la que vivía en Argentina, era ya un recuerdo lejano e imperceptible en la distancia. Su madre, Celia de la Serna, había muerto mientras él se encontraba guerreando en África, y las relaciones con sus hermanos y tíos no pasaban de ser puramente anecdóticas. Antes de partir hacia el Congo había dedicado una sentida carta a sus padres. Sería la última.

> [...] *Puede ser que ésta sea la definitiva. No lo busco, pero está dentro del cálculo lógico de probabilidades. Si es así, va un último abrazo.* [...][86].

La estancia en Praga se prolongó hasta mediado el verano. En julio Fidel tenía muy avanzado su plan para deshacerse de una vez por todas del fastidioso e iluminado argentino. En el menú guerrillero de Latinoamérica no había, todavía en 1966, mucho donde elegir. Descartada la opción argentina, apenas quedaban la de Venezuela y la de Perú. En Venezuela las FALN rechazaron la oferta de La Habana de incorporar a sus filas al guerrillero. Es de suponer que si la CIA encontraba al Che en la selva venezolana se pondrían muy complicadas las cosas para la causa, por lo que tenerle al lado era más un inconveniente que una ventaja. En Perú el movimiento guerrillero era débil y se encontraba en horas bajas. Sólo quedaba Bolivia. Fidel se encargó personalmente de hacer algunas gestiones con Mario Monje, secretario general del Partido Comunista de Bolivia (PCB). Los bolivianos no estaban ni de lejos interesados en ini-

[86] Ernesto Guevara de la Serna, carta a sus padres, marzo de 1965.

ciar un foco en su propio país, pero la larga mano de Castro se hizo sentir y Monje se avino a negociar. Fidel, para no traicionarse a sí mismo, no puso todas las cartas encima de la mesa. Dejó caer a Monje su intención de inaugurar un levantamiento armado en tierra boliviana, pero sin dejar claro el objetivo último. Lo que parecía claro es que en este levantamiento iba a participar de manera activa Ernesto Guevara. Esto a Monje le tranquilizó. Tres años antes La Habana había realizado una maniobra similar para introducir la guerrilla de Masetti en Argentina. Monje supuso, errando el tiro, que las intenciones de Castro iban por el mismo camino: servir de puente entre Cuba y Argentina. Bolivia nunca había constituido una prioridad en la agenda castrista. Los bolivianos tenían un gobierno relativamente progresista y ya desde 1952 se venía ejecutando una Reforma Agraria destinada a dotar de tierra a los campesinos. El país no era un campo de cultivo propicio. Ya en 1963 el propio Fidel lo había definido de la siguiente manera:

> [...] *Yo tengo mucha pena por ustedes, por Bolivia, porque es muy difícil hacer lucha guerrillera allí. Ustedes son un país mediterráneo, hubo la reforma agraria; entonces, su destino es ser solidarios con los movimientos revolucionarios de otros países, porque uno de los últimos países en lograr su liberación será Bolivia. La lucha guerrillera no es posible.* [...][87].

Que Fidel Castro tuviese meridianamente claro desde hacía tiempo que la lucha armada no era factible en Bolivia no obstaba para servir como destino a Guevara. Así se lo hizo saber. Todavía en Praga, y con el caramelo de la revolución sudamericana en la boca, supo llevárselo a Cuba. Los preparativos se hallaban sin embargo más avanzados de los que ambos, el Che y Fidel, suponían. En La Paz se encontraban desde julio tres agentes cubanos y hombres de confianza de Ernesto tanteando al PCB y a los grupos maoístas. Las gestiones de Pombo y Martínez Tamayo se verían completadas más adelante por Regis Debray, un escritor

---

[87] Jorge G. Castañeda, *op.cit.*, p. 404.

francés alucinado entonces con la revolución cubana, que se desplazó hasta Bolivia para hacer una investigación de campo encargada desde La Habana. La capital boliviana era durante aquel año de 1966 un hervidero de intrigas cubanas. Por un lado los enviados del Che, por otro los comunistas locales interesados en la intervención y, por último, el advenedizo francés investigando por su cuenta.

Tan pronto como Ernesto puso sus pies de nuevo en tierra cubana inició las labores de desarrollo de la tropa cubana que viajaría hasta Sudamérica. Se estableció en una casa de campo cerca de San Andrés de Taiguanabo. Procedió a la selección exhaustiva del personal militar. No quería que se las diesen con queso como había sucedido el año anterior en el Congo. Tan sólo un puñado de hombres. Todos jóvenes y con probada fidelidad a la revolución y al Che Guevara. En la misma finca donde Ernesto había fijado su residencia empezaron en agosto los entrenamientos. Prácticas de tiro, caminatas por el monte y un imprescindible cursillo acelerado de lengua quechua para integrarse mejor en el país que pretendían invadir con un lanzagranadas al hombro.

La otra cara de la operación se estaba llevando a cabo en tierras bolivianas. Monje no paraba de La Habana a La Paz, negociando y renegociando los términos de la intervención. Sin embargo, la situación se complicó inesperadamente. La aguja que Fidel quería enhebrar con los comunistas bolivianos no terminaba de pasar por el agujero. Monje se escamó sobremanera. Empezó a desconfiar de Castro por momentos. La idea del líder máximo no era utilizar su país como base para iniciar una rebelión en Argentina, sino que los cubanos tenían intención de quedarse y armar la marimorena en la puerta de su casa. Los jerarcas del partido en Bolivia no querían saber nada del tema. Rechazaron las peticiones de hombres que venían desde La Habana y se pusieron a la defensiva. Pero a Castro no se le podía llevar la contraria, de manera que Monje combatió un ardid con otro ardid. Los estrategas cubanos habían repensado la campaña conforme a la información recibida desde La Paz. Se trataba en suma de asentar el foco en la zona de Alto Beni, una región poblada y susceptible de ser buena base de operaciones. Monje lo sabía e inició su propia maniobra de diversión. Se las arregló para que la guerrilla diese comienzo al sudeste del país, en Ñancahuanzú, una árida comarca en la que no vivía ni un alma, pero que estaba muy próxima a la frontera con Argentina. La estratagema de Monje se revelaría letal.

En Cuba los preparativos se aceleraban. A comienzos de septiembre al Che empezaron a entrarle las prisas para lanzarse de una vez sobre su objetivo. A mediados de octubre se dieron por finalizados los entrenamientos y todo el contingente se dispuso a partir a su destino. Toda la operación guerrillera, como en el caso del Congo, debía revestir el máximo secreto. Cada uno de los componentes llegó a Bolivia dando impresionantes rodeos por medio mundo para despistar no se sabe bien a quién, porque los rusos estaban seguramente al tanto de todo el dispositivo. Ernesto se afeitó parte de la cabeza y se puso unas gruesas gafas de pasta que lo avejentaban considerablemente. Poco antes de partir tuvo su última charla con Fidel. Nadie sabe qué es lo que hablaron los dos próceres de la revolución en su postrer encuentro. Algunos han dicho después que se fundieron en un emotivo abrazo y se despidieron. En aquel día del templado otoño cubano terminaba una relación que había durado once años. Más de una década plagada de encuentros y desencuentros, de guerra y revolución, de buenas intenciones y oprobiosa realidad. La revolución cubana, que ha sembrado de ignominia y vergüenza la honorable isla grande del Caribe, no sería la misma sin el binomio de estos dos enemigos de la causa de la libertad. El legado sentimental de la revolución que ha esclavizado a los cubanos durante medio siglo deberá casi todo a esa barba y esa boina, iconos inmortales de cincuenta años de angustia. Tras decir adiós a Fidel, cenó por última vez con su esposa y sus hijos, y emprendió el viaje.

Salió de Cuba el día 23 de octubre con dirección a Praga. Ya en Checoslovaquia, tomó un tren hasta Viena, de allí a Francfort, París y Madrid. Cuenta Pacho O'Donnell que en Madrid Ernesto se tomó el tiempo de acercarse hasta la residencia de Juan Domingo Perón en el selecto barrio de Puerta de Hierro. La confesión le vino dada al biógrafo argentino por Enrique Pavón, secretario de Perón en el exilio madrileño. Con o sin entrevista con el carismático líder justicialista el hecho es que Guevara desde la capital de España dio el salto de vuelta a América, exactamente a la ciudad brasileña de Sao Paulo. En la primera semana de noviembre se encontró en la frontera de su último destino, en el límite territorial entre Brasil y Bolivia, el país que menos de un año más tarde le vería morir.

De Bolivia a la eternidad

En el mes de julio Villegas *(Pombo)* y Coello *(Tuma)* habían comprado la finca de La Calamina en Ñancahuanzú, un retirado rincón de Bolivia en el departamento de Santa Cruz. Las órdenes para comprar la finca habían emanado directamente desde Cuba. Ernesto estaba, a la vez que entrenaba a los mercenarios en San Andrés, al tanto de los avances de *Pombo* en Bolivia. Está visto que la treta urdida por Monje había logrado su objetivo. En La Habana no se debieron tomar el tiempo de estudiar un mapa del país andino para percatarse de lo inapropiado de la ubicación de la finca. Las prisas de Ernesto por salir de Cuba eran tales que cualquier cosa le venía bien. Por otro lado, en su anterior aventura guerrillera el argentino tampoco había sido un prodigio de previsión. Llegó al Congo con lo puesto y sin saber dónde se metía. En Ñancahuanzú pasaría algo similar.

Tan pronto como hubo franqueado la frontera boliviano-brasileña se dirigió a La Calamina para dar inicio a los preparativos previos a la insurrección. En La Paz nadie, absolutamente nadie, se imaginaba lo que se venía tramando entre La Habana y el Partido Comunista. En aquel entonces casi cualquier país de Latinoamérica era susceptible de dar cobijo a una guerrilla, por pequeña que ésta fuese; entre las contadas excepciones estaba Bolivia. El presidente de la república, René Barrientos, gozaba de un notable apoyo popular, especialmente entre las capas de la población más desfavorecidas. En las elecciones celebradas por esas mismas fechas, el partido de Barrientos, el Frente de la

Revolución Boliviana, obtuvo una mayoría aplastante sobre el resto de fuerzas políticas. Mientras los comunistas de Monje apenas habían rebasado los 30.000 votos el frente presidencial cosechó casi 700.000 sufragios. Sin embargo, Ernesto y su cuadrilla de observadores cubanos de ocasión obviaron hecho tan elemental. El programa de Barrientos era muy avanzado en cuanto a medidas sociales. Profundizaba en la Reforma Agraria y preveía la nacionalización de las minas. En política exterior, no obstante, la línea seguida era la de la alianza sin fisuras con los Estados Unidos, muy al uso de las repúblicas latinoamericanas de entonces. Parece que los lumbreras que asesoraban a Castro no tuvieron en cuenta un análisis de la situación como el que acabo de resumir. La Bolivia de 1966 no era ni en broma la Cuba de Batista. ¿O acaso sí lo hicieron y prefirieron enviar a su guerrillero predilecto a un avispero del que tendría una salida cuando menos complicada?

La entrada en el país fue tranquila. En un principio, durante el mes de noviembre, no llegaba a la decena el número de guerrilleros cubanos y bolivianos cobijados en La Calamina al abrigo del Che Guevara. A finales de mes fueron recibiendo nuevas e importantes incorporaciones. El Comité Central del PCB seguía a la sazón opuesto a la presencia guerrillera y su líder, Mario Monje, no terminaba de transitar por el estrecho sendero que le estaba trazando Fidel Castro desde Cuba. Las fidelidades de Monje, y del grueso del Partido Comunista de Bolivia, pasaban más cerca de Moscú que de La Habana. La estrategia de los soviéticos en cuanto a la toma del poder era meridiana. Los partidos comunistas que viviesen en democracias representativas debían camuflarse en Frentes Populares más o menos estables y reconocidos para iniciar el asalto al poder. Lo de las guerrillas y la lucha armada de grupúsculos aislados encaramados a un risco serrano no terminaban de tragárselo en el Kremlin. La eficacia se estaba demostrando nula más allá de la solitaria experiencia de la Sierra Maestra y, por añadidura, los aires de coexistencia pacífica no se llevaban muy bien con la estrategia castrista de incendiar el continente americano. Monje, como buen seguidor de la línea moscovita, de entrada no veía con buenos ojos los planes de Fidel y menos aún cuando estos planes pasaban por su Bolivia natal. Dentro del PCB había un sector mínimo de activistas realmente seducidos por el proceder cubano. A ellos se dedicó Castro con fruición para poder legitimar su golpe, y el de su antiguo ministro, en el país de los Andes. Aparte de esta minoría en Bolivia existían grupos de trotskistas y maoístas que bien podían servir como elementos de apoyo a la expedición parida en La Habana. Uno de ellos era el del sindicalista minero Moisés Guevara. Había pertenecido al PCB hasta 1964, año en que se separó debido a diferencias de criterio muy de la época. Moisés se alineó con las tesis chinas en contra del parecer general del partido boliviano, perrunamente fiel a Moscú.

El crecimiento del grupo de Guevara fue constante durante noviembre y diciembre. Entre tanto Monje no hacía acto de presencia. Para evitar la encerrona de los cubanos se marchó del país. Se celebraba en Sofía un congreso de partidos comunistas al que acudió en condición de representante de la organización boliviana. A pesar del poco interés, o incluso del interés negativo, que estaba mostrando Monje, los cubanos querían embarcarlo en la aventura. Al fin del congreso Castró giró a Europa una solicitud para que Monje de regreso a su país hiciese parada y fonda en Cuba. El boliviano no se pudo resistir. Pero antes de dirigirse a La Habana hizo una escala de una semana en Moscú. Quizá fue entonces cuando los soviéticos se dieron por enterados de que su en nada estimado Che Guevara se encontraba en Bolivia. Monje arribó a La Paz a finales de año. Ya no podía huir más del hecho consumado que los cubanos le habían puesto frente a sus narices. Lo primero que hizo el apesadumbrado boliviano fue convocar una reunión urgente del Partido para exponer con crudeza ante su Buró Político lo complicado de la situación. Los dirigentes del PCB se venían oliendo la tostada desde el verano, pero nada podían hacer contra el gran hermano de La Habana. Instaron a Monje a reunirse con el Che Guevara en su campamento de Ñancahuazú y así lo hizo. En plenas Navidades de 1966 Mario Monje se encaminó atribulado al encuentro del héroe de Santa Clara. La encargada de llevar a Monje hasta el remoto rincón de la provincia de Santa Cruz, donde la guerrilla había sentado sus reales, fue Tamara Bunke, la alemana y acaso amante de Ernesto, que se había desplazado hasta Bolivia para ejercer de contacto entre la sierra y la ciudad. Una vez más repitiendo el cliché de la revolución cubana, una vez más creyéndose la tontería mil veces repetida de que los Andes eran la Sierra Maestra de América Latina.

Ernesto, que tenía ya el carácter sumamente endurecido, espero a Monje con la escopeta cargada. Metafóricamente se entiende. Para abrir boca y con idea de que el boliviano fuese entrando en calor, le dijo lo siguiente:

> [...] *En realidad te hemos engañado. Yo diría que Fidel no tiene la culpa, fue parte de mi maniobra, ya que te hizo un pedido a iniciativa mía. Inicialmente tuve otros planes pero luego los cambié... Disculpa al compañero con quien hablaste, él es muy bueno, de absoluta confianza, no es político, por eso no supo ni pudo explicarte mis planes; sé que fue muy descortés contigo.* [...][8] .

La descortesía pasaría más bien por recibir a un presunto compañero de armas y de causa con un desafiante «En realidad te hemos engañado». Quizá sin saberlo el Che se estaba cargando su propia teoría guerrillera. Las revoluciones, según él, no se exportaban pero ahí, en ese campamento, se encontraba un buen puñado de mercenarios cubanos financiados y preparados desde Cuba. La trama urbana era imprescindible y entre ésta y los alzados en la sierra debería reinar una sintonía diáfana de fines. En cambio en Bolivia lo primero que hace Ernesto es confesar a su interlocutor urbano, al jefe del partido, vanguardia de la lucha en la ciudad, con un tajante «te hemos engañado». Curioso modo de hacer amigos y bella manera de firmar su sentencia de muerte apenas desembarcado en el teatro de operaciones. Errores de bulto como éste repetirá Guevara varios a lo largo de su última andanza guerrillera.

Monje no se amilanó. Estaba seguro del apoyo que recibiría de Moscú si las cosas se ponían feas. Pero tampoco era cuestión

---

[88] Jorge G. Castañeda, *op.cit.*, p. 426.

de mandar al Che y a su soberbia a freír puñetas. Semejante actitud no era digna de un político. Hizo intención de alinearse con la línea guerrillera si se cumplían tres condiciones bien simples: por un lado pedía que se crease un amplio frente de apoyo a la guerrilla en toda la nación; por otro, que la estrategia de conquista del poder no se ciñese en exclusiva a la lucha armada, y, por último, y es aquí donde escoció al guerrillero heroico, el liderazgo habría de recaer en él, por ser quién era en el partido y, sobre todo, por ser boliviano de nacimiento. Hasta aquí podía llegar Ernesto. ¿Ceder el poder?, ni hablar, ni por asomo. Él, el salvador de los pueblos, el redentor de conciencias, el que daba y quitaba los credenciales de dignidad no podía relegarse a un segundo puesto ni bromeando. Bastante había tenido que sufrir en Cuba viendo cómo le apartaban. Quina había tenido que tragar en el Congo con Kabila como para llegar ahora a Bolivia y tener que dejar el mando a un cholo. En su diario lo consignó de este modo:

> [...] *No podía aceptarlo de ninguna manera. El jefe militar sería yo y no aceptaba ambigüedades en esto. Aquí la discusión se estancó y giró en un círculo vicioso* [...][89].

Para Mario Monje la actitud intransigente y maximalista de Guevara fue un regalo caído del cielo. Regresó a La Paz con promesas vanas y muy contento por haber evadido un compromiso abierto. Muchos han intentado de cargar sobre Monje la responsabilidad última de la muerte del Che en Bolivia. Y, a mi juicio, van desencaminados. Tanto Castro como Guevara ningunearon al secretario general de los comunistas bolivianos en todo momento. El propio Ernesto ni había tenido la delicadeza de contactar con él cuando, en el mes de marzo, envió desde Europa a sus primeros emisarios. La parte que le corresponde a Fidel Castro no es menor. Jugó con Monje desde el principio hasta el fin. Le engañó sin ruborizarse y nunca dejó claras sus intenciones. Por si esto fuera poco, el plan maestro de Fidel fue

---

[89] Ernesto Guevara de la Serna, *Diario de Bolivia,* 31 de diciembre de 1966.

desde los inicios minar el PCB por dentro entrenando a militantes suyos en Cuba. Con todos estos antecedentes es normal que Mario Monje mostrase de todo menos entusiasmo hacia la iniciativa del Che. Mario Monje fue en realidad una víctima de los manejos habaneros de los que, por fortuna para él, consiguió salir indemne, al menos en cuanto a integridad física. El cubano Leonardo Tamayo, *Urbano* en la guerrilla, confesó a O'Donnell que para el Che el liderazgo era poco menos que irrenunciable, debido a que gracias a la revolución cubana disponía de conocimientos superiores a los de Monje. ¿Cuáles eran esos conocimientos de los que presumía Guevara con tanta soberbia? Años más tarde Félix Rodríguez, un cubano exiliado agente de la CIA, que colaboró con los bolivianos a extinguir el foco guevarista, hacía estas apreciaciones a un canal de televisión escandinavo:

> [...] *Era un pésimo guerrillero. Es el perfecto ejemplo de lo que no se debe hacer. La mayor parte de lo que hizo lo hizo mal. Faltaba preparación, no había comunicaciones ni suministros. Hablaba con la gente, pero ellos no entendían su mensaje: «Voy a devolverles la tierra que Barrientos les quitó», decía, pero ellos podían utilizar toda la tierra que querían. Su mensaje no tenía sentido. Ésta debe ser la primera vez en la Historia en que unos guerrilleros operan durante un año sin reclutar siquiera a un solo granjero, tan sólo un perro, que al final desertó también.* [...][90].

El agente Félix Rodríguez puede ser un perfecto ignorante en cualquier otro tema, pero no en el de la lucha contra insurgente. A lo largo de los últimos treinta años ha combatido levantamientos guerrilleros por todo el continente americano. Si un experto que ha dedicado su vida a luchar con guerrilleros en todas las latitudes tiene semejante opinión de la guerrilla del Che en Bolivia, lo sensato es tomarla en consideración.

El desencuentro con Monje no inquietó en lo más mínimo a Ernesto. En su inopia el guerrillero pensaba que podía llevar a

---

[90] Felix Rodríguez, entrevista con la Televisión sueca.

cabo una exitosa campaña sin el concurso de los comunistas bolivianos. En su diario hacía la siguiente anotación:

> [...] *La actitud de Monje puede retardar el desarrollo de un lado, pero contribuye por otro a liberarme de compromisos políticos.* [...].

Guevara no estaba dispuesto a sostener compromiso alguno. Ni político ni militar. Había llegado a Bolivia a hacer la guerra y él y sólo él era quien decía cuándo, cómo, dónde y por qué se hacía. Bella heroicidad la de este Che Guevara boliviano, ensimismado en sus propias concepciones guerrilleras, encastillado sin remedio en el dogmatismo y la intransigencia.

Los preliminares en la finca de La Calamina llevaban buen ritmo al iniciarse el año. Todos los componentes habían integrado ya el grupo y reinaba cierta euforia, algo muy propio en los comienzos de las aventuras guerrilleras. A imagen y semejanza de cómo había procedido en Sierra Maestra, Guevara organizó el campamento al uso tradicional en él. Servicios varios, entrenamientos, provisiones ordenadas y disciplina, mucha disciplina, para preparar a sus integrantes para lo inevitable. El orden que fijaba Ernesto en el campamento era sencillo. Los cubanos primero, los bolivianos después. No se terminaba de fiar de los guerrilleros andinos. De hecho, creó al efecto una columna especial, formada por bolivianos a los que se les habían retirado las armas, destinada a cargar con los pertrechos. Al igual que con los africanos año y medio antes, sus conmilitones nativos de Ñancahuanzú no se libraron de las críticas y suspicacias del comandante.

El ejército y el gobierno desconocían aún en enero que una guerrilla se estuviese organizando en la provincia de Santa Cruz. Las idas y venidas continuas de Tamara Bunke *(Tania)* desde la ciudad al campamento no habían hecho sospechar a nadie. Por otro lado, las autoridades no tenían nada que temer. Como ya he apuntado anteriormente, el respaldo popular del presidente Barrientos era muy amplio, por lo que nada hacía pensar que alguien pensase en patrocinar un golpe armado. Las marchas de exploración habían dado comienzo en el mismo mes de noviembre. Pequeñas partidas de guerrilleros abandonaban el campamento y recorrían durante días los aledaños para ir trazando una geografía precisa del teatro donde iban a producirse los enfrentamientos con el ejército. El conocimiento del terreno era a juicio de Guevara imprescindible. En la Sierra Maestra los guajiros habían servido las más de las veces de guías de los revolucionarios. Cuando empezaron a alistarse voluntarios locales el conocimiento que la milicia castrista tenía de la sierra era absoluto y muy superior al del ejército de Batista. En Bolivia sin embargo los nativos del país no eran demasiados y, por descontado, no eran oriundos de aquella inhóspita región. Las marchas de reconocimiento se intensificaron. Tras el desencuentro con Monje y la ruptura definitiva con el PCB, Ernesto concibió una nueva estrategia. A primeros de febrero planificó una macrosalida de exploración en tres columnas. La idea era estar un par de semanas fuera del campamento central y aclimatarse a la tierra y a las duras condiciones de lucha que esperaban al grupo. Fue un desastre sin paliativos. Las dos semanas se convirtieron en seis. Los guerrilleros no disponían de cartografía, iban mal equipados y carecían de elementos tan elementales para un expedicionario como la radio. El hecho, para muchos desconocido, es que el Che Guevara estuvo desde el mes de febrero de 1967 hasta su muerte en octubre completamente incomunicado. Disponía de un aparato receptor que le permitía escuchar las noticias de Radio Habana y algunas estaciones bolivianas y argentinas. Pero nada más. En mitad de la nada, rodeado por unos guerrilleros famélicos, harapientos y en gran parte desmotivados, el problema de la radio quizá pasase a un segundo plano en sus preocupaciones cotidianas. En los primeros días de la guerrilla, en aquellas semanas de optimismo en que iban llegando nuevos miembros de La Habana bien pertrechados de material y con dinero en el bolsillo, el grupo se había equipado con un par de transmisores algo anticuados pero efectivos y potentes. Uno de ellos no funcionó nunca. El otro se estropeó al mojarse. Los guerrilleros disponían así mismo de un aparato de telegrafía sin hilos, pero carecían de la clave para ponerlo en marcha. Peor imposible. Más chapucera e improvisada no podía ser la intendencia en esa guerra que pretendía liberar a Bolivia del yugo imperialista.

El área de Ñancahuanzú era vasta y despoblada. Los pocos asentamientos estables eran míseros villorrios en los que aprovisionarse hasta de lo más elemental era difícil. A Ernesto por añadidura se le juntaba el hambre con las ganas de comer. No sólo era ya un hombre maduro que frisaba la cuarentena sino que también su asma crónica empezó a jugarle malas pasadas. Conforme fue avanzando la campaña, fueron acabándosele las medicinas con las que ponía coto al mal que le acompañaba desde la infancia. Guevara, que no había llorado en exceso la pérdida de los transmisores de radio, se enervaba al ver que su provisión de fármacos contra el asma mermaba sin remedio. En alguna ocasión envió a miembros de la guerrilla a una aldea con idea de atracar una farmacia pero fue inútil. En aquel remoto lugar, o no había asmáticos, o si los había trataban su enfermedad por otros medios alejados de la farmacología occidental. Ernesto probó de todo. Valiéndose de sus conocimientos botánicos, que debían ser tan inanes como los económicos, mezclaba hierbas silvestres y se las fumaba. Las consecuencias no es difícil imaginárselas. Otro de los métodos que utilizó para librarse de la pesadilla fue colgarse boca abajo de un árbol y pedir a sus hombres que lo sacudiesen con fuerza en el pecho. Lógicamente esto último tampoco funcionó. El asma unido a la fatiga de las caminatas y la desnutrición hicieron que pasado el invierno austral tuviese que ir siempre auxiliado por un guerrillero o sobre el lomo de un caballo. Caballo que terminaron comiéndose los guerrilleros cuando el hambre apretó, hasta el punto de llevar al contingente al borde mismo de la inanición. El día que los rangers bolivianos le apresaron en la quebrada del Yuro el guerrillero heroico era una caricatura de sí mismo, un espectro delgado, demacrado y andrajoso. La fotografía que se conserva de aquel momento lo muestra de manera descarnada.

La gira expedicionaria del mes de febrero, la «Brutal expedición» tal como fue bautizada por Paco Ignacio Taibo II, se saldó con un fracaso monumental. Ni exploraron, ni consiguieron afianzar la moral del grupo, ni obtuvieron la recompensa de nuevos y briosos guerrilleros nativos. A la vuelta al campamento el aspecto de los revolucionarios era devastador. Dos de ellos habían perecido en el intento, pero no en honroso combate contra el ejército sino ahogados en los helados y traicioneros ríos de la región. El desánimo cundía en la tropa y dio comienzo otra de las lacras de la guerrilla boliviana del Che: las deserciones. En Cuba tal actitud se pagaba con la vida. En Bolivia no hubo convicción ni para eso. A mediados de marzo se produjo una deserción que se demostraría letal para la guerrilla. Dos reclutas bolivianos, Vicente Rocabado *(Orlando)* y Pastor Barreras *(Daniel)* desertaron y se dirigieron a la población de Camiri. Nada más llegar fueron a informar al destacamento militar del pueblo de la existencia de la guerrilla. No habían llegado a conocer al Che, pues éste se encontraba explorando el terreno en su calvario de seis semanas. Ernesto además había adoptado, al igual que en el Congo, un nombre de guerra para traer de cabeza a los eventuales investigadores. En Bolivia el argentino adoptó dos sobrenombres que pasarían a la Historia, *Ramón* y *Fernando;* sustituiría uno por otro cuando el ejército cerró el cerco. Los militares de la Cuarta División dieron por buena la información de los sublevados, pero aún dudaban seriamente de la presencia de Ernesto Guevara entre ellos. La misma CIA creía todavía en marzo que el Che y su leyenda se habían extinguido definitivamente en el Congo. Los informes obtenidos en África hacían pensar que el restringido grupo de Guevara había sucumbido junto al lago Tanganica a finales de 1965. A la vista está que en el cuartel general de la CIA en Langley andaban errados. Pero no era descabellada su sospecha. Desde que Ernesto y sus pocos acólitos se retirasen abatidos a Dar es Salam había transcurrido más de un año y nadie, absolutamente nadie, había oído hablar de él. Es más, en La Habana, en octubre de 1965 el propio Fidel Castro se había tomado el trabajo de leer en público su carta de despedida.

La información recogida de *Orlando* y *Daniel* fue clave para poner en alerta al ejército, pero el gobierno de La Paz aún podía respirar. Si los guerrilleros existían, debían estar aún en una fase preparatoria, porque no habían dado señales de vida. Más que una guerrilla con ideas de saltar sobre la yugular del Estado, el grupo podía aún considerarse una cuadrilla de bandidos. Un incordio en definitiva para los militares destacados en Santa Cruz. Pocos días después todo vino a torcerse. Ernesto cometió uno más de la cadena interminable de errores que le llevaría a la muerte; dio inicio a las acciones militares. Los desertores habían levantado la liebre. Al ejército tan sólo le quedaba seguirla. Una pequeña guarnición desprevenida se adentró en la montaña con idea de llegar hasta Ñancahuanzú. Los militares dieron pronto con el campamento y detuvieron a uno de los hombres que se había quedado custodiándolo. La situación se estaba tornando insostenible. En tal orden de cosas un guerrillero de verdad se hubiese retirado o, directamente, hubiera disuelto el grupo en el acto. La pérdida de la clandestinidad y la localización del campamento eran motivos más que sobrados para desistir, pero Guevara sólo concebía un camino, el mismo que en el Congo: resistencia y muerte. Mandó organizar una emboscada a los militares que venían desde Camiri. La refriega se saldó con siete soldados muertos y un suculento botín en armas. En La Paz empezaron a preocuparse. Los guerrilleros habían declarado la guerra abierta. Estaban preparados para matar y entre ellos se encontraban profesionales llegados de Cuba tal como habían podido comprobar al inspeccionar el campamento tomado días antes.

Las consecuencias de la emboscada no se hicieron esperar. El Partido Comunista de Bolivia fue ilegalizado en el acto y el presidente Barrientos se vio impelido a solicitar ayuda de los Estados Unidos. Pero el hecho clave que daría al traste con el foco estaba, aún a mediados de abril, por llegar. En el mes de marzo habían llegado procedentes de La Paz y de Buenos Aires dos nuevos y extraños miembros. Se trataba del argentino Ciro Bustos y del francés Regis Debray. El primero fue llamado ex profeso por Guevara para ir preparando el foco guerrillero en Argentina. El segundo merodeaba por Bolivia desde hacía meses. Había llegado a La Paz con el encargo de inspeccionar posibles lugares donde fijar un asentamiento seguro para una guerrilla en la región del Alto Beni. Los propios comunistas bolivianos se habían quejado de Debray en varias ocasiones. El advenedizo francés, que iba de intelectual, era emisario personal de Castro y no se terminaban de fiar de él. Bustos y Debray subieron a la sierra en compañía de Tania, que todavía desempeñaba labores de apoyo con su jeep. La estancia iba a ser breve. Ni el argentino ni el francés tenían en principio intención de tomar un fusil y unirse a la lucha en Bolivia. En el campamento les sorprendió el inicio de las hostilidades entre la guerrilla y el ejército, por lo que tuvieron que quedarse. La estadía de ambos en Ñancahuanzú no sería cómoda. Regis Debray, famoso por su libelo infame «*Revolución en la Revolución*», no estaba a la altura de las circunstancias. La cómoda existencia de intelectual de izquierdas en París o en La Habana no se llevaba bien con la dura subsistencia del guerrillero en la sierra. Fue un verdadero engorro para los hombres de Guevara aguantar las impertinencias del francés. Ernesto sabía que evacuar a los invitados era complicado a pesar de tener la casi completa seguridad de que le eran fieles como un perro. Pagaría caro tal presunción. La pesadez de Debray quebró finalmente la voluntad del comandante y permitió que saliesen junto a un fotógrafo chileno que había sido interceptado por la guerrilla, Andrew Roth. En la aldea de Muyupampa los extranjeros fueron detenidos y puestos a disposición de las autoridades.

Aquí, en este 20 de abril de 1967, nace una de las tramas sobre la que más tinta ha corrido en los últimos cuarenta años. ¿Quién de los dos delató la presencia del Che Guevara en la guerrilla? La versión canónica, es decir, la que comparte el grueso de la izquierda internacional por el simple motivo que es la preferida de Castro, apunta a Ciro Bustos como el culpable. Según parece, los militares sin siquiera golpear al argentino obtuvieron un testimonio que involucraba directamente a Ernesto Guevara en la guerrilla boliviana. El testimonio vino acompañado de los retratos de todos y cada uno de los guerrilleros dibujados en carboncillo por un solícito Bustos que, no lo olvidemos, era pintor de profesión. Debray por su parte cantó también, pero sólo cuando tuvo constancia de que Bustos había informado previamente. Los dos fueron juzgados en un caldeado ambiente internacional con la opinión pública de Occidente muy sensibilizada a favor de los detenidos. La condena que les cayó fue la máxima que preveía el código de Bolivia; treinta años. Lo cierto es que salieron a los tres, en 1970, indultados por el nuevo gobierno de La Paz y ambos han corrido muy distintas suertes. A su salida del penal boliviano los dos volaron hasta Santiago de Chile. El ya presidente de la república, Salvador Allende, sólo se tomó el tiempo de recibir a uno de ellos, a Debray, al que agasajó en la capital chilena, reservándole una habitación en un hotel de cinco estrellas. Nadie se acordó de Bustos, que pasó a ser el villano predilecto de toda la izquierda. Cuarenta años después Debray es un indigente intelectual reconocido en todo el mundo, fue asesor del presidente Miterrand y da cursos y charlas imbuido de esa superioridad moral que a tan buena gala llevan los canallas. Bustos es el gran olvidado. Vive humildemente en Suecia, olvidado por todos y hastiado de tantos años de vilipendios y mentiras.

Los biógrafos del Che Guevara se dividen pues en dos escuelas claramente diferenciadas en cuanto a su campaña boliviana. Los *debrayistas* y los *bustistas*. Representante ilustre de la primera es el incorregible Pierre Kalfon y su burdo panegírico, que más de uno ha confundido con una biografía seria de Ernesto Guevara. En una entrevista reciente Kalfon reconoció que no había leído una sola línea del testimonio de Bustos, no es óbice sin embargo este pequeño detalle para que el hagiógrafo francés cargue al desdichado pintor con todas las culpas. Lo cierto es que tanto Bustos como Debray se derrumbaron y cantaron de plano pero con una diferencia: a Bustos le amenazaron con tomar medidas contra su mujer e hija, a Regis Debray no le hizo falta tan cruda persuasión. Dijo todo lo que sabía y, según parece, lo dijo mucho antes de que le detuviesen. Humberto Vázquez Viaña divulgó no hace mucho una carta en la que el escritor francés comunicaba a su abogado el acuerdo al que había llegado con los militares acerca de la presencia de Guevara. Pacho O'Donnell, que accedió personalmente a esta carta, tiene al menos la honestidad de reproducirla en su biografía de Ernesto Guevara:

> [...] *Le recuerdo que la presencia del Che Guevara era algo muy confidencial, que tenía el compromiso periodístico con él de no revelar su presencia aquí por el momento, y el compromiso de honor con el comandante Reque Terán de no hablar de él a los periodistas.* [...][91].

De manera que Debray no sólo cantó ante el tribunal sino que se encargó personalmente de hacérselo saber a los militares, con la condición de que no lo supiese nadie más. Bonita muestra de caradura de esta lumbrera que aún sigue vendiendo libros y paseando su bigote por todo Occidente. Allende tiene que estar revolviéndose desde el más allá con revelaciones como ésta.

El juicio a Bustos y Debray con la consiguiente constatación de que Guevara se encontraba en Bolivia, sumado a la pérdida del campamento, pusieron las cosas aún más complicadas a la guerrilla. La única salida que veía el Che era perseverar en su estrategia de las emboscadas. A mediados de abril organizó otra en la que perdieron la vida dieciocho soldados. Inmediatamente después los guerrilleros hicieron acopio, como aves de rapiña, de todo el material que habían dejado los fallecidos. Hay un libro muy famoso de William Gálvez que lleva por título «*El Guerrillero Heroico, el Che en Bolivia*»; visto lo visto y analizados sus hábitos de combate más propio hubiera sido titularlo «*El Bandido Heroico, el Che en Bolivia*» o, mejor aun, «*Luis Candelas en los Andes*», en sentido homenaje al inmortal bandolero español de la guerra de la independencia. Y es que tras el descalabro de la primavera, el comienzo de las acciones militares y las deserciones continuas la guerrilla guevariana no levantaba cabeza.

A finales de abril Ernesto tomó otra controvertida, y errada, decisión. Dividió el grueso de sus ya mermadas fuerzas en dos:

---

[91] Regis Debray a Walter Flores, 1 de julio de 1967, citado en Pacho O'Donnell, *op.cit.*, p. 447.

una de las columnas dirigida por el cubano Juan Vitalio Acuña *(Joaquín)*, y la otra por el Che Guevara. La de Joaquín se haría cargo de los heridos y de *Tania*, la única mujer de la guerrilla. La alemana no había podido, y quizá tampoco deseado, volver a la ciudad a reanudar su labor de enlace. Sin *Tania* los alzados de la montaña habían perdido el único nexo que mantenía su causa en contacto con el mundo exterior. La liberación de Bustos y Debray vino motivada con objeto de recabar apoyo de un modo indirecto pero, como hemos visto, se frustró. A inicios del invierno boliviano, que empieza en junio, Ernesto Guevara se quedaba solo, al frente de una columna integrada por unos treinta hombres mal armados y hambrientos. Su cita con la Historia estaba cercana. Durante los meses de junio, julio y agosto se dedicó a vagar en busca de la columna de Joaquín. Al no disponer de comunicaciones por radio, dar con la renqueante tropa de Acuña era poco menos que imposible. Los campesinos que iban encontrándose por el camino no ayudaban gran cosa. Algunos salían corriendo despavoridos nada más ver de lejos a los guerrilleros. Otros se avenían a hablar con ellos, pero sin demasiada confianza. Preso de desesperación, llegó a sobornar a algún lugareño para evitar que delatase su posición. De nada valía. Según trababan contacto con las gentes del agro, que de natural suelen ser desconfiadas, éstas solían aprestarse a la primera caseta militar para dar oportuno testimonio de lo que habían visto.

Algún especialista en el Che ha dicho textualmente que los campesinos bolivianos «*nunca comprendieron el sentido de su gesta*». Ante tal aseveración tan sólo cabe preguntarse cuál era la «gesta» en la que se hallaba envuelto el guerrillero argentino. Entrar en un país extranjero armado hasta los dientes con mercenarios reclutados en una dictadura lejana para derrocar a un gobierno democráticamente elegido e instaurar una dictadura, ¿podemos considerarlo como una gesta? Si es así, lo suyo y lo deseable es que mañana mismo un grupo armado se encaramase a lo alto de los Pirineos para hostigar a los gobiernos legítimos de España y Francia. ¿Seguiría pareciendo esto una gesta a los admiradores que el Che Guevara tiene por medio mundo? Evidentemente no. ¿Por qué aceptan entonces muchos de nuestros progresistas en América Latina hábitos políticos que en Europa considerarían una salvajada? Si en cualquiera de las cordilleras del continente europeo apareciese una guerrilla gastando los modos y persiguiendo los fines del Che Guevara en Bolivia, se levantaría una voz unánime en su contra. De esto no me cabe la menor duda. Curiosa manera de pensar la de los izquierdistas de este lado del Atlántico.

En Cuba Fidel había perdido el contacto con su emisario. El malogrado equipo radio-transmisor había dejado al albur de la suerte las comunicaciones, pero eso no significaba que, eventualmente, se pudiese llegar hasta la guerrilla. De hecho el chileno Roth se había puesto en contacto con ellos, y muchos eran los campesinos que tenían la oportunidad de verlos de cerca e incluso escuchar el arrebatador verbo de su líder. ¿Por qué Fidel, intuyendo que las cosas iban de mal en peor, no envió una misión de rescate para sacar al Che de aquel enredo? En el Congo ya lo había hecho. Gracias a los oficios de los cubanos Ernesto logró salvar el pellejo en el fuego del lago Tanganica. En más de una ocasión Castro se ha exculpado aduciendo que extraer al Che de Bolivia era imposible. Sin embargo en 1968, un año después, los cubanos consiguieron repatriar a una veintena de revolucionarios cubanos en Venezuela a través de la selva brasileña. La Habana disponía de los medios para ensayar un rescate. Lo que no contaba es con lo más importante: la intención.

Se ha dicho en multitud de ocasiones que Fidel quería ver al Che muerto, que en Cuba molestaba y que el comandante en jefe no quería competidores que le hiciesen sombra. Es posible pero improbable. Indudablemente el Che Guevara muerto ha hecho un gran favor a la revolución cubana y a la causa de la servidumbre, pero eso Fidel aún no lo sabía. En 1967 no se había convertido a Ernesto Guevara en esa figura semidivina que es hoy. Fidel Castro siempre ha sido hombre de olfato para las situaciones inmediatas no para las estrategias a largo plazo. A lo largo de 1967 se desarrolló con gran profusión de medios el juicio contra Bustos y Debray. Prácticamente, todo el mundo estaba con los acusados. En Francia se realizó una campaña a fondo a favor de Debray encabezada por el mismo presidente de la República. Los medios de comunicación de todo Occidente se volcaron con los presuntos periodistas, y durante unas semanas la guerra de la propaganda se puso del lado de la causa de la guerrilla. Fidel debió contemplar tal panorama desde su despacho habanero con contenida delectación. Él sabía a la perfección que Ernesto tenía las de perder. Sabía que no tenía radio, que había discutido con Monje, que había perdido sus contactos con la ciudad. Sabía en definitiva que la aventura tenía los días contados. Si los militares apresaban al Che, lo más probable es que lo paseasen delante de las televisiones sin complejos para mayor gloria castrense. A la detención le sucedería un juicio que dejaría el de Debray y Bustos en una minucia. Y es aquí donde entraría la estrategia castrista. Menudo regalo para montar una megacampaña propagandística con el espantajo del Che ante el tribunal. Muchos se hubieran puesto de su lado y el mandamás cubano habría seguramente recolectado afectos en todas las latitudes. Si se hubiese dado un escenario semejante el juicio del Che, estoy convencido que se hubiera convertido en el juicio del siglo. Si además los bolivianos cometían el error de enchironar al guerrillero miel sobre hojuelas. Manifestaciones a las puertas de la cárcel, recogidas de firmas en las universidades, algaradas callejeras en La Paz, Sucre y otras ciudades. El paraíso para un desestabilizador profesional. Hace no mucho tiempo un pobre niño cubano de nombre Elián, «Elianssito» que decía Fidel en los discursos, tuvo la desgracia de perder a su madre en el trayecto de Cuba a Florida a bordo de una balsa. En el recuerdo de todos está el magistral modo en que el faraón de La Habana manejó la situación. Tan magistral que a los pocos meses el niño volvió a la cárcel, perdón, a la isla de la que su madre le había sacado a riesgo de la vida de ambos. Si en el año 2000, con el régimen de Castro completamente desprestigiado, una campaña como la del niño balsero cosechó tan buenos frutos, es fácil imaginarse los que hubiese obtenido una similar o aún más agresiva en 1967, en plena «guerra fría», y cuando la Cuba revolucionaria era aún el reino de Camelot para los izquierdistas de medio mundo. Por resumirlo en una frase: Fidel no quería al Che muerto, Fidel quería al Che preso. La Historia sin embargo ha sido benevolente con el autócrata cubano y buenos réditos le ha concedido al doliente cadáver de Vallegrande.

El hecho irrefutable es que Castro no prestó ningún tipo de ayuda a su antiguo compañero de fatigas cuando éste se encontraba entre la espada y la pared. El representante de los servicios secretos cubanos en La Paz, Renán Montero, abandonó misteriosamente el país en el mes de abril para refugiarse en La Habana. Mario Monje, que había pedido entrevistarse con Castro para buscar una salida al embrollo que había armado el Che en las montañas de Santa Cruz, no fue recibido en La Habana. Los cubanos no hicieron intención alguna de dedicarle siquiera un minuto. Es más, Monje voló de Bolivia a Chile y allí quedó varado durante meses atrapado por el partido comunista chileno, de obediencia habanera. Los únicos interesados en resolver el asunto eran los militares bolivianos y, muy especialmente, su presidente, René Barrientos. El auxilio norteamericano se intensificó con el apresamiento de Bustos y Debray. Washington envió especialistas militares y un par de agentes de la CIA de origen cubano, especialmente motivados por el evento. Los yanquis, aparte de aportar lo mejor de su inteligencia militar, se llevaron hasta el país andino a varios oficiales de adiestramiento de tropas al cargo del mayor Ralph Shelton. Los norteamericanos insistieron en crear un cuerpo de elite especializado en la lucha antiguerrillera. Algo así como una guerrilla contra la guerrilla. Fue el germen de los rangers bolivianos. Una unidad del ejército fuertemente especializada destinada a luchar contra levantamientos armados en el monte. A lo largo de las décadas siguientes estas fuerzas especiales contra-insurgentes se extenderían por todo el continente americano a la misma velocidad que las guerrillas. Desolador panorama fratricida cuyo primer mentor fue Ernesto Guevara.

Coincidiendo con el inicio de la intervención norteamericana, que no fue tan grande como muchos han querido ver, se publicó en La Habana el último trabajo intelectual del Che: el *Mensaje a los Pueblos del Mundo a través de la Tricontinental.* Una soflama con ínfulas de análisis geoestratégico en la que Ernesto dejó fijadas sus ideas sobre el mundo futuro y el destino de la humanidad. En este artículo que un incauto más bien podría tomar por arenga cuartelera es donde Ernesto formuló su celebérrima consigna de crear dos, tres... muchos Vietnam que ha llevado a miles de jóvenes latinoamericanos al matadero. El *Mensaje a los Pueblos del Mundo* es de lectura fácil y hasta entretenida. En sus pocas páginas está condensado todo el odio, la rabia y el resentimiento que el guerrillero apátrida había acumulado a lo largo de sus casi cuarenta años de existencia. Como muestra, tres botones.

[...] *El odio como factor de lucha; el odio intransigente al enemigo, que impulsa más allá de las limitaciones naturales del ser humano y lo convierte en una efectiva, violenta, selectiva y fría máquina de matar. Nuestros soldados tienen que ser así; un pueblo sin odio no puede triunfar sobre un enemigo brutal.* [...] [92].

¿Odio como factor de lucha? ¿Efectiva, violenta, selectiva y fría máquina de matar? Aunque lo parezca, no es Osama Bin Laden invocando la guerra santa contra el infiel desde la cadena Al Jazeera. Es Ernesto Che Guevara, el símbolo universal de la libertad y la justicia, el paradigma de lo bueno y lo sublime que hay en cada uno de nosotros, dirigiéndose a los pueblos del mundo. Aleccionador. Su tributo de odio sin embargo no se queda ahí. Imagina un luminoso mañana con el planeta entero transformado en un inmenso Vietnam.

[...] *¡Cómo podríamos mirar el futuro de luminoso y cercano, si dos, tres, muchos Vietnam florecieran en la superficie del globo, con su cuota de muerte y sus tragedias inmensas, con su heroísmo cotidiano, con sus golpes repetidos al imperialismo, con la obligación que entraña para éste de dispersar sus fuerzas, bajo el embate del odio creciente de los pueblos del mundo.* [...].

---

[92] Ernesto Guevara de la Serna, «Mensaje a los Pueblos del Mundo a través de la Tricontinental», revista *Tricontinental,* suplemento especial, 16 de abril de 1967.

Luminoso no, resplandeciente ese mundo con su cuota de muerte y tragedias. Definitivamente, en la primavera de 1967 aquel jovencito ocioso que recorría Argentina en bicicleta se había vuelto irremisiblemente majareta. La semilla de odio por desgracia ha arraigado. En otro de los párrafos gloriosos del delirante *Mensaje a los Pueblos del Mundo* puede leerse:

> [...] *Hay que llevar la guerra hasta donde el enemigo la lleve: a su casa, a sus lugares de diversión: hacerla total. Hay que impedirles tener un minuto de tranquilidad, un minuto de sosiego fuera de sus cuarteles, y aun dentro de los mismos: atacarlo dondequiera que se encuentre...* [...].

Los terroristas palestinos que colocan bombas en discotecas abarrotadas de adolescentes o los fundamentalistas islámicos que sembraron de muerte tres trenes en Madrid han tomado buena nota del consejo dejado por Guevara. Llevar la guerra a todas partes; hacerla total. Todo es cuestión de definir al enemigo, el resto viene sólo y, por descontado, está más que justificado en aras de alcanzar ese mañana victorioso. Simplemente nauseabundo. Sin más comentarios.

Apartado del mundo y de los efectos inmediatos de su incendiaria arenga a través de la revista *Tricontinental*, Ernesto las veía cada vez más negras. Por más que lo intentaba no daba con la columna de Joaquín. La conocida como columna de la retaguardia iba dando tumbos por la serranía desde hacía meses. Viajaban sin víveres y con la mayor parte de la tropa enferma. El último día de agosto la exhausta formación llegó al Vado del Yeso. Se prepararon para cruzar el río pero era tarde, ya habían sido delatados. Mientras trataban de cruzar el río con los fusiles levantados sobre los hombros para evitar que se mojasen fueron ametrallados por el ejército. La mayor parte de ellos murieron en el acto. Sus cadáveres se los llevó el río aguas abajo. En este solitario vado boliviano murió Tamara Bunke, *Tania*, la que probablemente fue última compañera del Che. Al hilo de la leyenda que ha despertado todo lo relacionado con la guerrilla de Bolivia, se ha llegado a decir que la alemana estaba incluso embarazada de Ernesto, que sangraba abundantemente por sus partes íntimas. Otras fuentes indican que lo que padecía la infortunada guerrillera era un cáncer de útero en estado muy avanzado. Fuera lo que fuese, la muerte fue para *Tania*, y para todo la columna de la retaguardia, el fin de un auténtico suplicio. Habían pasado varios meses viviendo en el infierno, sin esperanzas ni de victoria ni de volver con vida a casa. Dos días después Ernesto escuchó la noticia por la radio, aunque no le dio demasiado crédito:

[...] *La radio trajo una noticia fea sobre el aniquilamiento de un grupo de diez hombres dirigidos por un cubano llamado Joaquín en la zona de Camiri; sin embargo, la noticia la dio la voz de las Américas y las emisoras locales no han dicho nada.* [...][93].

El mes de septiembre se deslizó tranquilo hacia lo inevitable. Los guerrilleros estaban cada vez más acorralados y huían a la desesperada. No podían permitirse el lujo de dormir dos noches en el mismo lugar y padecían todo tipo de dolencias. Al final del mes Guevara estaba ya persuadido de lo arduo de la tarea y de cómo el ejército estaba apretando con más fuerza:

[...] *Las características son las mismas del mes pasado, salvo que ahora el ejército sí está mostrando más efectividad en su acción y la masa campesina no nos ayuda en nada y se convierten en delatores.* [...][94].

La primera semana de octubre se desarrolló en la tónica habitual. Sin agua, mendigando comida y con una reducida tropa hundida moral, física y psicológicamente. El día 7 de octubre Ernesto hizo su última anotación en el diario. Al día siguiente hubo de enfrentarse al ejército. Los oficiales del ejército habían recibido informaciones que situaban a la guerrilla en la quebrada del Yuro. Dicha quebrada, que ha pasado a la Historia

---

93 Ernesto Guevara de la Serna, *Diario de Bolivia,* 2 de septiembre de 1967.

94 Ernesto Guevara de la Serna, *op.cit.* Resumen del mes de septiembre.

como uno de los accidentes geográficos más famosos de Bolivia, era un simple barranco por cuyo fondo transcurría un riachuelo de montaña. El valle disponía de vegetación suficiente como para ocultar a los guerrilleros pero no sucedía así con las laderas que estaban completamente peladas. Para sacar a un ejército de una quebrada semejante tan sólo existe un modo: someterlo a un intenso bombardeo por parte de morteros. La unidad que disponía de este tipo de artillería era la del capitán Gary Prado, de los rangers adiestrados por los norteamericanos. La única esperanza que les quedaba a los diecisiete combatientes de la guerrilla era esperar, sin ser detectados entre la maleza, a que anocheciese. Prado no le dio el gustazo. Los rangers cercaron la quebrada y a mediodía comenzaron el ataque. La confusión se hizo dueña del grupúsculo de guerrilleros harapientos que se escondían como animales asustados. El Che trató de salir precipitadamente junto a Willy, uno de los guerrilleros bolivianos. Los soldados al verlos salir de la espesura dispararon y lograron detenerlos. Ernesto fue herido en una pierna. Todavía no sabían que acababan de atrapar al legendario Che Guevara. Hicieron llamar al capitán Prado para que formalizase la detención. Según el testimonio de Gary Prado la conversación fue como sigue:

[...]

—¿Quién es usted?—pregunté al más alto, pese a que tenía casi el convencimiento de su identidad.

—Soy Che Guevara—me respondió en voz baja.

Aparenté no darle importancia y me dirigí al otro:

—¿Y usted?

—Soy Willy—repuso.

—¿Es usted boliviano?

—Sí—afirmó.

—¿Cuál es su verdadero nombre?

—Simón Cubas.

Me aproximé entonces a Guevara para observarle más detenidamente. Tenía las protuberancias en la frente. Le pedí que me mostrara la mano izquierda y pude ver la cicatriz en el dorso.

Satisfecho ya, ordené que le quitaran el equipo y lo registraran. Mi estafeta, Alejandro Ortiz, se hizo cargo de todo lo que llevaba el Che: una mochila, dos morrales y una pistola en la cintura. Otro soldado recogió la mochila de Willy.

[...][95].

En el momento de la detención Ernesto creyó que los rangers iban a darle muerte en el acto, ya se sabe que cree el ladrón que todos son de su condición, y no esperaba clemencia alguna por parte de los militares bolivianos. Según testimonio de Gary Prado, antes de que se procediese a la detención y cuando el comandante estaba ya herido en la pierna y con la boina atravesada por un balazo, curioso simbolismo, Guevara gritó: «No disparen, soy el Che Guevara y les soy más útil vivo que muerto.» Efectivamente, le era más útil a él mismo y sobre todo a Fidel Castro, que es lo que seguramente esperaba, pero no a ellos. Solicitaba magnanimidad a sus captores cuando meses antes había clamado desde la revista *Tricontinental* por el odio sin tasa, por el exterminio del otro, por el enaltecimiento de la guerra.

Pasó esa noche del 8 de octubre herido y apesadumbrado en una pequeña escuela rural de la población de La Higuera. Todavía no habían decidido qué hacer con él. Prado organizó un dispositivo de seguridad para evitar que los guerrilleros que habían salido bien librados de la emboscada se lanzasen como camicazes sobre la escuela para liberar a su jefe. Nada de ello sucedió. Los restos de la guerrilla del Che en Bolivia se extinguieron casi al mismo tiempo que su conductor. En La Paz la temperatura en el palacio presidencial subió de golpe. El presidente Barrientos se había encontrado sin esperarlo con una patata caliente en las manos. Había dos opciones: someterlo a juicio y esperar lo que viniese aparejado con un proceso que sería problemático y complicado, o liquidar al guerrillero escudándose en presuntas heridas de guerra. Tras un encendido debate con sus asesores y el Estado Mayor de Bolivia el presi-

---

[95] Reproducida en Enrique Ros, *op.cit.*, pp. 395-396.

dente se decidió por la segunda. Las horas del Che estaban contadas. Transmitió la orden a Vallegrande para que se desplazasen hasta La Higuera las autoridades competentes en la ejecución. La orden la recibió al despuntar el alba del día 9 el coronel Zenteno que, acompañado por el agente cubano de la CIA Félix Rodríguez, tomó un helicóptero hasta la remota aldea donde Ernesto Guevara había pasado su última noche en vida. A partir de ahí todo fue muy rápido. Rodríguez se entrevistó con Guevara de muy malas maneras. El guerrillero tachó a Rodríguez de gusano, muy en la línea castrista de considerar gusanos a todos los cubanos que no obedecen a pies juntillas al líder máximo. El enviado de la CIA se encargó de fotografiar página a página el diario que Guevara había venido escribiendo desde el primer día en el país. Acto seguido dio la orden de ejecución. Se buscó un voluntario en la persona de Mario Terán, un teniente del ejército. Antes de que procediese, Félix Rodríguez le dio instrucciones para que no disparase por encima de la cintura y pudiese, en vano, mantenerse la fantasía gubernamental de las heridas en combate. Las leyendas en torno a las últimas horas del Che son tantas que casi podría escribirse un libro para ir detallando una a una. Ciertamente que todas ellas carecen de importancia real y no alteran un ápice los acontecimientos. Tras la acalorada discusión con Rodríguez entró en la estancia el teniente Terán. Dicen que dudó un momento y descerrajó seis tiros sobre el cuerpo del andrajoso guerrillero. Seis certeros disparos que le atravesaron el tórax desde el pecho hasta la espalda como un San Sebastián tiroteado. Eran la una y diez minutos de la tarde del 9 de octubre de 1967 y Ernesto Guevara de la Serna había dejado de existir.

El cadáver fue inmediatamente retirado de la lúgubre pieza de la escuela donde había sido ejecutado y lo dispusieron en una camilla sujeta al patín de un helicóptero para conducirlo a Vallegrande. Un último y deprimente vuelo que lo conduciría directamente a la eternidad. En Vallegrande se le practicó la autopsia y una vez acicalado el cadáver se expuso para ser fotografiado por la prensa. Uno de los fotógrafos se encaramó a horcajadas encima del cuerpo y obtuvo ese primer plano cenital que ha dado la vuelta al mundo. Es difícil sustraerse a la fuerza de aquella imagen y es por ello que se ha representado hasta la saciedad en todas sus formas. El gobierno para evitar que el cadáver fuese enterrado y se creasen en torno a su tumba peregrinaciones cargadas de pasión mística ordenó que se cremasen los restos. Así mismo, y para certificar la identificación plena, se dieron instrucciones a los forenses para que amputasen sus manos. Es lo único que ha quedado del Che Guevara. Se custodiaron en Bolivia cerca de un año conservadas en formol. Nadie sabe cómo desaparecieron de allí y al tiempo reaparecieron en La Habana. Son propiedad de Fidel Castro y su contemplación es algo reservado a quien el comandante en jefe considere oportuno. El diario de Bolivia y su cuaderno de notas siguen en el país andino, en La Paz, a prueba de ladrones y de curiosos en el Banco Nacional de la República.

Habrían de pasar treinta años para que se reabriese el macabro asunto de los restos del Che Guevara. En 1995 unos investigadores dijeron haberlos encontrado en una fosa común en Bolivia. En aquel entonces el guerrillero era ya un mito de dimensiones inimaginables en el momento de su muerte. Los presuntos restos del Che fueron llevados hasta Cuba y allí enterrados en una ceremonia que dio la vuelta al mundo retransmitida por televisión. Fidel mandó construir un mausoleo dedicado a él y su memoria en la ciudad de Santa Clara; en la cripta del mismo reposa la urna con los huesos de Ernesto Guevara. Sobre ella se eleva una columna y una estatua del guerrillero con el lema «Hasta la Victoria siempre». Victoria que le fue negada en Bolivia, en el Congo y en casi todos los ámbitos de su vida pública, pero que ha recuperado después de su muerte. Cada 8 de octubre se celebra el Cuba el día del «Guerrillero Heroico» y su imagen es junto con la de Martí la que mayor presencia tiene a lo largo y ancho de toda la geografía cubana.

Casi cuarenta años después de su muerte, en una remota escuela rural de Bolivia, el hombre se ha transformado definitivamente en mito y su historia en una suerte de evangelio pagano. Descanse en paz.

CRONOLOGÍA

Año	Ernesto Guevara	Mundo
1928	Nace en Rosario (14 de junio).	Alexander Fleming descubre la penicilina.
1929	Vive en Caraguatay, territorio de Misiones. Nace Celia Guevara de la Serna.	Quiebra de la Bolsa de Nueva York.
1930	Sufre su primer ataque de asma.	Golpe de Estado en Argentina, cae Hipólito Irigoyen.
1931		Destronamiento de Alfonso XIII de España. II República. Guerra de Manchuria.
1932	La familia se traslada a Buenos Aires. Nace Roberto Guevara de la Serna.	Franklin Delano Roosevelt gana las elecciones en EE.UU.
1933	La familia se traslada a Alta Gracia, provincia de Córdoba.	Ascenso al poder de Adolf Hitler en Alemania.
1934	Nace Ana Maria Guevara de la Serna.	Adolf Hitler asume el título de Führer. Inicio del III Reich.
1935		Guerra de Abisinia. Italia invade Etiopía.
1936		Inicio de la Guerra Civil Española.
1937		
1938		Alemania se anexiona Austria. Conferencia de Munich.
1939		Fin de la Guerra Civil Española. Dictadura del general Franco. Inicio de la Segunda Guerra Mundial
1940		

Año	Ernesto Guevara	Mundo
1941		Ataque japonés a Pearl Harbor, Estados Unidos entra en la guerra.
1942	Ingresa en el Liceo Dean Funes de Córdoba.	
1943	La familia se traslada a Córdoba. Nace Juan Martín Guevara de la Serna.	Batalla de Stalingrado. Caída de Benito Mussolini.
1944		Desembarco de Normandía.
1945	La familia se traslada a Buenos Aires.	Rendición de Alemania. Acuerdos de Postdam. Bomba atómica sobre Hiroshima y Nagasaki.
1946		
1947		Guerra Civil en China entre Mao Tse-tung y Chiang Kai Shek.
1948	Ingresa en la Facultad de Medicina.	Bloqueo soviético de Berlín.
1949		Fundación de la República Federal de Alemania. Proclamación de la República Popular China. Constitución de la OTAN.
1950	Viaje por el norte argentino en bicicleta. Trabaja como enfermero en la marina mercante argentina. Conoce a Chichina Ferreira.	Corea del Norte invade a Corea del Sur. Inicio de la Guerra de Corea
1951	Primer viaje por América. Recorre Chile, Bolivia, Perú, Colombia y Venezuela.	
1952		Dwight D. Eisenhower, elegido presidente de los Estados Unidos.

Año	Ernesto Guevara	Mundo
1953	Parte de Buenos Aires (7 de julio). Llega a Guatemala (20 de diciembre).	Muerte de Josif Stalin en Moscú. Asalto a los cuarteles de Moncada y Báyamo en Cuba.
1954	Estancia en Guatemala.	Caída del gobierno de Jacobo Arbenz en Guatemala. Derrota francesa en Dien Bien Phu.
1955	Conoce a Fidel Castro en México DF (julio). Boda con Hilda Gadea en México (18 de agosto).	Creación del Pacto de Varsovia. Conferencia de Bandung.
1956	Nacimiento de Hilda Beatriz Guevara Gadea (15 de febrero). Detención y cárcel en México (junio-julio). Viaje del *Granma* (25 de noviembre-2 de diciembre). Combate de Alegría del Pío (5 de diciembre).	Levantamiento popular en Hungría sofocado por la URSS. Crisis del canal de Suez. Independencia de Marruecos.
1957	Combate de El Uvero (28 de mayo). Ascendido a comandante en la sierra (21 de julio). Combate de El Hombrito (30 de agosto).	La sonda soviética Sputnik orbita la Tierra. Constitución de la Comunidad Económica Europea en Roma.
1958	Fundación de Radio Rebelde (24 de febrero). Su columna atraviesa la isla hasta el Escambray (agosto). Batalla de Santa Clara (31 de diciembre).	Charles de Gaulle, primer presidente de la V República Francesa.
1959	Obtiene la nacionalidad cubana (7 de febrero). Boda con Aleida March de la Torre (2 de junio). Viaje a España, Egipto, India, Japón, Indonesia, Ceilán, Pakistán y Yugoslavia (junio-septiembre).	Fidel Castro entra en La Habana, Batista parte al exilio.

Año	Ernesto Guevara	Mundo
1959 (cont.)	Director del Banco Nacional de Cuba (26 de noviembre).	
1960	Explosión del vapor *Le Couvre*, Korda toma su célebre foto (marzo). Viaje a Checoslovaquia, la Unión Soviética, China, Corea del Norte, la República Popular China y la República Democrática de Alemania (octubre-diciembre). Nacimiento de Aleida Guevara March (24 de noviembre).	Estados Unidos decreta el embargo comercial a Cuba. Independencia de Chad, Malí, Nigeria, Zaire, Gabón, Congo, Togo, Benin, Camerún, Costa de Marfil, Senegal, Mauritania, Madagascar, Alto Volta y República Centroafricana. John Fitzgerald Kennedy, elegido presidente de los Estados Unidos.
1961	Ministro de Industrias (23 de febrero). Discurso en la Conferencia Interamericana de Punta del Este, Uruguay (4 de agosto). Entrevista con el presidente argentino Arturo Frondizi. Entrevista con el presidente brasileño Janio Quadros.	Exiliados cubanos desembarcan en Playa Girón. Asesinato de Leónidas Trujillo. Yuri Gagarin, primer ser humano en el espacio. Construcción del Muro de Berlín. Cumbre de Viena entre Kennedy y Kruschev.
1962	Nacimiento de Camilo Guevara March (20 de mayo). Visita a la Unión Soviética y Checoslovaquia.	Crisis de los misiles, el mundo al borde de la guerra nuclear. Independencia de Argelia.
1963	Nacimiento de Celia Guevara March (14 de junio). Visita a Argelia (julio).	Asesinato de John Fitzgerald Kennedy en Dallas.
1964	Viaje a Francia, Suiza, Checoslovaquia y Argelia (marzo). Viaje a la Unión Soviética (noviembre). Discurso ante la Asamblea General de la ONU (11 de diciembre). Viaje a Tanzania, Congo, Egipto, Malí, Guinea y Ghana (diciembre).	Lyndon B. Johnson, elegido presidente de los Estados Unidos.

Año	Ernesto Guevara	Mundo
1965	Nacimiento de Ernesto Guevara March (24 de febrero). Discurso de Argel (24 de febrero). Expedición al Congo (abril-noviembre). Muerte de Celia de la Serna (19 de mayo).	Inicio de la intervención norteamericana en Vietnam.
1966	Estancia en Praga de incógnito (marzo-julio). Regreso a Cuba (julio). Llegada a Bolivia (3 de noviembre).	Reunión de la Tricontinental en La Habana.
1967	Debray, Bustos y Roth son detenidos por el ejército (20 de abril). Es herido y capturado por una patrulla (8 de octubre). Muere en La Higuera, Bolivia (9 de octubre).	Guerra de los Seis Días en Oriente Medio.

BIBLIOGRAFÍA RESUMIDA

Jorge G. Castañeda: *La vida en rojo, una biografía del Che Guevara;* Madrid, Alfaguara, 1998.

Enrique Ros: *Ernesto Che Guevara, mito y realidad;* Miami, Ediciones Universal, 2002.

Paco Ignacio Taibo II: *Ernesto Guevara, también conocido como el Che;* Barcelona, Planeta, 2004.

Pacho O'Donnell: *Che, la vida por un mundo mejor;* Barcelona, Plaza y Janés, 2003.

Isidoro Calzada: *Che Guevara;* Arrigorriaga, Status Ediciones, 2002.

Orlando Borrego: *Che, el camino del fuego;* La Habana, Ediciones Imagen Contemporánea, 2001.

Ernesto Guevara de la Serna: *Pasajes de la guerra revolucionaria;* Tafalla, Txalaparta, 2001.

Ernesto Guevara de la Serna: *La Guerra de Guerrillas;* Tafalla, Txalaparta, 2002.

Ernesto Guevara de la Serna: *Otra vez;* Barcelona, Ediciones B, 2001.

Juan F. Benemelis: *Castro, subversión y terrorismo en África;* Madrid, Editorial San Martín, 1988.

Volker Skierka: *Fidel;* Madrid, Ediciones Martínez Roca, 2004.

TÍTULOS DE LA COLECCIÓN

JESÚS DE NAZARET

ADOLFO HITLER

ALEJANDRO MAGNO

CHE GUEVARA

J. F. KENNEDY

MARTIN LUTHER KING

GANDHI

NAPOLEÓN BONAPARTE

MAHOMA

WINSTON CHURCHILL

SIMÓN BOLÍVAR

HERNÁN CORTÉS

W. A. MOZART

PABLO R. PICASSO

SIGMUND FREUD

MARCO POLO

MARILYN MONROE

ALBERT EINSTEIN

JULIO CÉSAR

TERESA DE CALCUTA

TÍTULOS DE PRÓXIMA APARICIÓN

JUAN XXIII

VLADÍMIR LENIN

LEONARDO DA VINCI

CARLOMAGNO

MAO ZEDONG

BUDA

JOSIF STALIN

JOHN LENNON

CHARLES CHAPLIN

MARIE CURIE

GROUCHO MARX

ESCRIVÁ DE BALAGUER

ERNEST HEMINGWAY

GRANDES BIOGRAFÍAS
DATE DUE
MAY 3 1 2007
Demco, Inc. 38-293